Karsten Bredemeier

Provokative Rhetorik? Schlagfertigkeit!

Karsten Bredemeier

PROVOKATIVE RHETORIK?
Schlagfertigkeit!

Orell Füssli Verlag

Gedruckt auf umweltfreundliches, chlorfrei gebleichtes Papier

© Orell Füssli Verlag Zürich, 1996
Umschlaggestaltung: Renata Brogioli, CH-5405 Dättwil
Umschlagabbildung: Tony Stone
Druck und Einband: Freiburger Graphische Betriebe GmbH, Freiburg i. Brsg.
Printed in Germany
ISBN 3 280 02362 9

INHALTSVERZEICHNIS

ERSTES KAPITEL

Grundlagen

Wörter machen Leute –
Zauber und Magie der Rhetorik

Bei C. G. Jung läßt sich in «Der Inhalt der Psychose» (1908) nachlesen, daß einmal ein Geisteskranker, den man, nachdem er wieder einmal einige Worte gesagt hatte, erstaunt fragte, warum er denn solange vorgezogen habe zu schweigen, antwortete: *«Weil ich die deutsche Sprache schonen wollte.»* Ehrlich gesagt, das ist *mir* nicht in den Sinn gekommen.

Im Gegenteil, ich habe schon über Jahre hinweg beobachtet, in Seminaren und Alltagsgesprächen, daß unsere Rhetorik sich verändert. Verändert deshalb, weil unsere Informationsdichte in der Welt zugenommen hat und nicht spurlos an der klassischen Rhetorik vorbeigegangen ist.

Sie hat sich auch verändert, weil *die Redekunst,* im weiteren Sinn *die Lehre von der Schönheit und der Wirksamkeit des geschriebenen und gesprochenen Wortes,* eine tiefe Wandlung durch unser heutiges Kommunikationsverhalten erfahren hat.

Und sie hat sich verändert, weil die Geschichte wie auch die Historie tiefe Einschnitte in der Wirksamkeit ihrer selbst hinterlassen haben.

Wir müssen hier nicht die klassischen Plätze von Rom oder Athen oder gar den Berliner Sportpalast aufsuchen, nicht einen Adolf Hitler und seinen Schlachtrufer Goebbels, weder einen Aristoteles noch einen Walter Jens als Beispiel anführen, sondern es tut's ausnahmsweise einmal Günter Grass:

«Die Artikulationsunfähigkeit . . . ist umgeschlagen in ein mehr als lückenhaftes Wissen bei gleichzeitiger Fähigkeit, diese Löcher mit Geschwätz zuzudecken!»

Es genügt also nicht, keinen Gedanken zu haben, wir müssen ihn auch ausdrücken können!

Grundsätzlich unterscheiden wir in der Rhetorik
1. Theorie oder Redekunst,
2. Praxis oder Beredsamkeit,
3. Schönheit und Ästhetik des Redens (Eloquenz),
4. Wirksamkeit und Wirkung des Redens.

Meine Ansätze und Beschreibungen in dem vorliegenden Buch zielen auf die Praxis, also auf unsere Beredsamkeit, und die Wirkung bzw. Wirksamkeit der Rede.

Am Anfang war das Wort, und wir leben aus ihm und von ihm, wobei der Körper und damit die Körpersprache im Laufe der Jahrhunderte immer weiter verstummte, während der Kehlkopf bei vielen Menschen den Kopf ersetzte.

Und wenn wir ehrlich zueinander sind, so müssen wir indigniert feststellen, daß Zehntausende von Jahren ins Land gegangen sind, wir uns aber nach wie vor des Kommunikationsmittels bedienen, welches für die Bedürfnisse des in Höhlen hausenden Menschen entwickelt wurde. Auch wenn wir mittlerweile die Höhlen verlassen haben und sogar die Sprache verfeinerten.

Oder haben wir sie sogar in vielen Fällen nur vervielfältigt und damit verwässert? Babylon mahnt uns dessen.

Hat etwa unsere Kulturwelt eine Besserung der Rhetorik gebracht? Wer weiß es schon, hingegen wissen wir, daß der moderne Mensch heute – also Sie und ich – als durchschnittlicher Nutzer der modernen Massenkommunikationsmedien etwa *doppelt so viel hört, als er spricht.*

Wolf Schneider hat einmal festgehalten, daß *mehr als 600 Millionen Wörter* durchschnittlich im Laufe eines Lebens auf uns niederprasseln. Das war vor etwa zehn Jahren.

Mittlerweile hat sich der Medienkonsum noch weiter gesteigert, es mögen vielleicht inzwischen *700 Millionen Wörter* sein.

Doch auf 10 oder 20 Millionen mehr oder weniger kommt es nicht an, hinterfragen wir lieber, ob nicht gleichzeitig eine *verbale Reizüberflutung* stattfindet, die uns eher Schwierigkeiten bereiten sollte.

Denn der Bundesgesundheitsminister rät *noch* nicht: «*Unsere moderne Sprachgestaltung und unser Konsumerverhalten gefährden die Gesundheit!*»

Warum sollte er auch – nur weil Radio und Fernsehen die größte und zentralste Entladung von Sprache entfesselt haben, die es je gab? Schließlich lehrt uns ja Prometheus, dass das Leben seinen Preis hat, die Hybris der Sprache eben auch.

Doch ebenso wie es die *sozialen Geräusche* gibt, deren Informationswert Null ist, zelebrieren wir Sprache als lebensbestimmendes Happening, welches ein buntes Kaleidoskop der schillerndsten sprachlichen Gegensätze («Buchstabenprozessionen» laut Mark Twain) ausweist.

Und dennoch kommt die Sprache manchmal zu kurz, ihr fehlen die Worte.
- ◆ So ist jemand, der genug gegessen hat, satt, aber wie nennen wir den, der genug getrunken hat?
- ◆ Wir kennen das Ausrufezeichen, den Punkt, das Komma oder das Fragezeichen am Satzende, warum aber haben wir kein *Ironiezeichen*, wo wir es doch laut Franz Josef Strauß dringend brauchen («*Ich habe zu meinem Leidwesen oft erfahren, daß Ironie in der Rede oft nicht verstanden wird*»).
- ◆ Jugendliche, aber auch die Medien schaffen permanent neue Wörter, die manchmal sogar neue Gedankenwelten eröffnen – «turboaffenstark» scheint eine ähnliche Magie in sich zu haben wie das Wort «Rambazamba», welches, von der «Bild»-Zeitung geprägt, das Rätsel

löste, wie die Elf um Franz Beckenbauer Fußballweltmeister werden konnte.

◆ Und manchmal umschreiben Wörter das, was wir mit anderen Wörtern nur hülsenhaft auszudrücken vermögen. *«Wer ist Gott?»*, fragte einmal mein Doktorvater und beantwortete den langanhaltenden Definitionsschwall mit den Worten: *«Gott ist das aliud ordinans supra mundo, in essentia et substantia, in seiner Daß-Gegebenheit und Wie-Beschaffenheit, zu erfassen in der Seinsmächtigkeit!»* Schade, daß es bei diesen Worthülsen blieb, denn sonst hätte die Christenheit vielleicht endlich ihre Frage beantwortet bekommen.

◆ Und dann gibt es noch Leute, die soviel Worte um nichts machen müssen, daß sie sich selbst ins Wort fallen.

Tröstlich ist, wie Friedrich Hebbel es einmal formuliert hat, daß *«alles Sprechen und Schreiben ein Würfeln um den Gedanken ist. Wie oft fällt nur ein Auge, wenn alle sechs fallen sollten!»*

Wörter sind Instrumente des Zaubers, der Magie, sie sind Aggressoren und verbale Friedenstauben, sie nehmen geduldig den Selbstwiderspruch hin und spiegeln sich in der Übertreibung, sie üben uns in der Kunst des Zuhörens und geben uns zugleich die Chance des Antwortens, als Fahnenträger eilen sie der Gewalt und dem Tun voran, als Schlagworte sind sie flüssiges Arsen.

Sie sind heimliche Verführer und Imponiervokabel, ersetzen unser Denken und verwischen die Grenze zwischen Sprache und Realität, sie gestalten die Wirklichkeit um und gefallen sich im Sagbaren ohne Anspruch der Tat, und schließlich sind sie nicht nur nichts für ungut.

Und wie gequält sie manchmal klingen, denn *«die Chinesen und fast alle Asiaten singen, die Deutschen röcheln, die Spanier deklamieren, die Italiener seufzen, die Engländer zischen. Richtig besehen, sprechen nur die Franzosen»*, urteilte einmal Dominique Bouhours.

Und natürlich entleeren wir die Sprache zur *«Lingua blablativa»*, wie Niklas Luhmann sie etikettierte.

Auffallend unauffällig und in absichtlicher Absichtslosigkeit zeigen uns unsere Volksvertreter auf, daß Sprache wirklich *blablativ* sein kann, denn während ein alter Witz noch die Führungskraft in ihrer verbalen Glaubwürdigkeit hinterfragt und karikiert, der da lautet:

Führungskraft beim Diktat:

«Frau Meyer, bitte übliche Anrede, normale, kurze Einleitung, dankend für Schreiben vom – na ja, Sie wissen schon –, nach Überprüfung usw., Sie kennen den Sachverhalt, sehen wir uns leider nicht in der Lage, na ja – wie gehabt. Bla,

bla, bla, und deshalb hoffen wir, üblicher Standardschluß. Ach, seien Sie doch so freundlich und lesen mir die letzten Passagen nochmals langsam vor!»

hat unsere Wirklichkeit diese Phrasendrescherei schon längst rechts und links überholt, wie Erhard Eppler in seinem hervorragenden Buch «Kavalleriepferde beim Hornsignal» aufzeigt, indem er aus den Sprechblasen seiner Politikerkollegen den folgenden Mustersatz formte:

«Ich gehe davon aus, daß die Entwicklung der Lage die Lösung der Probleme erleichtert, aber auch eine Herausforderung darstellt, denn die unverzichtbare Voraussetzung für die Akzeptanz unserer Politik ist es, daß wir den Bürgern nicht in die Tasche greifen, sondern uns durch gezielte Maßnahmen als Partei des Aufschwungs profilieren.»

Und doch, wir haben keine andere Sprache als die, die wir als ganz gewöhnlich betrachten und auch gewöhnlich benutzen.

Unsere Worte gestalten unsere Realität, auch wenn wir manchmal weder den Verstand haben, um zu reden, noch die Selbsterkenntnis, das Schweigen zu ertragen. Wir lernen auch nicht durch Reden, sondern durch das Fragestellen, auch wenn erst die richtige Mischung über den Gift- oder Medizingehalt unserer Worte entscheidet.

Dieses Buch bietet Ihnen *keinen herkömmlichen Ansatz*, da es Rhetorikbücher schon in unübersehbarer Zahl am Markt gibt.

Ich werde statt dessen:

◆ Unsere Kommunikationswelt wie auch unsere moderne Art der Informationsverarbeitung und -verbreitung reflektieren und Ihr Kommunikationsverhalten damit konfrontieren,

◆ Ihnen aufzeigen, daß es in der Rhetorik einen *neuen* Ansatz gibt, nämlich den provokativen, der allerdings gar nicht so neu ist, sondern nur noch nicht entdeckt wurde,

◆ Ich wünsche Ihnen, daß einige Kapitel Ihnen dabei helfen, daß Ihre nächste Rede das Thema erschöpft – nicht jedoch Ihre Zuhörer,

◆ Sie werden verstehen, warum Dialektiker schließlich doch mit verschnörkelten Kunstgriffen ihre Gesprächspartner überreden,

◆ Sie werden mit mir darin übereinkommen, daß geschliffene Reden so wohltuend für das Publikum sind, weil ihnen das Geräusch des Feilens und Schleifens fehlt,

◆ Lernen Sie, Ihre Rede oder einen Vortrag wie ein Architekt zu gestalten, der zuerst einen Plan bis ins Detail durchdringt, anstatt nur Dominosteine aneinanderzusetzen,

◆ Ich werde Ihnen die Todsünden der Vortragsgestaltung ebenso zeigen wie die Wege, diese Klippen zu umschiffen,

◆ ... und erleben Sie, daß Schlagfertigkeit erlernbar ist, da ihr Methodik zugrundeliegt.

Aber vor allem wünsche ich Ihnen viel Spaß beim Lesen.

Karsten Bredemeier   Neunkirchen, Frühling 1996

Falls Sie Fragen oder Anregungen haben, so schreiben Sie mir bitte:

Dr. Karsten Bredemeier
Im Wolfsgarten 4
D-53819 Neunkirchen

Plädoyer für ein neues Kommunikationsmodell

Bereits vor einigen Jahren wurde durch Schulz von Thun ein Kommunikationsmodell vorgestellt, welches unsere Kommunikation in ein theoretisches, dadurch aber verstehbares Modell abstrahierte.

Jedes Gespräch, so schlußfolgerte von Thun, läßt sich in vier Ebenen unterteilen, die zwar im Gespräch immer wieder verwischen, jedoch unterschiedliche Intentionen aufweisen. Auf Grundlage dieses Modells hatte ich bereits in meinem Buch «Medienpower – Erfolgreiche Kontakte zu Presse, Funk und Fernsehen» die vier Ebenen in Anlehnung an R. Lay heruntergebrochen:

◆ Kontakt
◆ Information
◆ Selbstdarstellung
◆ Appell.

Kontakt bezeichnet die Phasen, in denen der Gesprächspartner zu seinem Gegenüber Beziehung herstellen möchte. Häufig geht es hier nur um «soziale Geräusche», Kontaktphrasen oder «Verbalmüll».

Information kennzeichnet jene Momente, in denen es um den Austausch von Sachwissen, sprich: Informationen geht. Da jedoch 90 Prozent unseres Wissen gelesen, gehört oder irgendwo andersher sind, entscheidet die Beziehung zum Gegenüber darüber, ob wir seine Information als «bare Münze» nehmen.

Selbstdarstellung bezieht sich auf die Gesprächsanteile, wo der Gesprächspartner, der sog. Sender, dem Empfänger «sich selbst mitteilt», also etwas über sich, seine Fachkompetenz oder seine Persönlichkeit mitteilt. Dabei kann er diese Dinge direkt oder indirekt ansprechen, kann über sich selbst erzählen oder versteckte Botschaften mitteilen, indem er über eine andere Person spricht.

Die Selbstdarstellung bewegt sich in einem Feld zwischen zwei Extrempolen, dem *Fassadenverhalten* einerseits und dem *Imponiergehabe* andererseits.

Und schließlich will jeder Sender etwas vom Empfänger. So wie man nicht nicht kommunizieren kann, hat jedes Gespräch auf seiten der Gesprächsteilnehmer ein Ziel. Diese Botschaften werden *Appell* genannt.

Aus meinen Seminaren und den Beobachtungen gemeinsam mit den Teilnehmern behaupte ich nun, daß **eine heimliche Revolution unserer Kommunikation** stattgefunden hat.

◆ Unser Informationsverhalten hat sich geändert, so wie wir anders Informationen aufnehmen.
◆ Unser Kontaktverhalten hat sich geändert, einher geht damit vielleicht sogar eine Beziehungsarmut.
◆ Unsere Selbstdarstellung hat sich gewandelt, da wir diese in einem neuen Maße betreiben.
◆ Unsere Appelle haben eine neue Dimension, oder sollte man sagen: Eigenart?, bekommen.

Auf den nächsten Seiten möchte ich diese Aussage erhärten.

Um den – unterstellten – Veränderungsprozeß zu kennzeichnen, beziehe ich mich dabei hauptsächlich auf die Medien und das gewandelte Konsumverhalten, was allerdings einhergeht mit einer modifizierten Informationsaufbereitung.

Die neue Dimension der Information

Information erfolgt durch die Medien und deren Informationsdichte und hat inzwischen ungeahnte Dimensionen erreicht. Live-Berichte von allen aktuellen Geschehensschauplätzen dieser Welt gehören als normales Etwas zu unseren «Wohnzimmer-Erlebnissen». Die Welt wird zu einem Dorf.

Entfernungen verschmilzen, punktuell werden selektierte Informationen aus aller Welt für uns greifbar.

Allein die Länder der Europäischen Gemeinschaft werden zum Ende dieses Jahrzehnts 450 Satellitenkanäle anbieten. Weltweit wird für Produkt- und Unternehmensinformation (Werbung) ein Medienwerbeetat von 350 Milliarden Dollar bereitgestellt. In Europa wird der Umsatz der Kommunikationswirtschaft bis zum Jahr 2000 etwa 150 Milliarden Mark ausmachen und damit das Umsatzvolumen der Automobilindustrie weit hinter sich lassen. Der sich uns schon zur Zeit bietende audiovisuelle Informationssupermarkt Fernsehen wird durch hochtechnologische Entwicklung, beispielsweise Glasfasertechnik oder Digitalisierung, immer schneller vorangetrieben und bietet zugleich ökonomische Perspektiven, die in ihrem Schlepptau folgemäßig diese neue Informationsdimension ausleuchten.

Wir, die Nutzer dieses Informationsangebots, bewegen uns dabei vom einfachen Switcher, der zwischen dem breiten Kaleidoskop von Sendern und Kanälen hin- und herspringt, um sich berieseln zu lassen, hin zum Wohnzimmer-Programmdirektor, der sein eigenes individuelles und persönlich abgestimmtes Unterhaltungs-, Informations- und Bildungsangebot kreativ gestaltet.

Momentan sieht es dabei so aus, daß das öffentlich-rechtliche Fernsehen etwa 84 Prozent aller Informations- und Bildungssendungen anbietet, das Privatfernsehen hingegen sich auf Serien und Spielfilme fokussiert hat (etwa 65 Prozent) und mit fast 92 Prozent der Werbung über ein Quasi-Werbemonopol verfügt.

Wer bringt Unterhaltung, wer Information?

Noch immer liefert das öffentlich-rechtliche Fernsehen das Gros an Information und Bildung (84,2% aller Info- und Bildungssendungen). Dagegen zeigt das Privat-TV mehr Spielfilme und Serien (64,5%). Bei der Werbung besitzt das Privat-TV fast ein Monopol. Nur 8,3% aller Werbesendungen laufen im öffentlich-rechtlichen Fernsehen.

Daß *öffentliche* Information jedoch immer stärker *veröffentlichte* Meinung wird, zeigt beispielsweise die politische Berichterstattung der US-Medien im amerikanischen Superwahljahr 1992.

Hatte 1901 Theodore Roosevelt als erster Politiker die Presse als Wahlkampfbühne auserkoren, Franklin D. Roosevelt 1933 das Radio und in 1960 John F. Kennedy die Fernsehdebatten, so setzten die drei maßgeblichen Präsidentschaftskandidaten Perot, Clinton und Bush 1992 auf die direktive-unterhaltende Ansprache der Wähler.

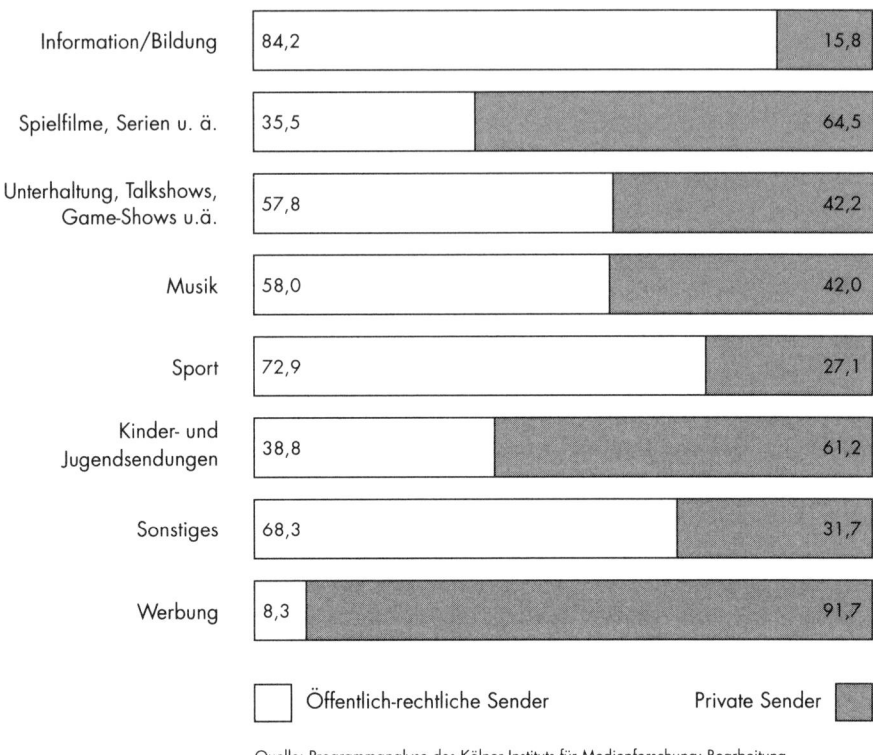

Information/Bildung	84,2	15,8
Spielfilme, Serien u. ä.	35,5	64,5
Unterhaltung, Talkshows, Game-Shows u.ä.	57,8	42,2
Musik	58,0	42,0
Sport	72,9	27,1
Kinder- und Jugendsendungen	38,8	61,2
Sonstiges	68,3	31,7
Werbung	8,3	91,7

☐ Öffentlich-rechtliche Sender   Private Sender ▨

Quelle: Programmanalyse des Kölner Instituts für Medienforschung; Bearbeitung

Allein Clinton trat 97mal in Talkshows auf, um dort Lippenbekenntnisse pur zu produzieren. Perot brachte es auf etwas mehr als ein Drittel (33 Talkshow-Auftritte), Bush nur auf etwa 16; er galt deshalb bei weitem als weniger volkstümlich als der Gewinner Bill Clinton.

Thomas E. Patterson, renommierter Politikwissenschaftler an der Syracuse University in New York, registrierte nach einer Analyse von etwa 10 000 Medienberichten zwischen 1960 und 1992, daß Clinton geschickt die Barriere der Medien zwischen Kandidaten und Wählern durch sein Talkshow-Verhalten umschiffte. Kein Wunder, so lautete sein Resümee, da die politische Berichterstattung immer wertender, subjektiver, negativer und kritischer Stellung bezog. Beispielsweise waren 1960 über Kennedy-Nixon noch 75 Prozent positive Mediennachrichten publiziert worden, die Waagschale wies über das Duell Clinton-Bush 1992 hingegen 60 Prozent Negativnachrichten aus. Indikatoren dieses Trends sind exemplarisch in den Titelgeschichten der Tageszeitung «The New York Times» zu lokalisieren, wo 1960 über «den Kandidaten Nixon», «den Kandidaten Kennedy» geschrieben wurde, 1992 allerdings leserwirksam die Schlagzeilen lauteten: «Der

Kampf seines Lebens» (Bush), «Ist Bill Clinton der Richtige?», «Warum Wähler Clinton nicht trauen können» oder «Bill Clintons langer Marsch».

Allein auf der «Times»-Titelseite sank in diesen 32 Jahren die Anzahl der beschreibenden Berichte von 90 auf etwa 20 Prozent, die wertende bzw. bewertende Schreibe stieg von 10 auf ganze 85 Prozent. So what!? Spannend wird es dort, wo man die durchschnittliche Redeausschnittdauer vergleicht, die 1968 ganze 42,3 Sekunden betrug und sich im Laufe der Jahre auf etwa 9,8 Sekunden (1988) verringerte. Tröstlich, daß noch weniger nicht mehr geht.

Oder werden etwa in Zukunft einzelne Worte als «Nachricht» etikettiert?

Wandel der Berichterstattung in der «New York Times» bei US-Präsidentschaftswahlen (in Prozent)

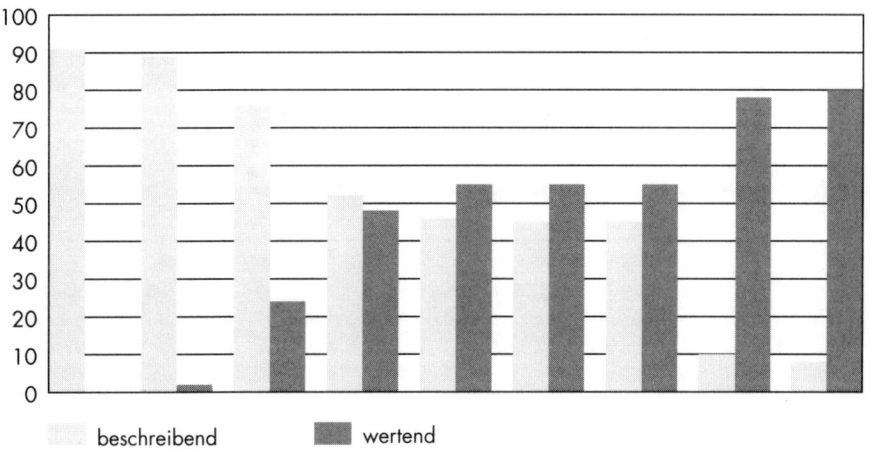

Ein ähnliches Ergebnis läßt sich übrigens auch dort feststellen, wo man die «Sound bites» (Dauer der Aussageausschnitte) in Interviews registriert.

Nach etwa 10 Sekunden werden im US-Fernsehen die Gäste von den Moderatoren unterbrochen, im deutschen Fernsehen mögen es durchschnittlich 35–40 Sekunden sein.

Indiz dieses Trends ist auch, daß Moderatoren ihre *sokratische Hebammenkunst* des Fragens ganz, ganz anders interpretieren. Als Beispiel für viele sei ein Zitat von Günter Gaus angeführt, der frohlockte: «Viele sagen, daß meine Fragen interessanter seien als die darauf gegebenen Antworten.» Kein Wunder, daß sich die Journalisten dann über die ausgefallene und weitschweifige Rhetorik ihrer Gesprächspartner und deren Langatmigkeit in Interviews auslassen, wie 1988 der ABC-Moderator Sam Donaldson im damaligen Wahlkampf über den Präsidentschaftskandidaten Michael Dukakis: «Verdammt, er braucht 22 Sekunden, um einen Gedanken zu Ende zu bringen.» – Übrigens, für diesen Satz braucht man bei sauberer Pausentechnik gute vier Sekunden. Anschließend müßte dem Zuschauer noch eine «Bedenkzeit» von drei Sekunden eingeräumt werden, damit er die Bedeutung auch genau, richtig und analytisch erfassen kann. Doch: Sorry, diese Zeit haben wir leider nicht. Nicht im Fernsehen. Die Frage, die sich anschließt ist, ob wir sie im Vortrag haben.

Wäre es also angebrachter, vom neuen Zeitalter der *Desinformation* zu sprechen? Nein, schließlich reden wir hier über die liebste Freizeitbeschäftigung der Bundesbürger, über das Fernsehen, welches einen höheren Stellenwert besitzt als selbst das Nichtstun oder Freunde zu besuchen. Übrigens schaffen es sogar drei Prozent der Fernseh-Switcher, zwei Sendungen *parallel* zu konsumieren. Die Informationsaufnahme dürfte dabei stark gegen den Nullwert tendieren.

Im Vergleich ergibt sich für die durchschnittliche Mediennutzung der Bundesbürger folgender Überblick:

Durchschnittliche Mediennutzung der Bundesbürger

	Werktags			Samstags/sonntags		
	Nutzungs-dauer gesamt Std.:Min.	Tatsächliche Nutzer in %	Verweil-dauer der Nutzer Std.:Min.	Nutzungs-dauer gesamt Std.:Min.	Tatsächliche Nutzer in %	Verweil-dauer der Nutzer Std.:Min.
Fernsehen	2:36	96,8	2:41	4:02	96,3	4:12
Radio	1:57	82,1	2:22	2:07	73,0	2:54
Schallpl., CD	0:30	45,1	1:06	0:46	47,7	1:36
Videorecorder	0:18	24,3	1:15	0:33	30,3	1:50
Zeitungen, Zeitschriften	1:11	88,7	1:20	1:07	79,2	1:24
Sach-, Fachbücher	0:22	30,8	1:11	0:21	25,1	1:25
Romane, Erzählungen, Gedichte	0:21	34,0	1:04	0:29	35,1	1:21
Computer	0:11	12,1	1:34	0:09	07,2	2:00

Quelle: Stiftung Lesen (Hrsg.): Leseverhalten in Deutschland 1992/93.

Für den Informationskonsumenten sind die Medien häufig nichts anderes als eine große Schaubühne, welche von Emotionen lebt. Wir brauchen Schurken und Helden, die Seite der Gerechtigkeit und als Korrektiv die Seite des Bösen. Grautöne und deren unterschiedliche Schattierungen, differenzierte Meinungsbilder und langatmige ausgewogene Analysen, die informieren, langweilen uns.

Björn Engholm faßte dieses einmal folgendermaßen zusammen: «Die Urteilsbildung besteht nicht mehr aus der intellektuellen Überprüfung bestimmter Sätze und Argumentationen, sondern aus der intuitiven, emotionalen Reaktion auf die Totalität des (sich ihm dargestellten) Bildes.»

Um die jeweilige Information richtig zu verpacken und diese ausgesprochene Totalität zu gewährleisten, ist man längst im Fernsehen zum *«Warm-up»* übergegangen, welches in der Regel 15–30 Minuten dauert. Einziges Ziel besteht darin, aus einem noch unbeteiligten Publikum eine tobende TV-Kulisse zu machen. Doch auch hier unterscheiden sich private Sender von den öffentlich-rechtlichen, die alles Anheizen noch vorher schriftlich fixiert bekommen möchten, damit keine geistig-verbalen Entgleisungen passieren. Schließlich würde damit ja das Image torpediert werden. Information ist alles, und alles ist Information, weshalb auch alles getan wird, mediengerechte Verbalkosmetik zu produzieren. Der große Bluff beginnt schon dort, wo beispielsweise eine als Live-Talkshow deklarierte Sendung in der sogenannten «Live-Aufzeichnung» hergestellt wird: scheinbar immer live gesendet, wird die Sendung nur manchmal wirklich live produziert, ansonsten aber als Konserve aufgezeichnet und nur zur angegebenen Live-Zeit ausgestrahlt. Die Moderatoren schaffen es mit Leichtigkeit, sich darauf einzustellen. Und was stört daran, bereits zur Weihnachtszeit frohe Ostern zu wünschen? Denn eines ist klar: Live-Sendungen bedeuten mehr hohe laufende Kosten bei gleichzeitigem erhöhten Pannenrisiko. Und wenn es vonnöten ist, kann sogar die Sendung nachbereitet und eventuell gekürzt werden (damit sich das anschließende Sportstudio nicht wieder verschiebt).

Doch kaum jemand hat noch den Überblick, welcher Sender mit welcher Zielsetzung seine Programme ausstrahlt.

So sind es in Deutschland Mitte 1995 etwa 300 TV-Kanäle und 200 Radioprogramme, die theoretisch empfangen werden können – hauptsächlich über *Satellit*.

Fest steht, daß die Medien sich bei ihrer Art der Information ganz und gar der Unterhaltung verschrieben haben – in einer nie dagewesenen *Verknüpfung* aller bisherigen Informationsträger. Nicht nur bietet beispielsweise das Fernsehen eine Ansprache fast aller Sinneskanäle, des auditiven, visuellen und kinästhetischen, sondern verquickt sogar das Konkurrenzmedium Buch.

Im *Literaturdisput* des Fernsehens werden neue Leser gewonnen, könnte man begeistert ausrufen, schaltet man das «Literarische Quartett» ein, wo der verbalkosmetische Literaturkritiker Marcel Reich-Ranicki mit anderen intellektuellen Disputanten jeden zweiten Monat bei hohen Einschaltquoten – übrigens dem scheinbar einzigen Erfolgskriterium aller Informationssendungen bei Radio und Fernsehen – vor laufender Kamera über die neuesten Publikationen streitet. Paradox, daß gerade dieses visuelle Medium sowohl die Wortverbreitung kräftig unterstützt, zugleich in dieser Sendung aber das biblische Motto: «Am Anfang war das Wort . . .» wie kein anderes aufgreift.

Doch Reich-Ranicki, Sigrid Löffler und Hellmuth Karasek haben dabei, *so urteilte vor einiger Zeit ein Kolumnist*, die Literaturwissenschaft in ein kongeniales Anhängsel des Showbusiness verwandelt, indem diese Protagonisten primär das Amüsement ihrer Zuschauer beabsichtigen. Hilmar Hoffmann, Geschäftsführer der Mainzer «Stiftung Lesen», bedachte das medienwirksame Trio mit dem «Auslese»-Preis, wobei er in seiner Laudatio hervorhob, daß das Engagement dieses Dreierteams bezüglich Literaturinformation als vorbildlich zu bezeichnen sei.

Doch der anfängliche, rasante intellektuell-subtile Disput um Inhalte verflachte zusehends publikumsgerechter zugunsten von Kamera-Appeal, unterworfen den bereits angedeuteten telegenen Showeinlagen und talkshowmäßig hingestellten Schlagworten. Originelle Profilierung mit begleitenden Rabiatäußerungen, ausdrucksintensive Mimik und Gestik mit paralleler suggestiver Informationsabkürzung lautet die Devise. Nicht die differenzierte Auseinandersetzung mit dem jeweiligen literarischen Anspruch des thematisierten Autors steht im Mittelpunkt, sondern effekthaschende Dampfplauderei «jenseits aller argumentativen Standards» (Roland Mischke). So beurteilte man Norbert Gstreins Roman «O 2», indem Hellmuth Karasek subsumierte: «Da hat einer ein Buch zu einem Umschlagentwurf geschrieben.» Realitätsferne Autorendenunziation, *resümierte der Kolumnist,* doch als Zuschauer lachen wir, herrlich!

Doch steckt hinter diesem Sendekonzept vielleicht die *neue Art der Information,* eine Information, die *provokativ,* ironisch, überspitzend und zugleich extrem ausleuchtend den Zuhörer oder Zuschauer nicht in seiner *Konsumentenrolle* beläßt, sondern ihn zwingt, sein Urteil zu fällen?

Das Medium ist die Botschaft, das Fernsehen selbst schafft einen neuen unverwechselbaren Informationsdiskurs, indem es unserer Informationsaufnahme einen neuen individuellen Eindruck zur Verfügung stellt, der zugleich aber häufig unser Urteilsvermögen auf die Kategorien schwarz oder weiß beschränkt. Hatte zuvor die jüdische Religion den Gott der Juden als einzig in Wort und als Wort sowie durch das Wort existierend propagiert, die Christen Jesus Christus als Verbum und verbum Gottes deklariert, setzt nun das Fernsehen Information als in seiner *Totalität* bildlich erfaßbar voraus. Das Bild ersetzt die Sprache in diesem Medium mehr und mehr als primäres Kommunikationselement oder degradiert sie zunehmend zu einem visuellen Hilfsmittel, indem informative Aussagen auf Schlagwortcharakter komprimiert werden sollen.

Doch *wir vergessen eines dabei:* das Fernsehpublikum will, wie auch das Publikum bei Vorträgen, Informationen heruntergebrochen haben.

Die Frage des Zuschauers, des Zuhörers, die Frage des Publikums: «**Was geht das mich an?**» wird schließlich einmal zur Grundintention des Informationsgebers. Zu Ihrer Kernfrage!

Ein ganz hervorragendes Beispiel liefern die sogenannten Euro-News, die nur Nachrichten des Tages in Bilder fassen, lediglich die *Bauchbinde* unseres Fernsehers, die Untertitel-Zeile, zeigt an, um welchen Ort und welche Zeit es sich handelt. Galt die babylonische Sprachverwirrung als erschreckendes Szenario für Völker-Unverständigung, so impliziert diese Nachrichtenaufmachung die Aufhebung der Sprache als nationenübergreifende Kommunikation. «Weltanschauung» pur lautet das Motto, Sprache behindert die konkrete Aussage der Welt, das Instrument Sprache als Mittler wird kaum noch benötigt. Bildsequenzen liefern die totale Orientierung innerhalb unserer Denkwelt, sie erleichtern den Zugang zu schwarz oder weiß. Die zeitliche Abfolge von Ereignissen wird zugunsten des bildhaften «Jetzt» reduziert, der historische Zeitstrahl von Geschichte wird zugleich verkleinert, eingefärbt durch den Bildausschnitt oder die Filmmaterialauswahl, die Beschaffenheit der Wirklichkeit erfährt eine subjektive Selektion. Fast programmatisch vermittelt sich uns dadurch eine eigentümliche Gliederung unserer Wirklichkeit, des menschlichen Erlebens und Handelns. Doch auch dieses Handeln bekommt eine neue Qualität, zu viele Informationen über den Bürgerkrieg im ehemaligen Jugoslawien, übrigens nur 500 km von München entfernt, verleiten uns auch zum Handeln – wir schalten von den Nachrichten auf den spannenderen, unterhaltsamen Krimi um, switchen von dieser grausamen Wirklichkeit auf die Friede-Freude-Eierkuchen-Realität um und resümieren zugleich, daß dies ja nur ein Spielfilm ist.

Die CNN-Berichterstattung hat uns darüber hinaus im Fall des Golfkrieges klargemacht, daß Information der Frage, «*Was geht das mich an?*», zugunsten einer Kartoffelchips-Passivität verlustig gehen kann. Doch das Gute siegte auch im Golfkrieg, die Informationsaufbereitung des Fernsehens frohlockte: Applaus – bloß keine Nachdenklichkeit. Neue Bilder – und bloß nicht Abschalten: «Ich zähl auf Sie!» (Olaf Kracht).

An das sogenannte «*Rückspiegeldenken*», nämlich neue Information mittels moderner Instrumente wie Fernsehen oder Radio an bereits vorhandene

Informationen geistig anzudocken, ist hierbei nicht zu denken. Diese Widersprüche der ständigen Suche nach zu produzierenden Highlights und dem großartigen Schauspiel, Millionen und Abermillionen von neuen Bildern der unterhaltenden Information zu weihen.

Um dem Auge des Zuschauers gerecht zu werden und gleichzeitig dem ausblendenden «Zappen» Einhalt zu gebieten, hat sich die durchschnittliche Länge einer Kameraeinstellung bei den großen amerikanischen Fernsehsendern mittlerweile auf ca. 3,5 Sekunden reduziert, vergleichsweise in Deutschland bzw. Europa etwa 10 Sekunden, wobei ein deutlicher Unterschied zwischen den öffentlich-rechtlichen und privaten Gesellschaften besteht. Bei einem Radiobeitrag haben wir hingegen durchschnittliche Sprecheinheiten von 15-25 Sekunden, längere bei fachspezifischen Themen, kürzere bei Interviews.

Der Trend zu kürzeren Einheiten läßt sich übrigens auch gerade im Vergleich zwischen deutschen und amerikanischen Serien ablesen, wobei wir mittlerweile schätzungsweise 50 000 bis 100 000 US-Sendestunden importieren. Die einzigen Ausnahmen zu kurzen Sendeeinheiten liegen bei Notdienst-/Rettungsdienst-Produktionen, da lange, einzelne Kameraperspektiven die Dramaturgie szenarisch steigern sollen.

Die Informationsdichte und ihre Aufbereitung – sprich: *Verpackung* – sollen primär Gefühle hervorrufen, der Anspruch an regem geistigem Verarbeiten dieser Informationen hingegen ist tendenziell gering.

Visuelles Entertainment bestimmt als durchgängiges Motiv, als *«Superideologie»* (Neil Postman) unser Informationsbedürfnis und die Erzeugung dieser Nachfrage. Denn warum sollten wir sonst das Fernsehen den anderen informativen Medien vorziehen? Ein Faktum, welches statistisch jeden Widerspruch im Keim ersticken läßt.

Selbst Nachrichtensendungen sind von der Entertainmentwelle überspült worden, informative Berieselung schlägt haushoch den Anspruch der Nachdenklichkeit. Oder warum kann sonst kaum jemand den Erfolg des Nachrichtenmagazins «Focus» erklären?

Sollten wir diese Art des Entertainments immer noch hinterfragen wollen, so müßte an dieser Stelle einmal nach den Kriterien gefragt werden, mit denen Sendeanstalten für ihre Nachrichtensendungen unter knapp 2000 Angeboten durchschnittlich 20 informative Einheiten auswählen, die dann zu *der* Nachrichtensendung zusammengestellt werden. Das Selektionskriterium Nummer eins ist die Unterhaltung und nicht die Totalität der Information, da ansonsten möglichst viele Info-bits über den Tag verteilt ausgestrahlt werden müßten. Es wäre logischer und konsequenter, aber nicht unterhaltsamer.

Klaus Altmann, Korrespondent der ARD, kommentierte diese Medien-wirklichkeit, bei der wir Zuschauer in der ersten Reihe sitzen sollen, deshalb treffend: «Auch wenn wir schon vorher wissen, daß (beispielsweise) die Politiker zu diesem oder jenem Ereignis nichts sagen, werden sie von uns angegangen. Weil wir einfach Bilder brauchen. Immer neue und aktuelle Bilder . . . Es ist besser, einen Politiker zu zeigen, der vor einer Fraktionstür von 50 Politikern gestellt wird und wütend die Mikrofone beiseite schiebt, als einen Reporter, der einsam vor dem Bundeshaus steht und seinen Text herunterspricht.»

Mich erinnert allein die Sprachkonfiguration eher an eine informationslose Treibjagd als eine argumentationsorientierte Berichterstattung.

Die «Tagesthemen»-Moderatorin Sabine Christiansen ordnete deshalb kürzlich den Nachrichtenwert dem «Nullpunkt» zu, da es «dem Zuschauer schon lange nicht mehr zuzumuten» sei, daß er «schwarze Autos an- und abfahren und Konferenztüren auf- und zugehen sieht».

Unverständliches Polit-Kauderwelsch, in ver-*blüm*ter Sprache verpackt – Information wird dabei häufig mit Schlüssellochguckerei verwechselt, und unsere Sprache erreicht einen Graubereich, in dem ein «*situatives* Ja» bereits ein «*kontextuelles* Nein» impliziert.

Nicht daß die Geschichte des deutschen Fernsehens zugleich auch die Geschichte seiner Publikumsverachtung ist – vielleicht sind wir jedoch auf dem Wege dahin. Erinnern Sie sich an «die» Bildsequenz der Berichterstattung über die Europawahl im Juni 1994? Bestimmt, denn selektiert wurde primär Rudolf Scharpings Doppeldeutigkeit auf die Frage nach der Niederlage: «. . . dieses war die erste . . . nein, nicht Niederlage, sondern Wahlkampfrunde . . .» Der Informationswert war null, aber bei hohem Unterhaltungswert. Häufigstes Zitat der Regierungspartei war der drohende Satz von Helmut Kohl: «Der 16. Oktober kommt bestimmt!» Wie wahr.

Die Folge für uns, die Zuschauer, erreicht am Bildschirm eine besondere Tragweite: Wir hören alles, weil die Sprache verständlich ist; wir verstehen alles, weil uns alles bekannt vorkommt. Doch behalten, im Sinne eines Informationswertes, tun wir wenig. Nur etwa fünf Prozent des Gehörten und Gesehenen bleibt nach einer Stunde noch hängen, wobei diese fünf Prozent nicht etwa übermittelte Dinge sind, sondern assoziierte Gedanken. Also Aussagen, die häufig noch nicht einmal getätigt wurden, sondern häufig nur verstanden geglaubt werden.

Ein herrliches Beispiel, wie aber das Fernsehen unsere Wirklichkeit gestaltet, ist aus den USA überliefert. Mehr als 50 Fernsehstationen übertrugen eine Bypass-Operation live, wobei zwei Sprecher durch die Operation moderierten und das Publikum über den Eingriff informierten. Der zuversichtliche Patient Bernard Schuler war die lebendige Zuversicht, wobei er allen Ernstes hinsichtlich des Ausgangs der Operation verkündete:

«Zum Teufel, bei einer Live-Sendung können sie mich einfach nicht hopsgehen lassen.» Er behielt übrigens recht, wohl deshalb, weil das Drehbuch dieses nicht vorgesehen hatte.

Ein anderes Beispiel, wie Information schnell in Unterhaltung kippen kann, lieferte uns vor einigen Jahren das spektakuläre Gladbecker Geiseldrama. Die Medien heizten die Gangster an, stellten sie in den Mittelpunkt des öffentlichen Interesses, und wir ließen den Fernseher laufen – natürlich nur, um informiert zu sein.

Hand in Hand mit diesem neuartigen Informationsanspruch haben sich neue sprecherische Marotten eingeschlichen, in denen die Diskontinuität der aneinandergereihten Informationen kulminiert.

Ein besonders Beispiel bietet das Sammelsurium nicht verbindender Bindewörter, mit denen der journalistische Sprecher verkündet, daß die gerade gegebene Information durch eine neue abgelöst wird.

Typische Redewendungen sind: «Und nun . . .», «Und jetzt . . .» oder auch die Diskontinuität, die durch Lokalitäten eingeleitet wird: «Bonn. Die CDU/CSU hat . . .». Solche Einstiege signalisieren, daß zwischen den einzelnen News keine systemorientierte oder ordnungsimmanente Verknüpfung besteht, sondern alle Informationen nur als einzelne Bruchstücke zu verstehen sind, die fokussierend einzelne Orte von Geschehnissen dem Betrachter zugängig machen – ohne den Anspruch oder auch Zuspruch, diese punktuellen Ereignisse in ein Informationsnetzwerk zu bringen, bei dem das Wichtigste am Netz die Knoten sind.

Diese «Und nun»-Weltanschauung exemplifiziert, daß die uns angebotenen Informationen häufig kontextlos zu verkonsumieren sind. Als reine Unterhaltung aufgemacht, ist es für den Zuschauer vollkommen bedeutungslos, was die inhaltliche Aussage für ihn an Bedeutung hat.

Womit wir natürlich wieder ein klassisches Bedeutungskriterium althergebrachter Kommunikation über Bord werfen. War es bisher in der Dialektik und den aus ihr erwachsenen Diskursen wichtig, «sich auf den Stuhl des anderen zu setzen», altero-zentriert zu denken, so hat die auf das Entertainment ausgerichtete Struktur von Nachrichten dieses kommunikative Element links überholt. Die Information hat ihren Stellenwert «für sich», das «Für-mich»-Moment bleibt bewußt außen vor.

Verständlich, daß diese «Mich-geht-das-gar-nichts-an»-Mentalität, die hier systematisch forciert wird, auch zu einer emotionalen Passivität führt, wenn überhaupt, so halten unsere Empörungszustände nur solange an, bis die nächste Information uns berieselt oder wir uns mit dem Gang zum Kühlschrank geistig davon verabschieden. Kein Wunder auch, daß diese segmenthafte Aneinanderreihung unser Denken oder besser gesagt unser Konsumieren wie ein Supermarktregal strukturiert, in dem Dose an Dose, Karton an Karton gelagert ist – gehen wir hier einmal davon aus, daß wir tatsächlich einige Inhalte aufnehmen – die zusammenhanglos nebeneinander aufgereiht sind und die auf Wunsch der Hersteller beliebig ausgewechselt werden können.

Tröstlich, daß mit dem verbalen Fingerschnipsen des «Und nun» jede auch noch so ernsthafte, bedrohliche, irritierende, hoffnungsfrohe oder auch abscheuliche Aussage in einer existentiellen Irrelevanz aufgelöst werden kann. So besteht die neue Dimension dieser Informationsaufbereitung also auch darin, ein aristotelisch postuliertes «Noli me tangere» unserer Gefühlswelt und Werte zu realisieren, von dem wir niemals zu träumen gewagt hätten. Sinnbildlich für diese Schnelligkeit unserer angeswitchten und wieder abgezappten Reaktion ist der Jingle des Nachrichtensenders CNN, dessen kaum noch erkennbare bzw. wahrnehmbare Schnittfolge uns die einzelnen Bildmotive erst nach mehrmaligem Hinsehen erkennen läßt. Er dient lediglich der Unterhaltung, oder sollte man sagen: dem Anreissen des Zuschauers?

Heiko Engelkes, ARD-Auslandskorrespondent, kommentierte diese Medienwirklichkeit folgendermaßen:

«Die Aktualität rast um die Welt wie ein Hurrikan, dessen Verlauf man nicht vorhersehen kann. Mal ist es Moskau, mal Bagdad, mal Johannesburg. Fast täglich ein neuer Brennpunkt.»

So tauschen jährlich allein die Eurovisionsmitglieder in sechs Konferenzschaltungen über den Tag verteilt ca. 15 000 Einzelbeiträge aus, deren sich die angeschlossenen Sendeanstalten bedienen können – um ihre Zuschauer zu bedienen.

Versuchen Sie einmal, 25 Schlagzeilen des vergangenen halben Jahres oder meinetwegen auch nur 25 Einzelereignisse zusammenzubekommen. Oder noch einfacher, zählen Sie fünf Einzelbeiträge der von Ihnen zuletzt angeschauten oder gehörten Nachrichtensendung auf. Viel Glück – auch wenn Sie es leider nicht schaffen ...!

Hoffentlich sind Sie keiner von denen, die unter dem Einfluß von Rhetorikkursen oder einschlägiger Literatur die Informationsfunktion der Sprache für das wesentliche Element in der zwischenmenschlichen Kommunikation angesehen haben. Dann ist ja folgerichtig Information für uns bisher nichts anderes als die «Beseitigung von Unwissen» (Rupert Lay) gewesen, eine prinzipiell quantifizierbare Größe, die sich reziprok proportional zur Unwissenheit oder dem Informationsdefizit des Empfängers bewegte.

Das Medium Fernsehen lehrt uns, daß Information vor allem die Beseitigung von Unterhaltungsdefiziten ist, bei der die persönliche Wahrnehmung zugunsten einer scheinbaren Objektivierbarkeit des Newsgehaltes aufgegeben wird.

Die Kommunikationswissenschaft lehrte uns, daß der Hörer im Normalfall etwa maximal 8 *bit/sec* verstehend aufnehmen kann. Da nun das Fernsehen zugleich noch zig Bilder anbietet – ein Bild sagt bekanntlich mehr als tausend Worte! – müßten wir in der Lage sein, die uns dargebotenen Informationen gut aufzunehmen.

Vergessen Sie die Ergebnisse der Kommunikationswissenschaft, sie vergaß zu berücksichtigen, daß Information mit Unterhaltung gleichgesetzt wurde. Da beispielsweise der Nachrichtensprecher ungefähr das Vierfache bei normalem Sprechtempo aus Informationen senden könnte, wie wir bestenfalls aufnehmen bzw. empfangen könnten, müßte Nachrichtenübermittlung im Fernsehen wie auch im Radio *hochredundant* sein, d.h. die einzelnen Informationen müßten in sogenannten Kommunikationsschleifen regelmäßig wiederholt werden – um unserer mittelmäßigen Auffassungsgabe Rechnung zu tragen. Als Mittelwert einer solchen Redundanz läßt sich etwa 87 Prozent ermitteln. Dabei wird das *Redundanzkriterium* durch 1 – (tatsächliche Informationsleistung) definiert, so daß sich folgende Rechnung ergibt:

$$1 - 8 \text{ (bits = binary-digits) : 60 (bits) = 0,8667 } \triangleq 87 \text{ Prozent.}$$

Doch diese Rechnung ist für den Fernseher relativ, da
- Information unterhaltend sein soll, weshalb Redundanz zugunsten von immer neuen Einheiten aufgegeben wird, da
- Information nicht behalten werden muß, eine Sukzessionsregel für Vernetzung der unterschiedlichen Aussagen gibt es nicht,
- Information keine tatsächliche Entscheidung des Empfängers herbeiführen soll, denn ein auf die Information abgestimmtes Handeln oder Tun des Zuschauers darf nicht erfolgen, im Gegenteil: er darf nur nicht ausschalten oder den Kanal wechseln, bestenfalls unter einer eingeblendeten Nummer bei der Sendeanstalt anrufen und sein Gewissen beruhigen,
- der Informationssender keineswegs mit anderen Worten die Aussage nochmals verpacken darf, da Verstehen **reines** Hören der Information ist, nicht jedoch Befreien im Sinne von Auseinandersetzung,
- Emotionalität der Information mittels des «Und nun»-Instrumentariums kontrolliert (!) entfaltet werden darf, aber auf die jeweilige Einheit begrenzt sein muß,
- ein erforderlicher Informationskontext aussageunspezifisch für das Medium Fernsehen erscheint und partout vermieden wird,
- die beiden klassischen Formen des Verstehens, nämlich die projektive bzw. selektive, im Rahmen einer reinen Unterhaltungsabsicht als unerwünscht gelten, wobei wir unter projektiv eine Informationsaufnahme verstehen, die eine scheinbar objektive und absichtslose Information in

einen bestimmten Bezugsrahmen (beispielsweise politisch oder sexuell) setzt, und unter selektiv ein Verstehen, welches ausgewogene Informationsabgabe in ein bereits im Kopf vorgegebenes Raster einordnet, welches die News selektiert, welche dem Klischee gemäß «typisch» gelten und jene Aussagen außen vor läßt, die nicht ins Schubladendenken passen,
weshalb der Sprecher sich bemüht, ausdrucksvoll die «Botschaft an sich» zur Geltung zu bringen – ohne ein «für mich» gelten zu lassen.

Wie sehr wir inzwischen diese Vortragsweise akzeptieren, zeigt uns das tagtägliche Erleben der Nachrichtensendungen in den deutschen Wohnzimmern. Kaum sind die Wetterberichte über die Mattscheibe geflimmert, haben wir bereits vergessen, welches die erste Meldung war.

Auch hier wird die alte Rhetorikregel «Der erste Eindruck ist entscheidend, der letzte bleibt!» ad absurdum geführt, da nach dem letzten Eindruck, der Wettertafel, nur noch die morgige Wetterlage präsent und von Bedeutung ist. Als typischer Reaktionskommentar dürfte mittlerweile gelten: «Schatz, morgen soll es schon wieder regnen!» Der letzte Eindruck bleibt.

Gab man früher nur bedingt Informationen weiter, damit man sich Wissen = Macht sichern konnte, gibt man im Anschluß an Nachrichtensendungen nur bedingt Informationen weiter, da man kaum eine andere behalten hat ... – und was ist unterhaltsamer als zwischenmenschlicher Diskurs, als der Small talk über das Wetter von morgen?! Zumindest ist es uns auch gedanklich näher, von den realen Folgen ganz zu schweigen, als der Bürgerkrieg im ehemaligen Jugoslawien.

Kerngedanke dieser **Informationsmache** ist, so schrieb ein verantwortlicher Redakteur von Nachrichtensendungen, die Intention, «alles kurzzuhalten, die Aufmerksamkeit der Zuschauer nicht zu belasten und sie statt dessen durch Abwechslung, Neuigkeit, Aktion und Bewegung ständig zu stimulieren. Keinen Begriff, keiner Gestalt, keinem Problem braucht man mehr als ein paar Sekunden seiner Aufmerksamkeit zu schenken ... Der (Informations-)Happen muß die richtige Größe haben», Komplexität sei zu vermeiden, so daß man auf Nuancen verzichten kann, daß Einschränkung die einfache Botschaft unnötig belastet, daß «visuelle Stimulierung ein Ersatz für Denken und sprachliche Genauigkeit ein *Anachronismus*» ist!

Nachrichtensendungen scheinen das Sinnbild des Talking Entertainment, die moderne Varietéveranstaltung der heutigen Unterhaltungsgesellschaft zu sein. Kommunikativer Diskurs gerät in eine visuelle Einbahnstraße, die als «Dead end», als Sackgasse mündet.

Daß diese Art der Informationsaufbereitung nicht dazu beiträgt, daß mehr als höchstens 50 Prozent aller Bundesbürger zumindest die Hälfte aller Bundesminister der jetzigen Regierung aufzählen kann, sei einmal nachgeordnet. Neil Postman, Professor für Media Ecology an der New York University, sieht eine weitaus größere Gefahr, wenn er schreibt: «Wir stehen hier vor der Tatsache, daß das Fernsehen die Bedeutung von »Information« verändert, indem es eine neue Spielart von Information hervorbringt, die man richtiger als Desinformation bezeichnen sollte ... Desinformation ist nicht dasselbe wie Falschinformation. Desinformation bedeutet irreführende Information – unangebrachte, irrelevante, bruchstückhafte oder oberflächliche Information –, Information, die vortäuscht, man wisse etwas, während sie einen in Wirklichkeit vom Wissen weglockt.»

Wie aber spiegelt diese *Desinformation* in unsere tagtägliche Kommunikationspraxis hinein, in der wir statt Empfänger einmal den Sender spielen?

Meines Erachtens lassen sich neben den bereits herausgearbeiteten Punkten noch einige andere kristallisieren:

◆ Bei Vorträgen übertragen viele Redner die ihnen tagtäglich im Wohnzimmer eingespeiste Art der Info-Verpackung auf ihren eigenen Vortragsstil. Gerade bei etwa einstündigen Veranstaltungen werden bruchstückhafte Informationen mit einem häufig nur dem Vortragsredner bekannten logischen (!) roten Faden verknüpft, der uns, dem Publikum, leider verborgen bleibt. Diese Vorträge gleichen einem Spinnennetz, wo alle Fäden wild miteinander verflochten sind, jedoch – und das Wichtigste am Netz sind die Knoten – nur zwei Knoten aufweisen: den Anfang und das Ende.

◆ Übertragbar erscheint mir auch zu sein, daß kaum jemand in öffentlichen Diskussionen oder in Konferenzen – wir reden hier nicht von Talkshows – seine Gefühle zulassen kann. *Emotionalität* ist in Managerkreisen häufig immer noch ein Tabuthema, welches es zu vermeiden gilt. «Es geht doch um die Sache» – an sich, müßte man hinzufügen. Die Sache «für *mich*» oder «für *dich*» gibt es nicht, da Positionen leichter vertretbar erscheinen, wo sie anonymisiert («ad rem») vorgetragen werden. Natürlich erhält diese Argumentation Nahrung aus dem Lager der *Fassadentechnik*. Als Techniker möchte ich nicht zugeben, wie sehr mein Herzblut in das Projekt hineingeflossen ist, daß es «mein Baby» ist, auf das ich stolz bin. Stolz sein ist ebenfalls tabuisiert, so wie ein Lob der Person selbstredend als Lob der Sache zu relativieren ist – das erleichtert die Annahme. Herrlich zu sehen, wie viele Menschen hier ein Arsenal von Vermeidungsstrategien angelegt haben – nur um nicht persönlich gelobt zu werden. Und selbst dort, wo der Lobende beharrlich interveniert, damit sein Lob angenommen wird, schlägt zumindest gedanklich beim Gelobten noch die Bombe ein, indem er denkt: «Was ist wohl die Absicht, die dahintersteckt? Was will mein Gegenüber erreichen? In welche Richtung will er mich damit ködern?»

◆ Ein anderes Beispiel lieferte einmal der katholische Bischof Dyba, als er von Wolfgang Koruhn «hautnah» befragt wurde, wie er zum § 218 stehe. Er antwortete als Kirchenvertreter, als katholischer Priester, als Bischof – und wand sich wie ein Aal, nur, um keine persönliche Botschaft abzugeben. Hätte er doch lieber gleich gesagt: «Ich bin eine Marionette in einem Zwangskorsett der Rigidität, gelähmt durch persönliche gedankliche Unfreiheit, Sprachrohr einer systemischen unterdrückenden Institution, in der meine Persönlichkeit mittels indoktinärer Gehirnwäsche ausgeschaltet wurde» – es wäre zumindest ehrlicher und nicht so krampfhaft gewesen in diesem öffentlichen Diskurs.

◆ Eine andere Abfärbung dieser Medienkonsumierung läßt sich im Präsentationsverhalten ablesen, mittels dem viele Vortragende ihre eigene Meinung durch Statistiken – gleichsam verobjektivierten, anerkannten Urteilen – aufgeben. Eine Folie kann nicht lügen, sie anonymisiert das persönliche Denken, die eigene Erfahrungswirklichkeit. Sie bindet Einspruch höchstens an die «Sache an sich», aber nicht gegen meine Person.
Die Anzahl der Folien ist sehr, sehr häufig in einem reziprok-proportionalem Verhältnis zur Offenbarung individueller Aussagen stehend – das ganze nennt man dann «Folienschlacht», eine Schlacht übrigens, in der es unter den vielen professionellen Vortragenden kaum Kriegsdienstverweigerer gibt.
Kein Wunder, daß der Run auf neuartige Medien einen wahren Instrumentarienboom auslöste, der die Berechtigung der einzelnen Hilfsmittel schon bald zugunsten des Unterhaltungswertes ablöste. Der Multimedia-Mix generierte eine neue Dimension der bildhaften Unterhaltung bei paralleler Unterordnung der Sprache, die nur noch bruchstückhaft die Existenz des Vortragenden legitimiert. Boshaft möchte ich sogar behaupten, daß viele von uns – gerade von uns Managern – mehr Stilmittel der bildhaften Unterhaltung kennen als Stilmittel der Sprache.

Testen Sie es doch einmal selbst: Unterteilen Sie ein DIN A4-Blatt und schreiben Sie in die rechte Spalte technische Hilfsmittel, die Ihnen bekannt sind, und links sprachliche Konfigurationen. Na . . .?!
Und wenn Sie jetzt noch möchten, überprüfen Sie doch einmal Ihr letztes Referat auf beide Variationen . . .

Visuelles Entertainment hat seine Berechtigung, keine Frage. Es darf aber nicht dazu führen, daß wir unser ureigenes Kommunikationsmittel, die Sprache, vernachlässigen oder sogar bewußt eine neue Form der Armut wählen: die Sprach-Armut.

Bildreiche Vortragsaufbereitung stärkt natürlich die Informationsaufnahme, doch letztlich ist sie Hilfsmittel der Darstellungskunst und nicht Rettungsanker der sprachlichen Verkümmerung.

Wie schnell wir beides – Bild und Sprache – in einen Topf werfen, erkennen wir an dem absurden Vergleich, wenn wir einen Film gesehen haben und vorher oder nachher die Buchvorlage lesen. Wir ziehen dann nämlich einen direkten Vergleich beider Darstellungsformen und differenzieren nicht jeweils in der einzelnen Kategorie – ohne Bewertung durch die andere. Beide haben einen unterschiedlichen Anspruch, beide bieten unterschiedlichsten Anspruch, und beide treten im Normalfall nicht an, um miteinander in Wettbewerb zu treten. Es sind Darstellungsvariationen eines Themas. Und wer von uns vergleicht schon gerne Äpfel mit Birnen? De gustibus non est disputandum – über Geschmack läßt sich nicht streiten.

◆ Doch auch wir, das Publikum, sind über die unterhaltende Darbietung bei öffentlichen oder beruflichen Referatdarbietungen wie auch beim Fernsehen dankbar, wir suchen Zerstreuung nur allzu gern, da uns die Konzentration auf eine Sache über längere Zeit abhanden kommt. Wir haben das Zuhören verlernt, so wie die meisten der Vortragenden die zuhörerbezogene Aufbereitung ihrer thematischen Aussagen verlernt haben. Indiz dafür sind die fehlenden «Nach»-Denkpausen, für die weder im Fernsehen noch im öffentlichen Diskurs oder in Unternehmenskonferenzen ein Platz vorhanden ist. Etwa drei Sekunden Sprechpause wären erforderlich, damit wir eine Aussage verarbeitet haben. Doch hier sprechen wir von Utopie, denn nach etwa einer Sekunde setzt in Konferenzen der sogenannte «Sprechzwang» ein, nur allzu ungeduldig warten wir darauf, daß unser Gegenüber endlich verstummt, damit wir unseren Gedanken – der uns selbstredend schon während der letzten (kaum wahrgenommenen und schlecht reflektierten) Gedankengänge unseres Gesprächspartners bewegte – endlich unterbringen. Die reale Grundvoraussetzung unserer Alltagskommunikation ist nicht gedankliche, partnerbezogene Kohärenz, sondern bruchstückhafte Diskontinuität der Aussagen. Wir pflegen fast wie ein Heiligtum das Aneinander-Vorbeireden, welches uns nur dann stört, wenn wir es beim anderen beobachten. Wir haben uns nur allzu gern – und durch das Fernsehen gefördert und gefordert – an diese gedankliche Inkohärenz gewöhnt, sie ist unsere Kommunikationswirklichkeit, die vielleicht sogar unserem egozentrischen Dasein am nächsten kommt oder zumindest diesem wohlwollend Rechnung trägt. Das Fernsehen bildet dieses Modell vollkommener sprachlicher Disparität und argumentativer Informationsdiskontinuität spiegelbildlich ab, denn sowohl die Form, die Verpackung, die Selektion als auch der Inhalt von Kommunikation avisieren Unterhaltung.

Doch warum gestehen wir es uns nicht ein: Wir wollen *Dekontextualisierung* mittels Berieselung, wir begrüßen diskontinuierliche Gesprächsführung, wir kommunizieren, wenn nicht aus Muß dann zumindest zum trivialen Zeitvertreib, wir betrachten – häufig nur unbewußt – Kommunikation nicht als «Miteinander-Reden», sondern «Nebeneinander- oder Gegeneinander-Reden». Da ist es dann nur noch ein kleiner Schritt zur Fernsehkommunikation, denn hier geschieht in vollendeter Form das «Auf-den-anderen-Einreden», was uns als Zuschauer sogar aus dem Streß des «So tun, als ob» der dialogischen Zwiesprache entläßt und uns des Zuhören-Müssens entledigt. Uns ent-mündigt. Denn wer quatscht schon den Fernseher voll?

Natürlich führt das nicht dazu, wie viele meinen, daß immer mehr alte Leute einsam und allein vor dem laufenden Fernseher sterben und erst nach Tagen oder gar Wochen entdeckt werden. Ein Nachbar kommentierte dieses einmal sinngemäß mit «Der alte Schmidt hätte doch nur ein Wort sagen brauchen ...» Ob er wohl hingehört hätte?!

Ein entscheidender Unterschied zwischen Null-acht-fünfzehn-Vorträgen und der Fernseh-Information hat sich natürlich auch herauskristallisiert. Diese tragen das Stigma der Kurzschweifigkeit, Sequenzen von nur wenigen Sekunden, höchstens wenigen Minuten sollen den Zuschaltreiz auslösen, jene haben Langatmigkeit, die uns häufig gedanklich durch endlos lange Aussageminuten einen verworrenen Faden verfolgen lassen. Diese wollen uns glaubhaft versichern, daß Nachrichten oder Informationen einfach und durchschaubar, nämlich abnickbar sind, jene ereifern sich in weitschweifigen, diffizilen Argumentationsstrukturen, die dann noch den Eindruck vermitteln, das Thema sei schon auf einen minimalen Kontext mit vereinfachten Ausführungen reduziert worden – wofür sich der Redner in der Regel auch noch bei uns, seinem Publikum, entschuldigt. Und prompt melden wir als Auditorium zu der Vortragsstruktur und ihren Verflechtungen thematische Widersprüche ein, während wir beim Fernsehen einfach nur konsumieren.

Fazit: Als fernsehverwöhnte Disputanten ziehen wir bei Referaten und Konferenzen, Vortragsmoderation und fachlichen Erörterungen prägnante und einhämmernde Botschaften differenzierten, weil komplexeren Aussagen vor; wir wünschen uns unbewußt und insgeheim, daß uns die Lösung oder Information verkauft wird, ohne sie mit Problemkreisen oder Frageschleifen erörtert zu wissen. Gestaltet sich vielleicht deshalb unsere Einstellung zu wirtschaftsbezogenen Diskursen so, daß wir uns lieber den Macher als den zögerlichen, diskutierfreudigen Taktiker als Vorbild nehmen?

Sicherlich geht es zu weit, behaupten zu wollen, daß diese Machertypen als Aushängeschilder ihrer Konzerne teamorientierte Entscheidungsgremien zur Bedeutungslosigkeit gestempelt haben, sicher ist aber, daß sie ihre Bedeutung degradiert haben, relativiert nicht in ihrer realen Existenz, weitgehend jedoch in der öffentlichen Wahrnehmung. Alfred Herrhausen war die Deutsche Bank, andere verkörpern heute in Person ihr Unternehmen.

Primär das Fernsehen hat uns auch die Relativität von Vergangenem gelehrt, denn wo es weder Kontinuität noch einen klaren Kontext der Information gibt, wird uns durch die bruchstückhafte, inkohärente Meinungsmache sowohl die historische Ausrichtung verwehrt als auch die Zukunftsgewichtigkeit als unbedeutend verkauft. Fernsehen ist ein Informationsspiegel, der nur das «Jetzt und Hier» als bedeutsam erachtet. Zugegeben, ein Theorem, welches jedoch durch die zunehmende Orientierungslosigkeit der heutigen Zeit genährt wird. Denn mit der Nostalgie des Gestern wurde die Zielorientierung, das Prinzip Hoffnung des Morgen eingeschläfert. Doch was kümmert es uns, wo doch, wie Henry Ford einmal formuliert hat, «Geschichte Quatsch ist». Wie eine unheimliche und unzugängliche Nebelwand wirkt das Gestern gegen unsere diskontinuierliche Gegenwart. Nichts ist so alt wie die Nachricht von gestern, lehrt die Publizistik, unsere Vergangenheit ist die Gegenwart der letzten Minuten, lehrt die High-Technologie der Mattscheibe. Waren zur Zeit des Buchdrucks laut David Riesman Informationen noch das Schießpulver des intellektuellen Geistes, so sind in der heutigen Informationsgesellschaft Informationen das Unterhaltungselixier des abgespannten und eingeschläferten Geistes, der seine Bedrohlichkeit mittels der Fernbedienung erhält.

Das Fernsehen ist, so resümierte Neil Postman, «ein Medium, das uns Informationen in einer Form präsentiert, die sie versimpelt, substanzlos und unhistorisch macht und ihres Kontextes beraubt, ein Medium, das die Informationen auf das Format von Unterhaltung zurechtstutzt».

Doch das ist nicht das Kernproblem unserer *kommunikativen Sackgasse*, es ist nicht das häufige, unkritische, reflexionsbefreite Konsumieren von Unterhaltung; unser Kernproblem besteht hingegen dort, wo wir die Kommunikation der Fernsehunterhaltung stilisiert auf ein Podest erheben und sie als Goldenes Kalb zum Maßstab aller Kommunikation erheben. Protest ist dort angesagt, wo der gesamte Kommunikationsdiskurs aller anderen Bereiche unseres Lebens der Fernsehunterhaltung angeglichen wird, wo dieselben Regeln gelten sollen und die gleichen Einbahnstraßenmonologe als Kommunikationsprozeß ausgewiesen werden.

Protest ist gegen die zehn Gebote der Fernsehunterhaltung angesagt, die da lauten:

❶ *Das Bild ist die Wirklichkeit!*
Denn dort, wo die Bildwelt totalitär wird, verkümmert unsere Fähigkeit, in und mit Worten zu kommunizieren.

❷ *Fernsehen bildet unsere Wirklichkeit ab!*
Denn das Fernsehen bildet eine Wirklichkeit ab, ob es jedoch unsere Wirklichkeit ist, ist mehr als fraglich, sie wird nie mehr als ein Bruchstück derselben bleiben.

❸ *Es gibt kein Gestern und kein Morgen, sondern nur die Gegenwart!*
Zwischenmenschliche Kommunikation ist nicht ohne ein Vorher oder ohne das Nachher zu denken, da sonst der ihr eigene Prozeßcharakter geleugnet wird und damit ihr ureigenstes Ziel.

❹ *Es zählt nur die «Und jetzt»-/«Und nun»-Mentalität!*
Und nun, über Gräber vorwärts, lauteten bereits die letzten Worte Johann Wolfgang von Goethes am Grab seines Sohnes, doch implizierten sie die Erinnerung des Vergangenen als unablösbares Etwas der Gegenwart. Unsere Kommunikation dient dem Ziel der Inbeziehungsetzung, wir setzen Dinge zueinander in ein Verhältnis und suchen im Dialog die Beziehung zueinander, auch dann, wenn die Sacherörterung primäre Ausgangsbasis ist.

❺ *Laß dich nur unterhalten!*
Informationen erfüllen immer den Tatbestand psychologischer Bedürfnisbefriedigung, auch den, unterhalten werden zu wollen. Doch die Reduzierung auf dieses alleinige Wertmerkmal torpediert die Weiterdenkfähigkeit und das Reflexionsbedürfnis des normalen intellektuellen Geistes.

❻ *Bilde dir kein eigenes Urteil, sondern übernimm das veröffentlichte Urteil!*
Unsere Kommunikation lebt vom Austausch individueller Gedanken, von reflektierenden Argumenten und urteilsbezogenen Diskussionen. Die vom Fernsehen häufig propagierte Eins-zu-eins-Urteilsbildung ohne Eigenverantwortung zielt im tiefsten auf die Demoralisierung unseres eigenen Urteilsvermögens und erstickt persönliche Verantwortungsübernahme. Eine Kommunikation ohne eigene Meinung ist keine Kommunikation.

❼ *Laß dich nicht emotionalisieren, irritieren oder provozieren!*
Im Gegenteil: fruchtbare Kommunikation lebt von der Emotion, da sie die persönliche Betroffenheit widerspiegelt, sie blüht mit der Irritation auf, da

sie das Hinterfragen erfordert, sie benötigt die *Provokation,* da nicht jeder Gedanke wirklich simplifiziert und direkt zugänglich ist.

8 *Hinterfragen und Erörterungen sind nicht angesagt!*

Alle traditionellen Instrumente der Kommunikation wie Argumentation, Hypothesenbildung, Schlußfolgerungen etc. sprengen die Totalität des Bildes und räumen der Sprache einen nicht beabsichtigten Stellenwert ein. Fernsehgerechte Darlegung erfordert die visuelle Umsetzung, so jedenfalls lautet der Ansatz, der sich zweifelsohne natürlich noch nicht ganz durchgesetzt hat, da selbst die Fernsehmachenden nicht über den Schatten des Sprechens springen können und selber hauptsächlich in Sprache denken, nicht jedoch in Bildern.

9 *Vergiß das Gesehene und Gehörte baldmöglichst!*

In amerikanischen Untersuchungen, die allerdings ruhig auf unsere Konsumersituation übertragen werden kann, ließ sich feststellen, daß von den nach einer Sendung befragten Zuschauern nur 3,5 Prozent fähig waren, zwölf einfache Fragen zu zwei dreißig Sekunden langen Ausschnitten aus Sendungen im kommerziellen Fernsehen bzw. aus Werbespots logisch und inhaltlich richtig mit «falsch» bzw. «wahr» zu beantworten.

Andere Analysen ergaben, daß mehr als 50 Prozent der Zuschauer sich nach dem bewußten Anschauen einer Nachrichtensendung an keine einzige Nachricht mehr erinnern konnten – obwohl nur etwa 15 Minuten vergangen waren, wobei – wie bereits angedeutet – der durchschnittliche Fernsehzuschauer etwa 5 Prozent der in einer Nachrichtensendung verpackten Infos behalten kann, und zwar länger als eine Stunde.

Hingegen wurde auch festgestellt, daß man die abgespeicherte Information dadurch erhöhen kann, daß neben den Bildern und der Aussage in der sogenannten Bauchbinde noch einmal der Text abgebildet wird. Durch diese zweikanaligen Info-Reize erhöht sich die Aufnahme um etwa 25 – 30 Prozent.

10 . . . .

Glauben Sie an vorgefertigte Aussagen und zu übernehmende Meinungen. Ob es nun neun oder zehn Gebote sind, spielt keine Rolle, wichtig ist, daß Sie bereits beim ersten Gebot widersprechen.

Neil Postman zieht eine Konsequenz, die uns bezüglich des Fernsehens zu denken geben sollte: «Jedem . . . Werbespot sollte eine kurze Erklärung etwa folgenden Wortlauts vorangehen: »Der gesunde Menschenverstand: . . . Fernsehwerbung gefährdet die Urteilsbildung des Gemeinwesens.«»

Mir persönlich reicht das *nicht.* Wir sollten uns vielmehr bewußt machen, daß die heutige Informationsexplosion mit ihrem Wandel von Art,

Form, Inhalt, Umfang, Geschwindigkeit und kontextueller Aufbereitung eine Veränderung unseres Kommunikationsverhaltens nach sich zieht. Doch das ist auch noch sekundär. Viel wichtiger ist es noch zu registrieren, daß unsere Kommunikationsfähigkeit auf der einen Seite, dort wo wir im Fernsehen auftreten, kaum noch mithält, wir uns auf die Informationsvermittlung in ihrer mediengerechten Verpackung noch nicht richtig einlassen; auf der anderen Seite uns unsere natürliche Kommunikationsfähigkeit aber abhanden kommt, da wir unsere Fernseherfahrung als Norm unserer Alltagskommunkation standardisieren.

Tröstlich, daß, wenn wir aufgehört haben, nachzudenken, wir darüber jedenfalls nicht mehr nachdenken.

Die neue Dimension der Selbstdarstellung

Persönlichkeit hat einen Marktwert; es gilt, sie zu *verkaufen*.

Das beste Beispiel dafür lieferte der ehemalige Bundespräsident Richard von Weizsäcker, der Bonner «Häuptling Silberlocke», der anerkanntermaßen das beste und höchste Image aller Bundesdeutschen genoß.

In der Kommunikationswissenschaft nennen wir die Meßlatte der Möglichkeit, die eigene Persönlichkeit herauszustellen, *Image-IQ*. Also Intelligenzquotienten bezüglich der Imagevermarktung. Als Index zeigt der Image-IQ an, wie gut und positiv eine Persönlichkeit ihr persönliches Profil als Bild in der Fremdwahrnehmung durch andere skizziert.

Der Image-IQ sagt nichts darüber aus, ob die Person nun wirklich so ist, wie es uns das wahrgenommene Bild übermittelt. Häufig klafft sogar eine erhebliche Differenz zwischen der öffentlich angestellten *Kollektivperson* («In dieser Hinsicht gehe ich andere etwas an!») und der eigentlichen *Individualperson* («In dieser Hinsicht gehe ich nur mich etwas an!»).

Weizsäcker, so war aus «gut informierten Kreisen» zu hören, galt bei engen Mitarbeitern als sehr penibel und cholerisch, sobald ihm Dinge quergingen. Doch dieses Bild gehörte nicht in die Öffentlichkeit.

Mit «IQ» ist übrigens eine sogenannte «flexible Intelligenz» zu bezeichnen, mittels derer es gelingt, seinen Wert oder sein Ansehen bei anderen zu steigern.

Persönlichkeit erfordert also zwei Konstanten, nämlich
◆ jemanden, der ein bestimmtes Bild oder Profil aufbaut, und
◆ jemanden, der dieses Profil zu schätzen weiß.

Deshalb auch «flexible Intelligenz»: Wie weit gelingt es mir – so lautet also die Kernfrage – mein aufgebautes Bild gefällig für den anderen zu gestalten?

Oder andersherum: Wie erreiche ich es, daß ich im Schubladendenken meiner Gesprächspartner in eine Schublade hineingepaßt werde, die positiv ist? Damit erreiche ich, daß in dem Moment fast alles, was in die Schublade paßt, dort abgelegt wird, hingegen die Wahrnehmungsbrücke, also das, was nicht ins Persönlichkeitsbild paßt, einfach «unter den Tisch fällt»!

Die Frage nach der Selbstdarstellung ist – Sie haben es gemerkt – auch immer die Frage des «Authentischseins». Die Frage danach, ob ich mich anpassen kann, ohne dabei «mich selbst» aufgeben zu müssen.

Der Image-IQ steht in einem systematischen Beziehungsgeflecht von sehr unterschiedlichen Variablen, als da zu nennen sind: Eigeneinschätzung und Fremdeinschätzung, Profilierung und Selbstaufgabe, persönliches Auftreten und Respektierung durch andere, individueller Stil und kollektive Bedürfnisse, Authentizität und Anpassung.

Sobald wir mit anderen Menschen kommunizieren, teilen wir auch etwas von uns selbst mit. Diese Selbstdarstellung kann sehr offen sein, jedoch auch verdeckt geschehen. Wir können beispielsweise über unsere Unsicherheiten und existentiellen Ängste sprechen, jedoch auch über Dinge und andere Personen reden und uns «so ganz nebenbei» über diese Aussagen in Szene setzen: «Seht her, was bin ich doch für ein toller Typ!».

Und da all diese Profilierung immer eine Gratwanderung zwischen Bewunderung und Widerlichkeit, Neurose und Selbstbewußtsein, aber auch vielen anderen Dingen und Werten oder Kategorien ist, entscheidet unsere Flexibilität darüber, wie andere uns vom Image her einordnen. Doch niemals entscheidet nur der andere, mein Gegenüber, darüber, wie ich wirke oder ausstrahle.

Als markante Extrempositionierungen lassen sich zwei Pole ausmachen, das *Imponiergehabe* und die *Fassadentechnik*.

Während bei dem ersteren die Eigendarstellung extrem ist (ich . . . ich . . . ich), baut der Fassadentechniker einen sachbezogenen Schutzwall um sich herum auf, der auf Selbstverbergung und Maskierung unter Aussparung des eigenen Ichs abzielt. Fast könnte man glauben, ihm wäre das eigene Ich peinlich, so wenig und selten spricht er über innere Befindlichkeit, seine Meinung und Ansicht.

Doch auch die verschlüsselte Selbstdarstellung spricht bei einer Dekodierung wahre Bände, so ist unter anderem auf folgende Ausdrucksmittel zu achten:

◆ Paraverbale Interventionen, während der Gesprächspartner spricht, wie z.B. «Ach ja? Interessant . . .», «Sieh an. . .» – also Kurzaussagen, die etwa folgende Botschaften haben können: «Mir wäre das nie passiert» oder «Das kann ich besser» (Imponiertechnik) oder «Das traut sich ja kaum jemand» (Fassadentechnik),

- die Art und Weise des Sprechens (herablassend, arrogant, selbstmitleidig . . .),
- die gewählte Intimität und Vertraulichkeit zum Gesprächspartner,
- Sprechstile und Formen der indirekten oder direkten Anreden (z. B. «Meyer, Sie sollten statt dessen . . .»),
- knapper oder weitausholender Sprechstil (sog. «restriktiver» bzw. «elaborierter Code»),
- die Art und Weise der verbalen Interventionen bei Ausführungen des Gesprächspartners,
- die Häufigkeit der verwendeten «Verbalfragezeichen» (ich könnte, möchte, würde, dürfte, sollte . . .),
- der Sprachschatz und seine Unreinheiten,
- die unausgesprochene Kommentierung (nichtverbal) bei Aussagen der Gesprächspartner,
- sichtbare Hemmungen oder Nervositäten bei eigenen Ausführungen (z. B. Stottern),
- Versuche, immer wieder eigene Themen ins Spiel zu bringen oder bei z.B. Hobbies anderer auf die eigenen Interessen überzulenken,
- Zurschaustellung von Bildungswissen oder Statussymbolen sowie beispielsweise ständiges Betonen von Kosmopolitismus (weltmännisch sein),
- Thematisierung oder Aussparung von Gefühlsregungen,
- schließlich jede Reaktion auf den anderen Gesprächspartner.

Natürlich läßt sich diese Liste beliebig verlängern. Während der eine keine Probleme zugeben kann, betont der andere, daß es keinen Stolperstein gibt, den er nicht beseitigen kann. Möchte man dem einen zureden, daß schließlich jeder Weg mit dem ersten Schritt beginnt, exaltiert der andere sich darüber, daß er den nächsten Abgrund sogar mit zwei Schritten überwindet.

Letztlich gibt es jedoch keine *verobjektivierbaren* Kriterien, die die eine oder andre Extremposition definieren oder den goldenen Mittelweg ausleuchten. Wie welches Verhalten bei mir ankommt, das bestimme letztlich ich. Mein Bauchempfinden signalisiert, ob ich eine Person als annehmenswert in ihrer Selbstdarstellung beurteile oder nicht. Auch darüber läßt sich nicht streiten. Wichtig jedoch ist diese Feststellung, da sie uns hilft, zu verstehen, warum nach einem Stehempfang beispielsweise zwei Personen ein und dieselbe Persönlichkeit so unterschiedlich sehen.

Nicht ungewöhnlich ist dann beispielsweise der folgende Dialog:
«Der Herr Doktor Müller ist ein sehr charmanter, welterfahrener Plauderer – ich habe mich köstlich amüsiert!»

«Was, charmant nennst Du diesen alten Schwätzer, der ja nur ein Thema hat, und zwar 'Ich . . . ich . . . ich'»? –

Bezüglich des Image-IQ möchte ich ergänzend noch einen weiteren Faktor hinzusetzen, der deutlicher macht, wie sehr man selber an diesem Image, an seinem Fremdwahrnehmungsprofil mitgestalten kann. Und zwar gibt es einen «*Kommunikations*»-IQ.

Je geschickter und beiläufiger ich mein Image transportiere, je angenehmer ich mein Selbstbild vermittle, desto weniger Störungen rufe ich bei anderen hervor.

Der Kommunikations-IQ bezeichnet also nichts anderes als meine Fähigkeit, geschickt und annehmbar mit anderen zu kommunizieren. Auch wenn es hart in der Sache zugeht, so soll mir doch mein Gegenüber Respekt zollen. Daraus läßt sich also ein weiteres Ziel der Selbstdarstellung ableiten, die Kunst, keinen Kommunikationsabbruch zu provozieren. Ich will mit meinem Gesprächspartner im Dialog bleiben, will das Gespräch am Laufen halten – und will gleichzeitig einen Teil von mir selbst preisgeben, indem ich über mich erzähle.

Ein wunderschönes Gedicht bringt dieses auf den Punkt, denn dort lauten die ersten Zeilen

> I am I
> and you are you
> I am not in this world
> to live up for your expectations,
> and you are not to live up for mine . . .

Ich will ich bleiben – dieses Recht gestehe ich ebenso dem anderen zu, und deshalb ist das Gespräch ein Moment, in dem sich unsere beiden Persönlichkeiten finden können, um über die Brücke der Kommunikation ein Stück des Weges miteinander zu gehen. Ich kann nicht und der andere soll nicht nur für dieses Miteinander eine andere Persönlichkeit bekommen. Klar, daß diese Verse das bekannte Harris-Motto: Ich bin o.k. – Du bist o.k., und damit die Grundlage jeglicher Kommunikation widerspiegeln.

So weit, so gut.

Doch was ist die neue Dimension der Selbstdarstellung? Sie äußert sich in Zwängen, Neurosen, Animositäten, Neuartigkeiten und extremen Variationen des bekannten Themas.

Einen ganz neuen Rahmen der Selbstdarstellung schuf das Fernsehen. In über 40 Talkshows sind beispielsweise jede Woche Unmengen von bewußten oder unbewußten Selbstdarstellern in Sachen eigener Person unterwegs – und das allein nur im deutsche Fernsehen. Nicht unbedingt die Art und Weise der Image-Vermarktung ist dabei neu, sondern der Rahmen von x Millionen Zuschauern, der eine ganz und gar neue Dimension der Selbstprofilierung einleitete.

Spontan fällt mir ein Buchautor ein, der unser Büro anrief und gegenüber unserem Sekretariat äußerte, er sei Bestsellerautor und müsse dringlichst bezüglich seiner Telegenität geschult werden. Im Telefonat mit ihm stellte sich heraus, daß das Buch noch nicht einmal auf dem Markt war, er aber davon überzeugt war, dieses sei der «totale Hit». Der Termin zur TV-Schulung wurde mit wahnsinnigem Termindruck vereinbart, der mir persönlich so nur selten bei Topmanagern oder Spitzensportlern widerfahren war.

Kurzum, während der Schulung stellte sich heraus, daß eine *Profilneurose* («meine Familie hat sich von mir losgesagt ...», «meine Freunde haben mehr Geld als ich» ...) ihn dazu zwang, sich vor einem Millionenpublikum etwas beweisen zu wollen. Meine Kollegin und ich haben ihn drei Tage lang fast «therapiert», dennoch wollte er unbedingt seinen «TV-Auftritt», obwohl wir ihm in kleinen Sequenzen demonstrierten, daß er keine drei Minuten in einer harten Diskussionsrunde überstehen würde. Alle Warnungen vor Gesichtsverlust, Imageschädigung oder Totalreinfall schlug er in den Wind, alle Versuche einer psychologischen Umdeutung («Ihre Stärke ist das Schreiben!») ebenso.

Zwar lud man ihn – Gott sei Dank – niemals auf den «Heißen Stuhl» von RTL ein, aber er durfte einmal in einer anderen Sendung Opponent spielen. Dort hatte er nach Ablauf der Sendung alle Anwesenden im Studio gegen sich aufgebracht. Es war ein Desaster, und für ihn persönlich ein furchtbarer Leidensweg.

Mir tat dieser Mann leid ..., denn das Fernsehen bietet eine nie dagewesene Möglichkeit, Selbstdarstellungs-Theater für die Masse zu betreiben, und er war ein *Opfer*.

Das Showbusiness ist die Kulmination der extremen Selbstdarstellung und hat gleichzeitig ihre Salonfähigkeit mittels Leuten wie Karl Dall, Ulrich Meyer, Olaf Kracht oder auch Alfred Biolek legitimiert, dem Wunsch nach Profilierung eine neue Bedeutung gegeben und Selbstdarstellung aus dem bisher üblichen Rahmen als nur einen von vier Bausteinen der Kommunikation kontextbefreit. Hieß es früher, daß Kommunikation auch eines kleinen Exkurses über die eigene Person bedarf, so erschuf das Fernsehen eine neue Gleichung, die bezüglich Unterhaltung häufig lautet:

Kommunikation = Selbstdarstellung.

So lautete beispielsweise bei den amerikanischen Präsidentschaftswahlen von 1984 der Kandidaten Walter Mondale und Ronald Reagan («Politik ist Schauspielerei!») die Zielsetzung, statt der politischen Argumentation einzig die «Ausstrahlung», sprich Selbstdarstellung, in Szene zu setzen.

Wird demnächst also Bundeskanzler, wer als Wahlkampfmannschaft eine Gruppe exaltierter Friseure, wie es einmal Neil Postman provozierend formulierte, aufstellt?

1981 bereits wurde eine amerikanische Moderatorin gefeuert, weil «ihre äußere Erscheinung die Zuschauerakzeptanz beeinträchtigte».

Selbstdarstellung bedeutet schließlich auch, wir stellten es bereits fest, eine gewisse Aufrichtigkeit, Glaubwürdigkeit, Authentizität, Verantwortungsbewußtheit, Attraktivität und Ähnliches zu vermitteln.

Richtig, es geht um den Schein, nicht um das Sein, denn sonst würden bereits wegen Steuerdelikten oder anderen Straftaten verurteilte Politiker aus dem Rampenlicht verschwunden sein. Zwar kann man durch Vetternwirtschaft schnell mal seine aktuelle Position einbüßen, es scheint jedoch kein Kainsmal, kein Stigma zu sein, welches Berufskarrieren für Politiker immer verbaut.

Scheinbar ist der Zuschauer (oder Gesprächspartner) zum Theaterbesucher geworden, der das ihm Vorgespielte als Wahrheit einfach übernimmt; die Psycho-Dramaturgie der Exaltiertheit feiert Hochkonjunktur.

Johannes Groß, bekannter Journalist und Kommentator, notierte in seinem Tagebuch:

«Bei manchen Leuten ist die Eitelkeit so groß, daß sie sogar den Selbsterhaltungstrieb besiegt. Wie wäre es sonst zu erklären, daß Menschen Einladungen zu Fernsehauftritten annehmen, in denen sie zum Vergnügen der Zuschauer rituell geschlachtet werden?»

Amerika dient uns (nicht nur hier) als Vorbild, denn dort braucht jeder, der sich in der Öffentlichkeit bewegt, mittlerweile eine Image-Politur, dessen spezielle Mixtur gleich einem Cocktail von einem sogenannten «*Image-Manager*» kreiert wird. Dieser analysiert, bemißt, plant und skizziert die Bilder, die sich zum persönlichen Profil im öffentlichen Bewußtsein festsetzen sollen, gemäß dem Motto: «Sag mir, wie du erscheinen willst, und ich sag dir, was du dazu brauchst!» Übrigens, auch unser Kanzler hat einen, der Oppositionsführer selbstverständlich auch.

Die unausbleibliche Folge besteht darin, daß sich Ehepartner, Kinder, Freunde und Verwandte dann drehbuchmäßig installieren lassen müssen – oder kurzerhand ausgeblendet werden. «There's no business like showbusiness!»

Eines der entscheidenden Instrumente, wie unsere Darstellung ankommt, resultiert aus den **Ich-Du-Wir-Man-Botschaften**, über die das folgende Schaubild einen prägnanten Überblick verschafft:

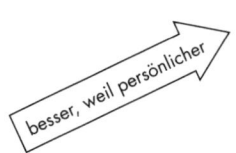
besser, weil persönlicher

Ich-Botschaften sind Konfliktlöser
Ich-Botschaften nennen eigene Gefühle
Ich-Botschaften greifen nicht an
Ich-Botschaften sind klar und verständlich
Ich-Botschaften sind einleuchtend
Ich-Botschaften sind offen und kalkulierbar
Ich-Botschaften sind sanft konfrontierend

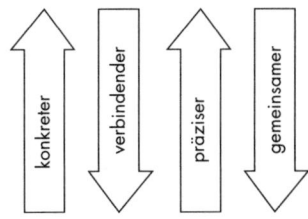
konkreter · verbindender · präziser · gemeinsamer

Man-Botschaften sind anonym
Man-Botschaften sind Kommunikationskiller
Man-Botschaften sind Ausflüchte
Man-Botschaften sind ungeeignet zum Debattieren
Man-Botschaften sind beziehungslos
Man-Botschaften sind Sprechmarotten

Wir-Botschaften betonen Gemeinsamkeiten
Wir-Botschaften können sprachverwirrend sein
Wir-Botschaften sind kompliziert
Wir-Botschaften sind für mindestens zwei Beteiligte gut
Wir-Botschaften sind Fluchtmanöver aus Ich-Botschaften
Wir-Botschaften sind auf Echtheit zu prüfen

Du-Botschaften sind massiv fordernd
Du-Botschaften sind Ratschläge
Du-Botschaften sind Schläge
Du-Botschaften engen ein
Du-Botschaften geben Verantwortung ab
Du-Botschaften sind bedrängend
Du-Botschaften provozieren Verteidigungen

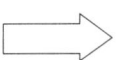
Ein chinesisches Sprichwort sagt:
«Bevor du den Zeigefinger ausstreckst,
schau zumindest in den Spiegel!»

Häufig lassen die Botschaften erkennen, daß eine Person kein Interesse daran verspürt, irgend eine konkrete und dezidierte Stellungnahme zu machen, sondern die Lösung der Sache zu personalisieren: «Vertrau mir, ich werde es schon in den Griff bekommen» oder «Ich bin aufrichtig».

Vielfach ist es nicht das Ziel, Problemdarstellungen oder Informationen zu übermitteln, sondern die Aussage auf die Darstellung der eigenen Person zu reduzieren und damit auch zu fokussieren.

Es ist ein Urphänomen *psychologischer Rattenfängerei*, wenn Personen im Fernsehen über sich erzählen, was für tolle Dinge sie bislang schon hingedeichselt haben, und wir anschließend daraus ableiten, das neue Problem wäre auch bereits dadurch im Ansatz schon gelöst.

Sichtlich wird uns demonstriert, wie wenig der faktische Ansatz im Gegenüber zum persönlichen Anteil ausmacht.

John F. Kennedys Wahlsieg über Richard Nixon übrigens schrieb man der Tatsache zu, daß es ihm durch ein leichtes Blickkontakt-Aufgeben bei gleichzeitigem Blick nach unten links zum Studioparkett gelang, den Zuschauern Seriosität, Überlegenheit, Nachdenklichkeit und Abwägen zu suggerieren. Die Selbstdarstellung triumphierte über die Information.

Ähnliche Beispiele finden sich im politischen Showbusiness zur Genüge, so verpaßte man beispielsweise Helmut Kohl wegen der Publikumswirkung eine neue Brille, Ex-Bundeskanzler Helmut Schmidt ließ sich nur so aufnehmen, daß seine Silbertolle perspektivisch in Szene gesetzt wurde, Norbert Blüm versuchte uns weiszumachen, daß seine Brille ein Kassen-Serienmodell sei (Motto: «Ich bin einer von euch, liebe Wähler!»), obwohl sie als Sonderanfertigung hergestellt worden war.

Selbstdarstellung im Fernsehen zielt häufig darauf hinaus, einem Millionenpublikum mittels einer *Soforttherapie* klarzumachen, daß man bei aller Ähnlichkeit mit einem Nullachtfünfzehn-Bürger doch etwas anders ist, Ideale verkörpert, Wünsche und Träume realisiert, Tabus thematisiert oder einfach nur ganz normal ist. Die geweckten Gefühle sollen sich auf die sich selbst präsentierende Person richten und umsetzen, wonach wir schon lange trachten: Wessen Image vermag wohl die Tiefenschichten unserer Zufriedenheit am ehesten zu durchdringen und unsere latente Unzufriedenheit am ehesten zu regenerieren?

Im Fernsehen kulminierte die menschliche Götterdämmerung; wir versuchen Bilder aufzubauen, die von den Zuschauern wie ein Goldenes Kalb umtanzt werden sollen und die doch letztlich deren Wunschbild sind.

Neu ist auch die Dimension der Selbstdarstellung, bei der sich jeder in der Öffentlichkeit stehende Manager ähnlich wie die stiefmütterliche Königin in Schneewittchen und die sieben Zwerge im Spiegel des eigenen Egos fragt: «Spieglein, Spieglein an der Wand, wer ist der größte Macher hier im Land?»

Der Fragekreis läßt sich beliebig übertragen: auf Journalisten – wer ist hier der größte Enthüller in unserem Land?; auf Pfarrer – wer ist hier der größte Prediger im Land?; auf Juristen – Rechtsverdreher usw. Selbstdarstellung ist etwas ganz Natürliches, jedenfalls solange, bis sie zur Profilneurose oder Manie dekadiert.

Parallel zur neuen Dimension der Information intendiert die moderne Kunst der *Ego-Vermarktung*, Geschichtsträchtigkeit als grauen Dunst des ewig Vorgestrigen zu deklarieren, denn der Selbstdarsteller von heute zentriert die Aufmerksamkeit seines Gegenübers allein auf das lutherische «Hier stehe ich und kann nicht anders!» – Entschuldigung – «Hier stehe ich und bin genauso, wie Sie wollen!»

Unsere ganz und gar neu gestaltete Kommunikationslandschaft forcierte, wiederum primär durch das Fernsehen, daß Botschaften über den Sprecher nicht mehr nur mitgeliefert werden, sondern im Vordergrund des Geschehens zu stehen haben.

Dosierte Selbstoffenbarung verschafft uns in dieser Sphäre erhebliche Vorteile. Es ist ein Spiel, bei dem wir nicht zweiter Sieger sein wollen.

Neu ist somit in der Dimension der Selbstdarstellung auch die Kategorie der «Alterozentriertheit». In der Frage, wie ich besser auf den anderen eingehen kann, sagen sich die professionellen Selbstdarsteller, geht es nur darum, wie ich dem Bild meines Gegenübers besser und störungsfreier entsprechen kann.

Statt sich selber verbergen zu müssen, gestaltet man seine Persönlichkeit geradewegs «durchschaubar», legt Wert auf scheinbare, ostentative Transparenz.

Ein herrliches Beispiel dafür lieferte vor einigen Wochen in einem Interview Linda de Mol, die preisgab, von Freunden häufig zu hören: «Linda, leg' doch endlich einmal dein blödes Dauergrinsen ab!»

Image- und Communication-Managing extrapoliert nur einen Bruchteil unseres Persönlichkeitskaleidoskops und reduziert sich primär auf Charme, Esprit, gepflegtes und gestyltes Aussehen, persönliche «Beichte», manchmal sogar auf scheinbares «Anderssein».

So wie in Bonn kein einziges Foto von Publikationsorganen gedruckt wurde, auf denen «unser Richie» von Weizsäcker aus der Rolle fällt, geschweige denn eine Filmsequenz, wurde beispielsweise in den USA nie ein Foto veröffentlicht, auf dem Abraham Lincoln lächelnd zu sehen war. Imagepflege hat Tradition, entledigt sich jedoch nur allzu häufig der Authentizität im Gegensatz zur vatikanischen Papstwahl, wo die *vita* des Kandidaten bis ins Detail geprüft wird, bevor dann der weiße Rauch in die Luft aufsteigt. Talkshows fördern und fordern diese Art der Image-Mache, jedenfalls bei den privaten Sendeanstalten, indem sie sehr gerne Leute schwarz oder weiß kristallisieren, gerne auch in der direkten Polarisierung klischeehaft sind. In dieser Beziehung ist unsere Medienwelt rund, weshalb natürlich bei heißen Themen sich *Pode* und *Antipode*, der Gute und der Böse, in der Öffentlichkeit treffen müssen.

Doch auch dieses Image-Raster haben wir für uns bereits internalisiert. Dieses zeigt sich besonders daran, daß wir bei einer verbalen Entgleisung oder einem peinlichen öffentlichen Auftritt sehr, sehr schnell eine Person aus der Positivschublade in die Negativschublade tun, Schubladen dazwischen scheinen bei uns nicht existent zu sein.

Ein exzellentes Beispiel, wie das gewünschte Image auch «*hochgekocht*» werden kann, lieferte vor einiger Zeit Hans-Joachim Bürger, Buchautor und PR-Experte. Sich als Supermacho inthronisierend, durchschritt Bürger als Stammgast alle bekannten Talkshows. Sein Buch «Mann, bist Du gut» – oder so ähnlich, denn wer behält schon die Titelinformation? – prostituierte ihn als platte männliche Antwort auf alle Emanzipationsbewegungen der Vergangenheit, wobei die Diskussion natürlich ebenfalls ihren geistigen Höhepunkt mit der Gürtelschnalle markierte. Der gewollte «Kollektivorgasmus» (Sebastian Haffner) der unterdrückten und wie ein Phönix aus der Asche entstiegenen deutschen Männlichkeit zielte nur auf eines ab: möglichst viele Bücher abzusetzen. Und da es gelang, wurde schnell noch ein Buch nachgeschoben, letztlich endete es in einer Trilogie. Das Image stimmte und wurde auch bestätigt, indem bekannt wurde, daß – selektierte Information! – Bürger mehrfach geschieden und wiederverheiratet war. Zur Imagepflege gehörten auch Fernsehauftritte einer geschiedenen Frau, natürlich vertrat sie die Opferrolle.

Scheinbar wurde hier eine ideale Kombination aus Image- und Kommunikations-IQ, Profantherapie und Emontionalität gemixt, die unser Schwarzweißdenken personifizierte.

Entpersonifiziert, dennoch zielgruppenorientiert waren hingegen die Bestseller von Ogger, der mit seiner Demaskierung von «Nieten in Nadelstreifen» einen ähnlichen Erfolg hatte.

Gekoppelt mit einer neuen Dimension der Information erschließt sich also eine ebenfalls neue Dimension der Selbstdarstellung, von unserem bisherigen kommunikationswissenschaftlichen Grundverständnis bereits einen *Quantensprung* entfernt. Doch wer hat ihn wirklich wahrgenommen? Und wenn ihn jemand wahrgenommen hat, wer hat sich denn dann wirklich daran gestört?

Schließlich ist es doch unsere neue, alltägliche Kommunikation, zugespitzt im Vorreiter der Unterhaltung, dem Fernsehen.

Läßt sich in Anlehnung an Jerome Brunner, Studies in Cognitive Growth, bereits das Urteil fällen, daß sich die kommunikative Reduktion genauso aus der Wirkung der Außenwelt auf das Innere wie aus der des Inneren auf die Außenwelt erschließt? Wer sagt uns denn, daß es nicht an der Zeit ist, die *«heilige Kuh Kommunikation»* mit ihren tradierten Ansätzen von Rhetorik, Dialektik und Kinetik endlich zur Schlachtbank zu führen?

Eine andere spannende Frage am Rande richtet sich daran aus, wie weit wohl die Selbstdarstellung im Fernsehen Volksdemagogen fördert oder verhindert. Hätte der Anstreicher aus Braunau, Adolf Hitler, uns den Stempel seiner Demagogie wohl aufs Auge gedrückt, oder hätte ihn der Enthüllungsjournalismus mit seinem ganz andersartigen Instrumentarium, den

Fernsehkameras, als «Mischung von fanatisiertem Grotesk-Clown und geni-alischem Narren, vulgär und viertelgebildet, als einen politischen und hoch-stapelnden Marktschreier» (Klaus Harpprecht) entlarvt?

Nein, meinen Leute wie der Publizist Harpprecht, denn dieser große Demagoge hatte ja schließlich bereits die Bürger durch das Radio beseelt, hatte ihnen Tag für Tag, Stunde für Stunde seine Propaganda verbal einge-impft und somit sein verzerrtes, skurriles Weltbild in aller Kopf gerückt. Wie auch immer die Frage diskutiert wurde und bis jetzt wird, ein bedeutender Aspekt bleibt bislang außen vor: das Fernsehen ist nicht ein autonomes, selbst selektierendes, technologisch verobjektiviertes Etwas, sondern mittels des Fernsehens werden Programme verbreitet, Fernsehbilder sind von Machern *veröffentlichte Wahrnehmungsbilder.*

Hitler hat nicht zuerst ein anonymes Radiogeflecht verhext, er hat zuerst die Menschen im Hintergrund verhext, die dann bei der Propaganda im Hintergrund die Strippen zogen. Ohne diese Perspektive ist die obener-wähnte Diskussion müßig, denn sonst könnte sich jeder Charismatiker die-ses Mediums nach Lust und Laune bedienen.

Es ist Perspektivenverzerrung zu glauben, das Fernsehen sei – wie man es in den Anfängen ja auch beim Computer aussagte – ein beseeltes Tech-nowesen, welches – Science-fiction läßt grüßen! – den Menschen einmal nach seinem Bilde gestaltet.

Daß dieses nicht so ist, sondern Menschen ihre Selbstdarstellung mittels des Instrumentariums unterhaltender Bilder steuern können, zeigte auf ein-drucksvolle Weise der italienische Megastar und Mediengeist Silvio Berlu-sconi, um mit seiner eigenen Fernsehkette und seinen über 13 000 Medien-clubs fast ein Viertel der gesamten italienischen Wähler für die «Forza Italia» zu begeistern. Sinnbild dieser «Forza Italia» ist und war kein anderer als der charismatische Selbstdarsteller Berlusconi selbst, der seine Person kultisch in den Vordergrund schob.

Nicht die Information, nicht das politische Know how – Silvio Berlu-sconi sammelte gerade seine ersten Erfahrungen diesbezüglich –, alleinig die Kontrolle, die gebündelte Kontrolle privater Fernsehkanäle reichte zur Eroberung der politischen Macht aus. Warum sollte er nun, wie von seinen politischen Gegnern gefordert, dieses Instrumentarium aus der Hand geben? Er, der die Programme im Fingerspiel eines Horowitz bedient ähn-lich einer Tastenklaviatur, weiß um ihre Bedeutung: denn Macht haben ist auf Dauer tödlich, aktive Machtmaximierung muß den Tagesplan beherr-schen.

Ohne es zu bemerken, stimmt das italienische Volk diesem Image-Mana-ging zu, nur ein Bruchteil der Wahlberechtigten fordert, den Kontroll-Joy-stick der eigenen Sendeanstalten aus der Hand zu legen. Ja, noch viele for-dern, ihm die Kontrolle der staatlichen Frequenzen ebenfalls zu übertragen.

Berlusconi ziert sich nicht, es ist sein «Instrument der permanenten Domestizierung» (Klaus Harpprecht).

Nur das Ausland protestierte: «Medien-Staatsstreich» rief man empört, «Tele-Faschismus» riefen politische Widersacher erregt.

Berlusconi gelang das, was in Amerikas Zweiparteiensystem von Republikanern und Demokraten der Industrielle Ross Perot vergeblich versuchte und man im französischen Nachbarland beim politischen Shooting-Star Bernard Tapie befürchtete.

Doch wenn rationale Analytiker behaupten, hier ginge es lediglich um den Umstand, daß sich unser Gesellschaftssystem neu auf die «Mediendemokratie» auszurichten habe, so geht das haarscharf an der Medienwirklichkeit eines Selbstdarstellungsversuches vorbei. Nicht gesellschaftliche Veränderungskompetenz muß sich anpassen, sondern unsere Kommunikation hat neue Dimensionen eröffnet, charismatische Hasardeure finden ein neues Betätigungsfeld vor, welches zur Zeit von unterbelichteten Passivisten fehlgedeutet wird.

Sowenig ein Seismograph ein Erdbeben verschuldet, sowenig zeichnet das Medium für die Message verantwortlich. Als Hohlspiegel reflektiert es die Geister, die es nutzen, und ist für sich ein hypostasiertes Nichts.

Wenn die Pariser Gazette «Le Monde» ihre Leser zu der alles entscheidenden Frage auffordert, ob das Fernsehen gegen die Demokratie stände, so ist das ebenfalls haarscharf und millimetergenau an der Kernfrage vorbeiadressiert. Während hier nur ein Signalfeuerchen aufflackert, geht es um einen ganz anderen Brandherd gesellschaftlicher Relevanz; das Fernsehen revolutioniert so ganz nebenbei unsere althergebrachte Kommunikation.

Selbstdarsteller avisieren die totale Suggestion der Bilder, die alles Gedruckte und Gehörte in den Wahrnehmungsschatten stellen.

Klaus Harpprecht schreibt dazu – wie bereits auch mehrfach ausgeführt: «Sie (die Bilder) fordern eine radikale Vereinfachung schwieriger Sachverhalte, sie ebnen das Bewußtsein von der Komplexität unseres Daseins ein. Sie züchten zugleich bei den Zuschauern, die ihre Informationen zur Hälfte, hauptsächlich oder ausschließlich vom Fernsehen beziehen, die gefährliche Illusion, sie wüßten über unsere Welt und ihre Probleme Bescheid.»

Doch die unterschiedlichen medienwirksamen Protagonisten wischen durch geschickte Bildinformation ihrer Person allen Zweifel hinfort: Ich bin die Lösung – vergeßt das Problem. Ich bin die Information – vergeßt die Hintergründe. Infotainment, Confrontainment und Entertainment – die Bezeichnungen variieren, die personale Botschaft bleibt.

Eingehüllt in Verbalkosmetik persönlicher Selbstoffenbarung entsteht ein konsumorientierter Infantilismus, der noch nicht einmal die Sprechblasen hinterfragt, wenn das uns liebgewonnene Bild stimmt.

46

Unsere informierte Gesellschaft glaubt sich im Bilde, wenn auf der anderen Seite Moderatoren, Nachrichtensprecher, Manager und Politiker dem neuen charismatischen Muster des «Videor, ergo sum» – ich werde gesehen, also bin ich, verfallen.

Berlusconi kolportierte das Prinzip Hoffnung auf seine grünen Augen, reduzierte politisches Programm auf ein markenbildnerisches Äußeres, schuf als Ideologie sein *Ego-Marketing* und fundamentierte das Ganze durch geschickte Bildsequenzen. Wen stört es dabei, daß die Unternehmen des Hoffnungsträgers Silvio Berlusconi mit etwa 4,5 Millionen D-Mark bei den Banken in der Kreide stehen, sind das doch ganz andere Fakten. Und sieht Berlusconi etwa nach diesem Schuldenberg aus? Weiß Gott, nein. Damals nicht.

Und schließlich pfeifen alle diese Selbstdarsteller auf die Vergangenheit, so wie die Vergangenheit auf sie pfeift. Einzig zählt die Gegenwart, und nur die Einschaltquote von heute bestimmt das Morgen.

Erzeugte das Radio noch *Kino im Ohr*, so ist das Fernsehen *Kino für das Auge*. Ein Prinzip, nach dem bereits über Jahre hinweg das Gedächtnis trainiert wird. Wer in Bildern denkt und Bilder speichert, der pfeift auf Details, tauscht Differenzierung gegen Totalität, Wirklichkeitsanalyse gegen den Hort der Phantasie und Kreativität, von der der Zuschauer jedoch gleich wieder entlastet wird. Denn für Pausen läßt das Fernsehen keine Zeit, es ist ein systemimmanenter Widerspruch zwischen Kreativität und Bildaufnahme. Anstatt daß das Auge «mithört» und Bilder mit Texten verknüpft, hört nur noch paradoxerweise das Auge hin. Die Aussage wird gegenüber der Bildtotalität relativiert, ja sogar nivelliert.

Logisch erklärt sich dieses aus dem Zusammenwirken von rechter und linker Gehirn-Hemisphäre. Während die linke Hälfte rechnet, analysiert, liest und spricht (rational), systematisch linear arbeitet, strukturhaft Schritt für Schritt abarbeitet und ein Regelsystem befolgt, hat die emotionale rechte Gehirnhälfte es mit gedanklichem Chaos zu tun. Sie sammelt Bilder, stellt Vergleiche an, entfaltet querdenkerisch Phantasie, Intuition, Kreativität und leistet sich das Anderssein. Zugleich zeichnet sie jedoch auch für den ganzheitlichen Ansatz verantwortlich, synthetisiert alle Denkprozesse.

Doch das Fernsehen will seinen Zuschauer nicht sprechend oder kommentierend, hält ihn von der Analyse, Strukturen und Systemen, linearer und zielorientierter Verarbeitung des Gesehenen ab. Es umwirbt den Konsumenten, der Bilder sammeln möchte, zugleich aber die Bilder bereits als Synthese der «Weltdorf»-Wirklichkeit akzeptiert. So bei der Informationsaufnahme.

Nur ungleich anders arbeitet die Vermittlung der Selbstdarsteller – sie wollen zwar auch die Totalität der Bildkonsumierung, zugleich soll der Zuschauer jedoch auch mit Phantasie, Intuition und Kreativität alles in den Protagonisten hineininterpretieren, was ihm hilft, sein Idealbild zu verkörpern. Gefragt ist *suggestiver* Spielraum.

Die Differenz zwischen den dargestellten Rollen und dem alter ego ist manchmal nur ein hauchdünner Grat, oftmals aber auch ein breiter, garstiger Graben. Und häufig gibt es in den uns dargebotenen Idealen kurze, schnell auf- und wieder abflackernde Momente der Wahrheit, der Ernüchterung. Momente, die einen Riß in der Fassade verursachen oder die fehlende Kehrseite der Medaille schonungslos einem Auditorium kredenzen.

Es sind *Momente*, in denen beispielsweise ein Aufsichtsratsvorsitzender über die strategische Unternehmensausrichtung schwadroniert und sich gefällt. In der nächsten Sprechpause aber ein Kleinaktionärsvertreter ihn mit der Frage ausbremst, ob er denn alle seine 17 Aufsichtsratsmandate einmal herunterbeten könne. Und der große Vorsitzende fängt zitternd vor Wut an, gebraucht sogar als Zählhilfe seine beiden Hände, stockt beim elften Mandat, nennt das zwölfte – und muß sich gefallen lassen, daß man ihm Wiederholung vorwirft – und bricht ab. Der Riß ist in der – unterstellten – Maske deutlich, die Medien haben ihr gefundenes Fressen, der Aufsichtsratsvorsitzende übt sich zumindest zwangsweise für ein paar Stunden in verhaltener Demut.

Doch wem dient die Demaskierung? Letztlich nur der Unterhaltung. Denn der Kleinaktionär wird auf den Kieker genommen, der Aufsichtsratsvorsitzende strebt nach perfekterem Image-Marketing, und zwar zumindest im Beginn der Sitzung authentischer, als er noch auf dem hohen Roß saß.

Doch der Selbstzweifel ist vielfach ebenfalls auch ein Mosaikstein in der Selbstoffenbarung.

Ein anderes Bild der Selbstdarstellung bietet beispielsweise Karl-Josef («Kajo») Neukirchen, seines Zeichens der Red Adair, der Retter konkursreifer Konzerne. Das Bild des Feuerwehrmanns paßt ihm gar nicht, löscht dieser zwar, doch hinterläßt beim Gehen große Wasserschäden. Der «Spiegel» zitierte ihn als denjenigen, der mit dem Buschmesser kommt. Die «Woche» verstand ihn als «Mann fürs Grobe», das «manager magazin» bezeichnete ihn als «Kapitän ohne Crew». Doch egal, welchem Ruf er gerecht zu werden versucht, egal, wieweit er authentisch auftritt, schauen wir doch einmal hin, wie er auftritt.

Da ist zunächst einmal ein gepflegtes, sympathisches Äußeres. Gut gekleidet zu sein, ist überdies die conditio sine qua non, die Grundbedingung. Denn wer verknüpft schon ein Manager-Image mit Rollkragen, Strickpulli und Gesundheitsschuhen? Dazu kommt eine Bariton-geprägte, sonore Stimme, jovialer, mitunter von markigen Sprüchen begleiteter Sprachduktus. Smartheit und offenkundige Sicherheit in seinem Konzept runden das Bild der verkörperten Kompetenz ab, wobei selbstredend sein Auftreten ein Garant seines Erfolges ist, denn wer wird schon erfolgreich genannt, ohne daß er den Erfolg auch vermarktet? Doch manchmal gibt es

– wie gesagt – Momente, da leuchtet für kurze Zeit in der präsentierten Darstellung ein für geschulte Beobachter und deren Augen anderer Aspekt auf: Unruhiges Herumgerutsche auf dem Stuhl signalisiert Nervosität, Bonbongelutsche kompensiert wie der hastige Zug an der Zigarette Hektik, das Herumgezupfe an Revers, Krawatte oder Manschette signalisiert unterschwellige Emotion. Doch dieses ist für uns das notwendige Maß an Unstimmigkeit, denn: «*Perfektion schafft Aggression*», wir wollen keine unfehlbaren, glattgesichtigen Selbstdarsteller, die über alle Zweifel erhaben sind. Ein paar kleine Risse zumindest sollte das dargestellte Image aufweisen, und sei es nur, um uns zu beruhigen. Dieser unwesentliche, manchmal lichte Moment des Image- und Ego-Marketings stimmt uns versöhnlich, erleichtert die gewollte Akzeptanz.

Unfehlbarkeit eines Papstes ist der Image-Werbung abträglich, baut sie doch ein Hindernis, eine Schwelle für das Gegenüber auf, für den, der sich selber nicht als perfekt sieht, für den, der sichtbare Perfektion aus welchem Grund auch immer nicht bei anderen akzeptieren will. Authentisch sein bedeutet zugleich den Hauch eines Makels.

Dieses gilt, bei der Ego-Vermarktung beachtet zu werden. Schließlich trifft auch hier zu, was unlängst der französische Filmregisseur François Truffaut in die treffende Formulierung faßte, die da heißt: «Richtige Improvisation – das ist, wenn niemand die Vorbereitung merkt.»

Selbstdarsteller sind Künstler, die das Inszenieren wie eine von Karajan dirigierte Partitur beherrschen.

Ein anderes Beispiel:

Ein bekannter Wirtschaftslenker stand unlängst einem Journalisten in einer öffentlichen Diskussion gegenüber, der ihn bereits vorher zweimal auf dem Glatteis der Wahrheit mit beschränkter Haftung hatte ausgleiten lassen. Dieses Mal nun, so schwor der Manager sich, sollte es anders werden: provozierend emotionalisierte er den Journalisten ein paar Minuten vor der Sendung, gab ihm überdeutlich zu verstehen, was er von ihm persönlich wie beruflich hielte. Wutschäumend konfrontierte der andere ihn daraufhin in der Sendung mit sachlich wie emotionalen Frechheiten. Nun hatte der Manager gewonnen, mit unmerklicher Ironie spielte er den Empörten und fragte, ob es um persönliche Demütigung in der Sendung ginge – dann würde er nämlich sofort abbrechen.

Für den Zuschauer, der die Vorgeschichte nicht kannte, antwortete der Manager aus seiner Kompetenz heraus noch verhalten höflich auf einen impertinenten Frager – er hatte das Publikum auf seiner Seite. Sein Image war geschickt mit dem nötigen Kommunikations-IQ in Szene gesetzt.

Ins Bild dieser neuen Dimension der Selbstdarstellung paßt natürlich auch, was allgemein als «selektive Authentizität» bezeichnet wird:

«Grundsätzlich soll man immer die Wahrheit sagen, aber man soll die Wahrheit nicht immer sagen!»

Selbstdarstellung ist gezielte Darstellung, wo nicht immer ehrlich am längsten währt. Jeder einzelne Moment ist zu betrachten, um zu entscheiden, was wie thematisiert wird und wie wer in welcher Positionierung sich profiliert. Hier unterscheidet sich der Profi vom Amateur, der Laie vom professionellen Protagonisten.

Gekonnte Selbstdarstellung ist jedoch weitaus mehr als das eigene In-Szene-Setzen. Es bezieht andere Anwesende mit ein, denn jeder Selbstdarsteller hat das Publikum, das er verdient, nicht jenes, welches er bekommt.

Lassen Sie uns deshalb einmal einen Blick hinter die Kulissen der Talkshows werfen, die ja diese Formen der neuen Selbstoffenbarung institutionalisierten.

Über 40 Talkshows laufen jede Woche über die bundesdeutschen Mattscheiben, Moderatoren wie Thomas Gottschalk kassieren für das gekonnte Talking-Entertainment etwa mit Werbeeinnahmen jährlich 8-10 Millionen Mark, US-Superstars sogar bis zum Zehnfachen dessen.

Seit der ersten deutschsprachigen Talkshow mit Dietmar Schönherr – «Je später der Abend . . .» – wandelte sich die Seelen- und Gedankenbörse der achtziger Jahre in die Performance-Vorstellung schlechthin, denn – so wurde es einmal von «Ponkei» in der «Abendzeitung» kommentiert – «wer bei allen Talkshows ordentlich aufpaßt, weiß, was im angehenden 20. Jahrhundert gedacht, gemeint, geglaubt, gefürchtet und geträumt wird. Er kennt die Metamorphosen des Feminismus, die Hirnblasen der Ich-Sucher, die Machtgelüste der neuen Teufelsaustreiber, die Eigenlob-Orgien der Parteipolitiker.»

Und er erlebt den Kollektivorgasmus exaltierter Selbstdarsteller, die das moderne «Brot und Spiele für das Volk» liefern, *Confrontainment* mit Infotainment getauscht haben.

Es sind nicht die 500 bis 1000 DM Honorar, die die eingeladenen Gäste zu diesem («Live»-)Entertainment reizen. Die Animationsmotivskala beherrscht mit Abstand das Ego-Marketing, auch wenn mal ein Wirtschaftsboß unter dem hart-unfair attackierenden Kreuzfeuer seiner Mitdisputanten mit einer Kreislauf- und Herzschwäche zusammenbricht und wir uns für einen kurzen Moment über die Fragwürdigkeit dieses Entertainments wundern.

Doch die aus dem Ruder laufende Selbstdarstellung und Koste-es-was-es-wolle-Offenbarung hat die Grenzen längst überschritten.

Mit unserer Billigung übrigens
◆ schießt ein Linksliberaler mit der Wasserpistole auf einen Minister – er trifft . . .,
◆ prügeln sich unter dem Deckmäntelchen «handgreiflicher Diskussion» eine Prostituierte und eine Feministin,
◆ verweigern Talkgäste ganz einfach die Antwort und schweigen sich aus . . .,
◆ beleidigen Moderatoren solange Politiker, bis diese mitten in der Sendung aufstehen und gehen,
◆ verwirklicht eine Feministin das sprichwörtliche «in vino veritas» und kippt ihrem Gegenüber das Weinglas ins Gesicht,
◆ fragt ein Moderator einen Schauspieler, ob er nicht seine tote Mutter im Himmel einmal öffentlich grüßen möchte,
◆ wird ein anderer Schauspieler gefragt, wie er denn einen Orgasmus erlebe,
◆ muß sich ein Innensenator fragen lassen, wie er sich denn als bekannter Mörder fühle.

Die verbale und subtil-nonverbale Ekstase kennt keine Grenzen mehr, und der Kampf um Einschaltquoten sogt für reizüberflutende *Provokation*.

Mit *sokratischer Hebammenkunst* langen wortgewaltige Moderatoren zu, damit sie ihren Gast über Ecken und Kanten als «Persönlichkeit» markieren können. Wie jedoch dieses Kainsmal aussieht, bleibt der Eloquenz und der Schlagfertigkeit des Gesprächspartners überlassen. Der Gast ist die Destination der Provokation und zugleich der «Kasperletheater-Dramaturgie» (Jargon der Branche).

So bezeichnete beispielsweise Thomas Adam in der «Frankfurter Rundschau» den «Heißen Stuhl» von RTL als «Antwort des Privatfernsehens auf das unendliche Gerede bei den Öffentlich-Rechtlichen, Fortsetzung und Beendigung der Talkshow mit den Mitteln des Boxkampfs». «Durchgesetzt», so ergänzte es Wolfgang Janisch, «hat sich jedoch das ‚Bunte-Vögel-Prinzip‘; ein paar kamerafeste Selbstdarsteller plaudern über Ereignisse, in denen sie möglichst oft vorkommen, und ein Moderator flickt das Ganze zu einer sendefähigen Unterhaltung zusammen. Wenn er gut ist.» Und die Aussagen? Tja, ähmm, das sind häufig leider nur «soziale Geräusche», verbale Sprechblasen oder effektheischende Verbalkosmetik. Doch Hauptsache, das Image stimmt.

Die neue Dimension der Beziehung(sarmut)

Aus dem sprachlichen Miteinander geht üblicherweise hervor, wie die beiden Gesprächspartner zueinander stehen. Dieses zeigt sich selbstverständlich ebenso beispielsweise in arroganter Herabsetzung oder despektierlichem Anredestil wie auch in den paraverbalen oder nonverbalen Begleitsignalen, die das Verhältnis zueinander und miteinander klären.

Auf der Kontakt- bzw. Beziehungsebene gilt im allgemeinen die biblische «Goldene Regel» oder auch – philosophisch gesprochen – der Kantsche kategorische Imperativ, beide bilden einen Konsens in der Aussage, daß man niemals einem anderen etwas sagen sollte, was man selber nicht hören möchte, konkret: «Was Du nicht willst, das man Dir tu, das füge auch keinem andern zu!»

Kommunikationswissenschaftlich betrachtet geht es hier um das «*Reversibilitätsprinzip*», das Prinzip der Umkehrung. Man selber ist letztlich verpflichtet, sich zu fragen, wie wirkt etwas auf mich, wenn ich mich einmal in die Haut des anderen hineinversetze, wie fühlte ich mich als er?

Unsere Kommunikation verhandelt nicht nur, wie wir sahen, Information oder Nachricht, sondern vermittelt sehr, sehr häufig als Gegenstand mehr Beziehung zu anderen, intendiert vielfach, die bestehende soziale Verbindung zu Gesprächspartnern zu intensivieren, zu relativieren, aufzunehmen oder abzubrechen.

Häufig ertappen wir uns bei dem Gedanken, daß uns nicht wohl wäre bei dem Gedanken, daß jemand uns eine bestimmte Sache an den Kopf knallen würde, aber im nächsten Moment sagen wir: «Das muß doch mal gesagt werden ...» und knallen eine solche Sache unserem Gegenüber skrupellos an den Kopf.

Ich entscheide, wann mir jemand verbal oder nonverbal «auf die Füße tritt», mich mit Vorwürfen, Anschuldigungen oder Demütigungen tief im Inneren verletzt. Genauso kann man die gegenteilige Erfahrung machen, daß unser Gegenüber die wohlgemeinte, positive Absicht in seiner Subjektivität vollkommen unrichtig (nicht: falsch!) interpretiert und wir plötzlich in einem Fettnäpfchen stehen, welches wir vorher gar nicht erahnten.

Denn hier wird auf einmal die persönliche zwischenmenschliche Ebene thematisiert, tangiert und artikuliert, die wir lieber außen vor lassen würden. Kann ich mich auf der Selbstdarstellungsebene noch als Diagnostiker, Therapeut oder Analytiker in die Beobachterrolle zurückziehen («Was sagst du über dich aus?»), bleibt mir dieses schützende Schneckenhaus nun versperrt, da mich Aussagen über die Beziehung und unseren Kontakt betroffen und beteiligt machen. Ging es vorher um Dinge, den oder die anderen, so gerate ich nun in den Brennpunkt der Aussagen.

Thematisiert: wie mich der andere sieht, wie er unsere Beziehung einschätzt, ja sogar, daß er mich in eine Diskussion verwickelt, um unsere Beziehung zu klären oder zu definieren.

Doch verhält es sich nicht etwa so, daß man nur am Anfang eines Gesprächs oder eines neuen Kontakts kurz und bündig die Beziehungsseite streift und dann für längere Zeit immer wieder auf diese vorausgegangene Klärung zurückgreifen kann. Nein, ständig und immer wieder aufs neue gilt es, die Beziehung zu überprüfen, zu hinterfragen, zu kritisieren, herauszufordern oder fester zu gestalten. Als Coach habe ich in vielen Unternehmen die Erfahrung gemacht, daß wir eine *neue Dimension der Beziehung durch unseren Kommunikationswandel* eingeläutet haben.

Ein Problemfeld der *Beziehungsarmut*, so möchte ich diese Dimension einmal hypothetisch benennen, ergibt sich aus der Unfähigkeit, Beziehung oder Kontakt wirklich im Gespräch zu thematisieren.

So leiden viele Führungskräfte und dadurch zwangsläufig auch ihre Mitarbeiter unter dem «Sach»-*Syndrom*. «Es geht nur um die Sache», argumentiert man und erläßt Anweisungen, Vorschriften, Gebote und Regelsysteme, ohne dabei ins Auge zu fassen, daß die Eigenverantwortung, die Eigenmotivation, die Eigenbestimmung oder auch die Eigeninitiative als Basis jeder Selbstverwirklichung zugleich ausgeklammert wird. Doch wo bleibt die Beziehung, wo wird Kontakt thematisiert, geht es doch letztlich «nur um die Sache»?

Mitteilungen darüber, wie Sender und Empfänger zueinander stehen, bleiben bewußt ausgeklammert, da es sich auf der beziehungslosen Sachebene viel einfacher und scheinbar konfliktfreier kommunizieren läßt. Aussagen darüber, wie wichtig der Mitarbeiter einem ist, persönliche Beziehungskisten, deutliche Betonung der Wertschätzung oder ein die Sachebene verlassendes Lob sprengen scheinbar den Rahmen unserer heutigen, neuartigen Kommunikationsstruktur.

Kontaktbotschaften sind zu *Beziehungsfloskeln* degradiert worden, die gerade im beruflichen Gespräch «out of discussion» sind.

Vielfach sind wir kaum in der Lage, über den Horizont «*sozialer Geräusche*» hinauszukommen. Ein typisches Standardgeräusch lautet beispielsweise:

«Hallo, wie geht's?» – «Danke, gut!»

Ein alter Rhetoriktrainer fachsimpelte einmal über diese «Unerhörtheit», er würde statt «Wie geht's?» immer (!) fragen: «Geht's Ihnen gut?» Doch auch bei ihm war es zur Floskel verkommen.

Die meisten von uns möchten am liebsten aus dem Fenster springen, wenn wir vom Gesprächspartner mit der «Killerphrase» konfrontiert werden, daß wir ein «*Beziehungsproblem*» haben. Als Alptraum beruflicher Kommunikation scheint es auch den Beziehungsalltag geprägt zu haben, da nach vielen familientherapeutischen Untersuchungen Führungskräfte im besonderen als konflikt- und beziehungsarm bezeichnet werden. Viele Partner, so resümiert man, würden beklagen, daß die Ehepartner, Geliebten oder andere Partner so gut wie jede Beziehungsdiskussion abwürgen oder zu einer Sachdiskussion umgestalten.

Häufig ist es natürlich unsere Erfahrung, die uns warnt, auf Beziehungsdiskussionen einzusteigen. Denn wenn es beispielsweise wirklich um Fakten geht, beispielsweise die Produktionszahlen nicht stimmen, so habe ich kaum die Möglichkeit, eine Veränderung zu erörtern, solange mein Gegenüber immer wieder die Beziehungsstörung als entscheidendes Moment vorgibt. Natürlich gestaltet sich dann die Kommunikation äußerst schwierig, weil auf unterschiedlichen Ebenen miteinander diskutiert wird und nur ein Konsens herbeigeführt werden kann, wenn beide Gesprächspartner auf derselben Ebene das Gespräch suchen.

Kein Wunder, daß sich auf beiden Seiten eine *Vermeidungsstrategie* herausbilden kann: Während der eine versucht, Beziehung wo auch immer außen vor zu lassen, nutzt das Gegenüber die Beziehungsstrategie, Sachdiskussionen auf eine andere Ebene zu transportieren und sogar dadurch zu killen.

Beziehungsdiskussionen und Klärungen des Verhältnisses zueinander oder miteinander bedingen die gegenseitige Bereitschaft.

Mir ist noch ein Fall in Erinnerung, wo eine Führungskraft (männlich) mit einer Mitarbeiterin Umsatzprobleme diskutierte oder es zumindest versuchte. Gleich beim ersten Gespräch erfolgte – bedingt durch die Mitarbeiterin – eine zweistündige Beziehungsklärung. Man verschob die Sachdiskussion, nachdem sich beide Gesprächspartner den Kopf heiß geredet und die Gesprächsatmosphäre zum Brodeln gebracht hatten. Zwar hatte die Führungskraft von ihrem Seminarbesuch mitbekommen, daß man über «Metakommunikation» («Moment, was läuft hier im Gespräch überhaupt ab?») Konflikte aufbrechen kann, doch leider stieg die Mitarbeiterin niemals darauf ein. Obwohl ich sie kaum kenne, unterstelle ich ihr aus ihrem Gesprächsverhalten, daß sie eindeutig erkannt hatte, wie ihr Vorgesetzter ins Schwimmen geriet, sobald das Stichwort «Beziehung» fiel. Beide nahmen fünf weitere Anläufe, die «Sache» (oder war es doch die «Beziehung»?) zu klären, jeweils mit den gleichen Ergebnissen. Schließlich wurde es dem Vorgesetzten zu bunt, er kündigte betriebsbedingt der Mitarbeiterin.

Die gegenseitige Bereitschaft, Kontakt aufzubauen, war hier nicht gegeben, einseitige Schutzmechanismen und die Schwierigkeit der Gegenseite, damit umgehen zu können, führten zum Kommunikationsabbruch, zur kontaktiven Bankrotterklärung.

Doch nicht nur die offizielle Kommunikation steht in unserem Blickpunkt, häufig ist es auch die «informelle» Kontaktbarriere, die uns das Elend beschert.

Auch persönliche Worte gilt es zu wechseln, nicht nur das beruflich Nötige, zeigt beispielsweise ein *Coachingprozeß* auf, in dem ein Vorstandsgremium miteinander die Arbeitsfelder und den gegenseitigen Umgang klärte. Die Schwierigkeit der Vorstände untereinander war diesen direkt vom Aufsichtsrat mit in die Wiege gelegt worden. Anstatt Bedürfnisse, Aufgaben und Geschäftsfelder im Gesamtvorstand zu klären, hatte der Aufsichtsrat jedem alles versprochen. Sogar die Sprecherrolle war mehrfach angeboten worden.

Die Vorstände mieden anfangs alle indirekte und informelle Kommunikation, erörterten keinerlei private Interessen, trafen sich nicht außerhalb des Unternehmens, handelten am jeweiligen Fachvorstand vorbei, übersprangen Ressorts usw. Die Litanei der sündigen Verfehlungen war ellenlang.

Der Ausstieg aus der Kontaktarmut war relativ einfach. In einem Beziehungsworkshop haben wir jeden sagen lassen, was er über die jeweils anderen denkt, wo er sich gestört fühlt, was ihn nervt oder was ihn erfreut (was selten vorkam!).

Das *emotionale Gewitter* glich einem Feuerwerk, eine Überraschung ersetzte die andere. Um es konstruktiv in geordnete Bahnen zu lenken, galt als Regeln für die Aussagen:

◆ Was erlebe ich?
◆ Wie wirkt es auf mich?
◆ Was wünsche ich mir?

Für die Bündelung des Prozesses war die kurze *Feedback*-Regelung notwendig, damit die Aussagen dem anderen wie ein Mantel hingehalten wurden, in den er hineinschlüpfen konnte, ohne ihm die subjektive Wahrheit wie ein neues Handtuch um die Ohren zu hauen.

Das Klima änderte sich nach diesem Workshop bereits deutlich, vor allem, als zusätzlich in das Arbeitsleben noch ein allwöchentlicher «informeller Sitzungstermin» eingeführt wurde, wo locker ohne Rahmenvorgaben Probleme, Informationen, Kompetenzen und Persönliches kommuniziert werden.

Vielleicht sind es die Folgen von Zeitmanagement oder unserer besonders schnellebigen Welt, daß wir in den zwischenmenschlichen Kontakten verarmen, deutlich jedoch ist und bleibt, daß wir die Kontaktebene wenn möglich nicht immer, aber immer öfter aus unseren Alltagsgesprächen ausklammern möchten. Vielleicht sollten wir uns damit trösten, daß jeder Mensch «kontaktiv» und persönlich sein kann, dieses sogar leicht ist. Die Schwierigkeit hingegen darin liegt, auf die richtige Person, im rechten Maß, zur rechten Zeit, für den richtigen Zweck und auf die richtige Weise persönlich agieren und reagieren zu können.

Eine dieser Schwierigkeiten traf ich auf einem Seminar für «*Provokative Therapie*» in der Begrüßungsrunde.

Im Kreis saßen um die beiden Moderatoren zwanzig Teilnehmer in der Erwartung, nun für ihre primär therapeutische Praxis Kniffe und Tricks der Provokation zu erlernen.

Die Moderatoren, die übrigens in den wenigen Minuten vor Seminarbeginn nur in sehr geringem Ausmaß ihrerseits «Kontakt» herstellten, baten nach kurzer Einleitungsrede, nun doch einmal den ersten Kontakt so herzustellen, daß man sich im Wechselspiel aus der Gruppe jemanden heraussucht, ihn kurz begrüßt und dann über diese Person Aussagen trifft – beispielsweise zu Hobbies, Beruf, Familie.

Diese Übung der Kontaktaufnahme wurde in vielen «Vorstellungen» zu einem *Verbalgemetzel*, da bereits durch die Seminarleitung mittels frotzelnder Rhetorik ein verbaler Schlagabtausch eingeleitet worden war, der nun kulminierte, besser gesagt: eskalierte.

Jeder versuchte möglichst geistreich und mehr oder weniger subtil freundlich klingende Bösartigkeiten beim anderen unterzubringen, so daß spätestens durch gelegentliche Ergänzung der beiden therapeutischen Leiter statt Kontakteröffnung die Kontaktbrücken abgebrochen waren.

War es den Moderatoren auch im Vorfeld um «liebevolles Karikieren» des Gegenübers gegangen, so hatten sie diesen Ansatz mit Sprachspielen und Schlägen unter die geistige Gürtellinie bereits im Keim erstickt.

Erschreckend waren zudem zwei weitere Momente:
Einerseits war ein Großteil der Therapeuten, die teils sogar eine eigene Praxis bereits über Jahre betrieben, nicht in der Lage, Kontakt zu ihren Klienten herzustellen – man thematisierte das sehr offen –, andererseits betrieben fast alle der dort Anwesenden eine *aggressive «Psychohygiene»*.

Auch aus dem Grund heraus, viel zu wenig Kontakt mit Mitmenschen zu haben. Das Seminar jedenfalls wurde der Aufgabe nicht gerecht, der sich die Begründer Frank Farrelly und Jeffrey M. Brandsma verschrieben haben, nämlich: «Provokative Therapie hebt die soziale, zwischenmenschliche Perspektive des Menschen hervor und betont sie nachdrücklich, da sie stärker abgestimmt ist auf die individuellen Bedürfnisse bei unseren gegenwärtigen gesellschaftlichen Problemen und Realitäten.» Im Gegenteil: der verbale Holzhammer ließ grüßen.

Ist es nicht das Krankheitsbild unserer Kontaktarmut, daß wir in uns so viele *Zensoren* und *Hemmschwellen* aufgebaut haben, die uns davon abhalten, einmal spontane, persönliche Aussagen über uns selbst oder auch das Gegenüber zu tätigen, ohne uns permanent auf die Zunge beißen zu müssen?

Wir fühlen uns als rationale Analytiker des kommunikativen Systems, jederzeit dem Druck ausgesetzt, diesen auch kontrollieren zu müssen. Und da es ein System ist – wo bleiben wir? Der Beobachtungsposten dürfte zuwenig sein, da er unsere emotionale, kontaktive Wesensart außen vor läßt.

Unser *Ziel* muß es sein, so schräg in das kontaktive Revier unseres Gegenübers zu stoßen, daß es nicht umhin kann, mitzuarbeiten und den Kontakt zu erwidern. Unser Ziel sollte es auch sein, unser eigenes Flucht-verhalten dort zu unterlassen, wo die Gesprächspartner sich mühsam Kontakt zu uns verschaffen wollen. Als Individuen sind wir eigenverantwortlich für unsere Gefühlswelt und abgeleitete Verhaltensweisen. Durch den Akt der Wahl oder des Willens – philosophisch ändert es nichts – können wir unser Verhalten dort ändern. Hier heißt es auch, anstatt Brücken am Ufer entlang zu bauen, bewußt in die Verantwortung für den Kontaktmoment im Gespräch einzutauchen und ganz bewußt die Kontaktschiene zu nutzen, ja sogar zielgerichtet die Verhaltensmusterkonserven der Fluchtversuche des anderen in bezug auf Kontakt auszuschalten oder zumindest zu ignorieren.

Die neue Dimension des Appells

Jedes Gespräch hat einen *Zweck*, der über den reinen *Selbstzweck* hinaus-reicht.

Jemand möchte, daß sein Gegenüber sein Denken in Handeln überleitet, also sendet er ihm einen *Handlungsappell* («Du solltest endlich dieses oder jenes tun!»). Der Verkäufer, der den Interessenten umgarnt, leitet appellativ zur Abschlußfrage über: «Dann gibt es also keinen Grund mehr, der dage-gen spricht, dieses Modell in Ihre Sammlung einzureihen, oder?» – Handlungsappelle, Denkappelle, Kaufreize, Aufforderungen zum Tun oder Unterlassen.

Das Kaleidoskop der Appelle ist so bunt wie die Gesprächskontexte selbst.

Mal wird direkt appelliert, mal verdeckt, gleichsam verklausuliert.

Doch auch hier ist eine neue *Dimension der Appellation* eingetreten, die uns in vielen Lebensbereichen immer wieder begegnet, primär auch in der beruflichen, professionellen Kommunikation. Häufig fehlt uns in Appellen der Mut zur Konfrontation, wir sprechen nur noch sanft, indirekt, schön ver-packt mit Worthülsen aus, was wir vom Gegenüber wollen.

«Sag, was du willst, und du bekommst es!» – leider funktioniert dieser *Grundsatz* kaum, da wir uns in unseren Forderungen und Wünschen nicht festzulegen wagen.

Klare Appelle positionieren uns überdeutlich, sie lassen kaum einen schemenhaften Graubereich der Kommunikation offen, den wir uns ja so sehnlich wünschen. Die Grauschattierung zwischen dem, was gesagt wird und dem, welches gehört wird, zwischen Hören und Verstehen, Verstehen und Einverstanden-Sein.

Doch wie sehen denn diese Appelle im einzelnen aus?

Nun, insgesamt bietet sich ein buntes Kaleidoskop an Möglichkeiten, die wir tagtäglich um uns herum beobachten können:

Die Schwarzweißmentalität im Appell

Viele Appelle bieten der menschlichen Psyche als kognitiven wie emotionalen Ansatz die «Schwarz» oder «Weiß»-Entscheidung als Strukturelement. Ein solcher Appell teilt unsere Umwelt, das Handeln oder Denken in gut/böse, feindlich/freundlich, moralisch/unmoralisch oder ähnliche Kategorien ein. Ähnlich wie in einer römischen Arena bei Gladiatorenkämpfen braucht derjenige, an den der Appell gerichtet wird, nur den Kopf zu schütteln oder mit demselben zu nicken, den Daumen zu heben oder zu senken. Die Urteilsbildung ist simplifiziert. Deutlich für die westliche Welt, für uns wurde die Denke, als der Irak am 2. August 1990 Kuwait okkupierte. Seinen Appell, die freie Welt – und hier im speziellen Kuwait – zu verteidigen, ließ George Bush in den Worten münden: «Feinde meiner Feinde sind meine Freunde!» Diese platitüdenhafte Schwarzweißdenken, das einfache Freund-Feind-Schema nutzte der Verteidiger der freien Welt, den Irak, personifiziert in der Gestalt des Saddam Hussein, zum Feindintrojekt zu stempeln, was sich danach in vielen Karikaturen der «freien» Presse widerspiegelte.

Ziel eines solchen Appells kann damit jeder werden, der die Eigenerfahrung mit einer Gegenerfahrung konfrontiert, die eigene Überzeugung zu destabilisieren droht oder ein anderes Handeln bzw. Denken vorlebt. Ein anderes Beispiel extrapolierte Erich Böhme in seiner Sat-1-Talkrunde «Talk im Turm», wo sich einige geladene Studiogäste schließlich in das Raster des «Sei pazifistisch» oder «Du bist ein potentieller Mörder» mit Bezug auf die Kampfeinsätze der Uno-Soldaten (wer sprach hier von «Friedensmission»?) verloren. Appellativ mutierten die Gegneridentifikationen zu Feindbildern.

Das Helfersyndrom im Appell

Institutionen, Organisationen und vielfach auch Unternehmen geben ihre Appelle auf dem Hintergrund des Helfersyndroms ab. So lautete beispielsweise das Motto der deutschen Entwicklungshilfe, oft geschmäht und oft zitiert, den hilfsbedürftigen Ländern «Hilfe zur Selbsthilfe (zu) geben!» Wir sind die geborenen Helfer – in einer Welt voller Hilfsbedürftiger. Doch ob dahinter immer nur der Aspekt der Alterozentrierung, also der Fokus auf den anderen, steckt, mag zweifelhaft sein. Oft gefällt diese Form des Appells, da sie das eigene Ego stärkt. Denn wer fühlt sich nicht gerne als Helfer, als patenter, moderner Samariter, als Kreuzritter gegen die Defizite der anderen?

Die Sündenbocktheorie im Appell

Beispiele dazu lassen sich in allen Wahlkämpfen finden, da die Wahlaufrufe, diese oder jene Partei zu wählen, häufig mit der Sündenbocktheorie abgestützt werden. So war die SPD 1992 in der Rolle des Sündenbocks, weil sie angeblich die «Überfremdung» Deutschlands (ein Unwort!) verursachte, 1994 zeigte der Wahlkampf, daß die Arbeitslosigkeit der Massen schon prinzipiell in den Programmen der bürgerlichen Parteien angelegt war, doch andererseits war jeder Wähler, der nicht «die Bürgerlichen» mit seiner Stimme unterstützte, schon ein Neo-Kommunist oder Neo-Nationalsozialist – zumindest potentiell. Und wer die Grünen wählte, war – bei der wirtschaftlichen, von Rezession bedrohten Lage – zumindest realitätsfremd. Doch schlimmer noch trafen die Appelle den Nichtwähler, dessen Passivität dem Extremismus Vorschub leistete. Zugegeben, dieses Bild ist konterkariert, ist bittere Ironie. Doch sah die Welt vor dem 16. Oktober 1994 (H. Kohl zu R. Scharping: «Und ich sage Ihnen: der 16. Oktober kommt bestimmt!») freundlicher aus?

Mutatis mutandis – die Sündenböcke unserer Appelle sind austauschbar. Ist das gedankliche Umfeld, die abgebildete Situation oder das Zeichen der Zeit, der Kairos, günstig, so bildet der Ansatz neben dem Schuldigen oft nicht das Opfer, sondern den Helden heraus, der es wagt, dem Bösen, dem Dämon den Kampf anzusagen.

Unsere Anerkennung gilt ihnen jedenfalls, den modernen Drachentötern, deren «Hier stehe ich, ich kann nicht anders» uns wie ein heimeliges Pathos erscheint.

Das «Siegergefühl» im Appell

Bei den Wahlen hat man festgestellt, daß noch nicht entschlossene Wähler sich letztlich extrem stark durch Umfrageergebnisse beeinflussen lassen. Die Partei, die laut der Umfrage in Führung liegt, bekommt bei dieser Wählergruppe dann einen «Siegerbonus» und wird mit höherer Wahrscheinlichkeit gewählt als beispielsweise die zurückliegenden Parteien. Ein ähnlicher starker Trend läßt sich auch in Appellen heraushören, auf den die jeweilige Zielgruppe dann anspringt.

Hier appelliert der Sprecher also an sein Auditorium und versucht, in ihm das «Siegergefühl» emotional zu wecken und zugleich mit einer Handlungsdirektiven oder Denkvorgabe zu koppeln.

Die Be- oder Entlastung von Schuldkomplexen

Bewußt oder unbewußt stellen wir uns die Frage, was wir eigentlich in bestimmten Lebensabschnitten, Zyklen oder in einfachen existentiellen Grundpositionen erreichen wollen. Appelle, die sich an Schuldkomplexe richten, ent- oder belasten unser (wie auch immer zu definierendes, wohl aber funktionierendes) Gewissen, indem sie zu Pflichterfüllung aufrufen oder Pflichtverletzung entschuldigen. So fokussierten Appelle, die den Boykott norwegischer Exporte proklamierten, unser Schuldgewissen auf die norwegische Walfangflotte.

Doch auch hier schützt uns dieses Gewissen auch: Beispielsweise dort, wo Asylbewerber uns in einem grundlegenden Appell vorhalten, daß die westlichen Demokratien ihren Auftrag verfehlen – doch diese Appelle lassen wir nicht zu.

Die Liste der tagtäglichen Appelle ließe sich selbstverständlich noch endlos fortsetzen, denn wenn wir die Sieger der Wirtschaft oder der Politik hören, so stellen sich beispielsweise ein:
◆ ökonomisch orientierte Appelle,
◆ ökologische Botschaften,
◆ egozentrierte Appelle,
◆ androkratische wie emanzipatorische Botschaften,
◆ Appelle an Wertgefühle,
◆ Buhlereien um Anerkennung
 und so weiter, und so weiter.

Eine «Ich-Botschaft» . . .

Hiinaauuss!!
Sie unverschämter
Lümmel!

Verstehe ich Sie richtig –
Sie wollen jetzt lieber
allein sein?!

. . . und ihre «Umschreibung»!

ZWEITES KAPITEL
Neue Ansätze

Provokative Rhetorik – oder die Möglichkeit, Schlagfertigkeit gezielt einzusetzen

Vergessen ist die «solidarisch motivierte» Dialektik (Rupert Lay), das professionell-verbindliche Pokerface des Spitzenverkäufers, sozial anerzogene und feingeschliffene Freundlichkeiten der Gesprächsführung.

Neu ist der Topberater, der seinem Kunden paradoxerweise sagt, er wolle diesen Auftrag in der Form überhaupt nicht, der Psychotherapeut, dessen Antwort («Es gibt keine Lösung für Ihr Problem!») den Klienten irritiert, der ungeduldige Gesprächspartner, dessen übertriebene Körpersprache die Aussagen seines Gegenübers liebevoll konterkariert und absichtsvoll ironisiert.

Voraussetzung und Grenze dieser provokativen Rhetorik und Argumentation ist und bleibt der gute, emotionale Kontakt, eine mittlere bis hohe Gesprächstemperatur und die aktive Gesprächsführung.

Gibt es eine provokative Rhetorik?

Als vor einigen Jahren Frank Farrelly und Jeff Brandsma in den USA die sogenannte «Provocative Therapy» kreierten, die heute in Deutschland kaum bekannt ist, suchten sie sich systematisch viele unterschiedliche Kommunikationselemente, die in der – häufig natürlich unfairen – Dialektik zuhause sind, die zum Repertoire des erfahrenen Journalisten aber genauso gehören wie zum Moderationsschatz des Beraters, die man im politischen Diskurs entdecken kann oder beim banalen Stammtischgespräch.

Neu ist nicht die Technik der provokativen Kommunikation, sondern ihre Legitimation für das therapeutische Gespräch. Doch lösen wir den Ansatz einmal aus diesem *einengenden* Kontext, so erschließen sich interessante Möglichkeiten für Berater, Verkäufer, für all diejenigen, die professionell kommunizieren möchten oder müssen.

◆ Zielsetzung ist es, beim anderen Verhaltensweisen bewußt zu machen,
◆ als Bedingung für Veränderungsprozesse an seine emotionalen Zustände anzudocken,
◆ eingefahrene Reaktionen einmal über Bord zu werfen,
◆ Aussagen oder Denkhorizonte schlagfertig und liebevoll zu konterkarieren,
◆ Widerstände auch bewußt zu provozieren,
◆ Ernsthaftigkeiten zu ironisieren
◆ . . . und ein Wechselbad paradoxer Reaktionen zu initiieren.

Prof. Dr. Rita Süssmuth bezeichnete den TV-Moderator Ulrich Wickert einmal als jemanden, der Sprache nicht als Schwert, sondern als Florett einsetzt. Dieses genau tut auch der provokative Rhetoriker.

Er liebt den Sprachwitz, die Doppeldeutigkeit. Gerne löst er, anstatt bieder und ernst zu sein, bei seinen Zuhörern und Gesprächspartner ein Lachen aus, welches auch einmal ein Lachen über die eigene Person sein darf, weil es das Gespräch weiterbringt oder weil das Gespräch von ihm eine Antwort erfordert. Dabei kann es auch einmal für ihn den Ausweg aus einer Situation bedeuten, die er sonst als aussichtslos empfunden hätte oder die ihm ermöglicht, eine ihm abverlangte, endgültige Entscheidung hinauszuzögern.

Wickert und Süssmuth, den beiden der «Orden für die Geschliffenste Zunge» vom Karnevalsverein Blau-Weiss Neunkirchen verliehen worden ist, sind typische Vertreter solcher provokativer Rhetorik.

Ein Beispiel:
Als Frau Süssmuth den Orden am 27. Januar 1995 überreicht bekam, da saß Wickert als Vorjahres-Ehrengast im Publikum.

Der Neunkirchener Gemeindedirektor Stapmanns ließ mitten in der Veranstaltung eine Saalwette an Ulrich Wickert verlesen, die etwa (!) den folgenden Inhalt hatte:

> *«Herr Wickert, wir wetten, daß Sie es bis zum Aschermittwoch nicht schaffen, in den von Ihnen moderierten Tagesthemen den Satz «Schönes Neunkirchen-Seelscheid» unterzubringen. Sollte es Ihnen gelingen, so werde ich auf allen Karnevalsveranstaltungen mindestens 3000.– DM für die Aktion Sorgenkind sammeln ... Sollten Sie es hingegen nicht schaffen, müssen Sie sich eine Woche lang das Heute-Journal anschauen und dabei warmes Kölsch trinken.»*

Wickert sprang einige Sekunden später auf die Bühne und brachte folgende Gegenwette an:

> *«Ich wette, daß Sie, lieber Gemeindedirektor, es nicht schaffen, bis Aschermittwoch Schönes Neunkirchen-Seelscheid in meinen Tagesthemen unterzubringen. Sollten Sie es hingegen schaffen, bezahle ich gerne die 3000.– DM an die Aktion Sorgenkind.»*

Wickert hatte damit erreicht, daß die Wette in der 1. Fassung nur bedingt gültig blieb, ob er anschließend «Schönes Neunkirchen-Seelscheid» unterbrachte, war zunächst offengeblieben.

Übrigens, direkt am nächsten Tag leitete er eine Nachrichtensequenz mit den Worten ein: «Es gibt viele schöne Orte auf der Welt, ob sie nun Neunkirchen, Seelscheid oder Todtmoos heißen. Dort ...»

Dies ist ein klassisches Beispiel für provokative Rhetorik, es zeichnet sich durch Sprachwitz und Schlagfertigkeit aus. Scheinbar gab es anfangs nur zwei Alternativen: Wette annehmen oder ablehnen.

Wickert brachte unerwartet eine dritte Variante ins Spiel, die ihm einen Weg aus einer, wohl versüßten, Sackgasse bot. Schließlich handelte es sich um einen guten Zweck, und außerdem war ja Rita Süssmuth dabei.

Ein anderes Beispiel lieferte mir während eines Coachings der Vertriebsleiter Deutschland eines großen Automobilkonzerns. Als wir über die provokative Rhetorik sprachen, erzählte er mir sinngemäß folgendes:

> «Ich hatte vor einiger Zeit das Gespräch mit einem meiner wichtigsten Interessenten seitens der Händler.
>
> Der Mann konnte sich aber nicht entscheiden, ob er nun unsere Marke exklusiv vertreiben wollte oder nicht. Ständig rief er an, erzählte seine Gedanken und ließ die Entscheidung am Ende des Telefonats schließlich doch offen.
>
> Kurzerhand fuhr ich in der letzten Woche dort vorbei, betrat unangemeldet sein Büro und dankte ihm für seine Gesprächsbereitschaft, eventuell unsere Repräsentanz vor Ort zu sein. Nach reiflichem Hin und Her hätte ich mich dazu durchgerungen, nun sein Angebot doch nicht anzunehmen. Denn schließlich seien wir eine Familie, die niemanden adoptieren wolle, der doch nicht voll und ganz dazu bereit sei. Deshalb verzichten wir – zwar ungern – auf sein Angebot. Ich verabschiedete mich dann umgehend von dem verdutzten Händler.
>
> Dann kam ein Wochenende, und Montag morgen befanden sich an meinem Arbeitsplatz bereits zwei Telefonnotizen dieses Händlers.
>
> Also, so ginge das nicht, erklärte er mir während des anschließenden Telefonats. Er sei zwar zögerlich gewesen, doch so eine Entscheidung sei schließlich nicht über das Knie zu brechen und reiflich zu überlegen. Das hätte er nun und würde die Repräsentanz gerne übernehmen. Mit meiner Entscheidung wäre er gar nicht einverstanden . . . – und heute ist er wirklich einer der engagiertesten Händler innerhalb unseres Konzerns.»

Es liegt auf der Hand, daß ein gutes Zu-reden oder Über-reden hier nicht genutzt hätte, wohl aber provokative Gesprächsführung. Und erst das Loslassen-Können hat hier den gewünschten Erfolg gebracht.

Übrigens erlebe ich es immer wieder, daß kaum ein Durchschnittsverkäufer dieses Loslassen wirklich fertigbringt, sondern lieber einen kleinen Erfolg hat, als den großen auf das Spiel zu setzen.

Top-Verkäufer verkaufen anders. Sie sind nicht nur die Nehmenden, sondern verstehen ihre Dienstleistung oder ihr Produkt auch als etwas, was sie gleichberechtigt «geben».

Welches Selbstverständnis kennzeichnet den provokativen Rhetoriker?

◆ Er *weiß,* daß sich ein durch fehlende Kommunikation geschaffenes Kommunikationsvakuum in kürzester Zeit mit falschen Darstellungen, Gerüchten, Geschwätz, Schwadroniererei und Vergiftung der Gesprächsatmosphäre füllt. Dem will er mit *provozierender* Kommunikation entgegenwirken, indem er den Finger in die offenen Wunden, sprich unlogische oder ungereimte Aussagen legt. Er will Aussagen auf den Punkt bringen.

◆ Er *kennt* Aussagen, daß die Wahrheit zwischen den Worten, nicht aber in ihnen verborgen ist. Daß Worte Taschen sind, «in die bald dies, bald jenes, bald mehreres auf einmal hineingesteckt worden ist» (Hebbel). Er will den anderen jedoch in seiner Aussage festlegen, er will gegen eine «Lingua blablativa» ankämpfen, die zwar hörbare, jedoch keine verstehbare Kommunikation produziert. Glaubt der provokative Rhetoriker doch auch, daß vielfach die Gedanken in den Worten nur angedeutet, jedoch nicht ausgesagt werden.

◆ Für ihn *beginnt* Wissen mit der Erkenntnis der unzuverlässigen Wahrnehmung, mit der Frage nach der Wirklichkeit unserer Wirklichkeit. Mit der Zerstörung von realitätsverzerrenden Täuschungen, mit der Entzauberung von zu Glaubendem. Gleichsam mit der Entmythologisierung der Wirklichkeit.

◆ Für ihn *ist* Sprache Urquell von Mißverständnissen, diese jedoch will er zum Kainsmal der Gedanken machen. Dort wo sich Begriffe verwirren, gleichsam durch Nicht-Wollen oder durch Nicht-Können sauberer Kommunikation, gerät für ihn die Welt aus den Fugen, sie bildet das Chaos ab.
Und doch weiß er auch, daß die Worte Versuche der Annäherung an Ideen sind, nicht jedoch die Dinge selbst, weshalb er auch legitimerweise um diese Annäherung ringen kann.

◆ Er *widerspricht* Morgenstern, der einmal das «Gespräch als Selbstgespräch» gedeutet hat. Zwar weiß er, daß Selbstgespräche kluge Partner voraussetzen, doch das reicht ihm nicht. Der provokative Rhetoriker wehrt sich mit allen verbalen Mitteln gegen den Selbstzweck solcher «sozialen Geräusche».
Er wünscht sich, daß man mit ihm redet und nicht nur zu ihm.

◆ Auch *glaubt* er nicht daran, daß der Standpunkt eine Sache ausmacht, sondern die Art und Weise, wie man ihn vertritt. Zwar hat der, der Geist hat, auch das richtige Wort, um diesen zu verpacken, er glaubt jedoch nicht, daß schon zwangsläufig der, der das richtige Wort hat, auch deshalb gleichsam den notwendigen Geist besitzt.

◆ «Sprich, damit ich dich erkennen kann!» – so *könnte* er jederzeit formulieren. Denn eines weiß der provokative Rhetoriker auch ganz genau: «Läßt sich mit einem reden, und man redet nicht mit ihm, so hat man einen Menschen verloren. Läßt sich mit einem nicht reden, und man redet doch mit ihm, so hat man seine Worte verloren.» (Konfuzius). Unser Rhetoriker verliert weder einen Menschen noch verliert er seine Worte.

Doch damit stellt er, aus innerem Zwang – allem, was dagegen spricht, zum Trotz – seinen Gesprächspartner auf den geistigen, intellektuellen Prüfstand, testet sein Rückgrat und seine Standfestigkeit, sein logisches System und die Geräumigkeit seines Denkapparates.

◆ Er *versteht* seine Aussagen als Taten, mit denen er im Gespräch Akzente setzt. Mit denen er Positionen markiert. Doch diese Akzente und Positionen gelten nur für den Augenblick und holen den Gesprächspartner dort ab, wo er zur Zeit steht. Wird diese Position zum Stein des Anstoßes, so gibt er sie auch leidenschaftslos wieder auf, denn das wichtigste am Gespräch ist für ihn der Gesprächspartner, den er jedoch niemals nur – verbal – in Watte packt. Seine Aussagen können ihn liebevoll (!) karikieren, ironisieren und hinterfragen. Professionell erkennt er aber auch die Grenzen seines Gegenübers, die er respektiert.

◆ Er *kennt* die Aussage eines Bernhard Shaw, der einmal sagte, daß man den Menschen widersprechen müsse, um die Wahrheit zu erfahren. Widerspruch ist ein Element der Provokation, die die Positionen des anderen nicht unterspült oder konterminiert, sondern ausleuchtet und in ein klares Licht setzt. Gleichsam manchmal einen geistigen status confessionis, ein Bekenntnis abringt.

◆ Er *weiß* um die Relativität der Wahrheit, daß es sie nicht an sich gibt, sondern nur für mich. Jeder, der glaubt, die Wahrheit für sich beanspruchen zu können, fordert ihn zum geistigen Spiel um diese Wahrheit heraus. Und sollte sich keiner der Gesprächspartner anmaßen, sie bereits gefunden zu haben, begibt er sich gerne mit anderen auf die Suche nach dieser. Vergleichbar einem verbalen Indiana Jones, der einen Schatz in den Tiefen der Unkenntnis vermutet und den es ruhelos werden läßt, ihn noch nicht gefunden zu wissen. Oder sollten wir ihn einfacher mit einem Sokrates vergleichen, der sich in der geistigen Hebammenkunst zuhause fühlt, gleichsam die Wahrheit in den Aussagen des anderen zu fördern sich verpflichtet fühlt? Doch es ist nicht das Entweder-Oder, sondern das Zugleich. Abenteuerlust und Geburtshilfe zugleich.

◆ Er *langweilt* sich beim Gleichen, der Widerspruch jedoch läßt den provokativen Rhetoriker produktiv, kreativ und rastlos werden. Nicht der Sieg ist es, der ihn zur Diskussion auffordert, sondern Gewinn des anderen und damit seiner selbst.

Franz-Josef Strauß warf einmal seinem Kontrahenten, dem Ex-Bundeskanzler Schmidt vor: «Kollege Schmidt, der Unterschied zwischen Ihnen und mir liegt genau darin, daß ich immer ungenau richtig, Sie aber immer exakt falsch liegen.»

Ein klares Wort eines provokativen Rhetorikers. Ob ihn dabei die Erkenntnis reizte, daß jemand, der ganz und gar unrecht hat, leichter zu überzeugen ist als der, der nur zur Hälfte recht hat, ist mir nicht bekannt. Oder war es das Wissen darum, daß Halbwahres verderblicher ist als das Falsche?

◆ Der provokative Rhetoriker *versteht,* daß es leichter ist, eine Lüge zu glauben, die man hundertmal gehört hat, als eine Wahrheit, die man noch niemals gehört hat. Kunstvoll, überzeugend und verblüffend dargestellt, ist das Unwahre ein Fels in der Brandung, ein verbales Kap Horn.

Wirft man ihm aber vor, er würde nur die «halbe Wahrheit» erzählen, so ist er direkt dabei, dieses zu bestätigen: «Stimmt, aber die richtige Hälfte!»

Er könnte jedoch auch mit einer direkten Erwiderung zur Person seines Gesprächspartners antworten: «Stimmt, aber die ganze Wahrheit könnten Sie auch nicht ertragen!»

◆ Er *vermeidet* ein überzogenes Sprachniveau, weiß er doch, daß nichts leichter ist, als sich schwierig auszudrücken. Und dass die Tiefe einer Aussage häufig durch die Weitschweifigkeit derselben kompensiert wird.

Häufig kämpft er dann mit dem Florett seiner Sprachgewalt, nicht mit dem primitiven Schwert, gegen «Verbalmüll» und überflüssige «soziale Geräusche», da viele seiner Gesprächspartner sich das einreden mit vielen Worten, was sie am Ende der Debatte glauben.

Vorsichtig legt er seine eigenen Gedanken solange auf das Eis, wie er sich in der Hitzes des Streits befindet. Denn niemand holt seine Gedanken, einmal geäußert und kundgetan, wieder ein.

Schematisiert und nur grob skizziert einmal die wichtigsten Strategien, die natürlich nicht isoliert, sondern systemisch betrachtet werden müssen:

1. Strategieelement:
Durchbrechen Sie klischeehafte Rollenzuschreibungen

In etwa 80 Prozent aller Gespräche ist ein Rollenklischee festgelegt, welches die hierarchiefreie, partnerzentrierte Kommunikation aufhebt.

Beispielsweise erwartet der Einkäufer im Verkaufsgespräch, daß sein

Gegenüber möglichst viel zu möglichst hohen Preisen verkaufen, also eine Umsatzmaximierung bei gleichzeitiger Gewinnoptimierung erzielen will. Der Verkäufer seinerseits glaubt die Rolle des anderen ebenfalls gut zu kennen, schließlich muß der Einkäufer die in seinem Unternehmen benötigten Produkte oder Dienstleistungen bei irgend jemandem erwerben, der Qualitätsstandard muß gewährleistet sein, gleichzeitig hat er sich über das «Erzielen eines guten Preises» zu profilieren. Beide kommunizieren nun aber so, als ob der Verkaufs- bzw. Einkaufsdruck nicht auf ihnen laste, signalisieren Verständnis für die Situation des anderen, wählen in der Selbstdarstellung eine souveräne Fassade, denken für den anderen (mit), achten darauf, ihr Gesicht nicht zu verlieren, und zugleich beabsichtigen sie, im nun folgenden Pokerspiel das beste Blatt in die Hand zu bekommen.

Ein anderes Beispiel finden wir tagtäglich in Unternehmen, wo Führungskräfte den Druck, der auf ihnen lastet, beispielsweise durch Aufgabenübertragung durch ihren Bereichsvorstand an ihre Mitarbeiter weitergeben. Als Vorgesetzte zitieren sie ihren Abteilungsleiter, mahnen die Dringlichkeit an, nun doch endlich mit der neuen Produktentwicklung zu Potte zu kommen, und appellieren, wie wichtig es sei, die in den Mitarbeiter gesetzte Hoffnung nicht enttäuscht zu sehen. Sie delegieren ihr Problem, das Kaleidoskop der Gesprächsatmosphäre reicht dabei von väterlich-wohlwollend bis knochenhart-fordernd. Ihr Gegenüber betont, daß er das Problem – mittlerweile: sein Problem – genauso beurteile, und nimmt den Auftrag an.

Er denkt sich jedoch: Typisch, jetzt braucht mein Chef wieder einmal einen Sündenbock, spätestens dann, wenn das gewünschte Ergebnis nicht bald herbeigeführt werden kann. Und wenn es herbeigeführt wird? Dann erntet er die Lorbeeren, und ich habe wiederum nur meine Pflicht getan.

Beide sehen ihre Rolle, beide antizipieren sie.

Oder wie sieht es in der Unternehmensberaterpraxis aus? Doch ähnlich wie im Verhältnis eines Therapeuten zu seinem Klienten. Der Patient, sprich Kunde, legt sich auf die Couch, betreibt ein wenig Psychohygiene und artikuliert sein Problem. Nun aber ist es am Therapeuten bzw. dem Berater, eine adäquate Lösung zu finden, die dem Gegenüber gefällt. Wie der Kriegsherr nach der Entscheidungsschlacht über die Verlierer möchte er nun über die Lösungsvorschläge den Daumen heben oder senken. Selbst wenn nun dargebotene Lösungen oder Beratungsansätze sinnvoll erscheinen, gebietet es die sicherheitsbewußte Rückversicherung, als Hintertürchen ein paar Zweifel anzumerken: «Okay, versuchen wir es einmal, doch so ganz haben Sie mich noch nicht überzeugt ... aber schließlich sind Sie der kompetente Berater.»

Wen wundert es, wenn der Berater dann seinerseits sein Honorar als

Trostpflaster empfindet, die Verantwortung überantwortet zu bekommen. Und doch scheint die Gleichung für das Rollenklischee

Kunde/Problem + Berater/Lösung = Situationsrealität

festgelegt zu sein, auch wenn nun unsere Verbalkosmetik daraus «Prozeßbegleitung» macht.

Natürlich geht es nun darum, vorausgesetzte Rollenparadigmen zu durchbrechen. Die Art und Weise orientiert sich situativ daran, das vorgefertigte Denkmodell oder zugrundeliegende Aufgabenkonzept des Gesprächpartners direktiv zu irritieren, seine Rollenzuordnung in Frage zu stellen und für ihn (und damit für uns) eine neue Ausgangssituation zu schaffen.

Folgende Grundfragen sind zu stellen:
◆ Welche Rolle schreibt mir der Gesprächspartner mit welchen Aussagen zu?
◆ Wie bewertet er seine eigene Rolle?
◆ Wo ergeben sich Ansätze für Rollenkonflikte?
◆ Wie kann ich eine möglichst große Irritation herbeiführen, die zwar keinen Gesprächsabbruch bedeutet, aber neue Ausgangspositionen schafft?

Ideal wäre es, wenn der Gesprächspartner sich nun einmal auf meinen geistigen Stuhl setzt. Ach, diesen Ansatz kennen Sie aus der Dialektik? Dann vergessen Sie einmal schnell dieses Denkschema, da es sich an «solidarisch motivierten» Integrationsmechanismen ausrichtet, die nur behutsames Miteinander fordern.

Wir wollen mehr, der Stuhl soll zum Stuhl*gang* werden, ich will, daß mein Gegenüber meine Argumente nennt, seine Einwände selbst entkräftet und meine Rolle übernimmt.

Natürlich gehört dazu auch der Mut, einmal über den eigenen Schatten zu springen: Nein statt des erwarteten Ja zu sagen, Gesprächsrealitäten auch im eigenen Kopf in Frage zu stellen, ausgetretene methodische Wege der Gesprächsführung zu verlassen und sich statt dessen einmal quer durch das Verbalgestrüpp der Kommunikation zu schlagen.

Am einfachsten ist die Situation des Therapeuten, der auf die Frage des Patienten, wie er das Problem zu lösen gedenke, nur zu antworten hat: «Ich habe keine Lösung.» Die Reaktion des Klienten wird zumindest Erstaunen ausdrücken. Wie? Keine Lösung, aber ich dachte …! – Schön, dann muß halt die Denkrichtung gewechselt werden, denkt sich nun der Therapeut, und hier beginnt die eigentliche Arbeit.

Stellen Sie sich nun einmal die Situation des Einkäufers vor, der nach einer kurzen, aber jovialen Einleitung mit den Worten schließt: «Und jetzt wollen Sie mir also dieses scheinbar so bahnbrechende Produkt andrehen?» Statt eines zerknirschten, leise gemurmelten «Ja» hört er nun ein paradoxes, weil unerwartetes «Nein!», begleitet von einem selbstbewußten, entwappnenden Lächeln. «Nein», und so könnte der Verkäufer nun weiterargumentieren, «weil ich Ihnen erstens nichts unterjubeln möchte, zweitens jedoch deshalb, weil es für Sie kein Argument gibt, unser innovatives Produkt zu kaufen!» Häufig fängt der Einkäufer nun an, sein Rollenverständnis des Grundsätzlich-Dagegen-Seins über Bord zu werfen und Argumente für den Produktkauf zu nennen.

Aber halt, werden Sie sagen, das ist doch gar nicht seine Rolle!?

Stimmt auffallend! Doch die paradox klingende Aussage und subtile *Provokation* haben für Irritation gesorgt, das alte Denkmuster ist aufgebrochen, aus den konzeptionellen Trümmern kann nun mit etwas Glück wie ein Phönix aus der Asche ein neuer, andersartiger Gesprächsverlauf erwachsen.

Denn nur wer wirklich das Risiko des Verlierens in Kauf nimmt, kann auch gewinnen – lautet eine alte Weisheit, die für Lottospieler und biblischeschatologisch Gläubige gleichermaßen gilt.

Ich kann mich gut daran erinnern, daß ich in meiner Anfangszeit als Kommunikationsberater einmal *intuitiv* ein solches Rollenparadigma aufgebrochen habe und die daraus entstehende Irritation meinem Kunden noch heute in Erinnerung ist. Als ich ein längeres Gespräch mit dem Vorstand eines Industrieunternehmens geführt hatte, wollte mich der Vorstandssprecher mit den Worten verabschieden, daß er mit seinen Kollegen nun in Ruhe beraten wolle, ob sie den Auftrag an uns überhaupt vergeben, es wären zwar keine Zweifel vorhanden an unserer Kompetenz, aber man müsse «noch einmal darüber schlafen», die Entscheidung könne Anfang der nächsten Woche mitgeteilt werden. Als sich die Herren gerade zur Verabschiedung erheben wollten, erklärte ich ganz spontan, daß ich den Auftrag nicht annehmen wolle, denn die heikle Ausgangsstellung setze schließlich grenzenloses Vertrauen voraus. Wenn dieses aber, so argumentierte ich weiter, nicht spontan da sei, dann müsse ich erklären, den Auftrag bereits jetzt abzulehnen. In einem halbstündigen Gesprächsverlauf argumentierte der Vorstand dann, weshalb der Auftrag nur von uns ausgeführt werden könne. Man zwang mich fast mit allen verbalen Mitteln, jetzt und sofort den Beratungsauftrag zu übernehmen. Ich tat es. Fast notgedrungen.

Ein anderes Beispiel lieferte vor einiger Zeit in der 3sat-Fernsehsendung PEP der bekannte Experte Prof. Dr. Dr. Dr. Rolf Schwendter bei seinem Lieblingsthema «Subkultur».

Schwendter, subkulturmäßig klischeehaft gekleidet und kurz vom Moderator vorgestellt, erhielt vom Journalisten die typische Interviewten-Rolle zugedacht. Das heißt, der Interviewer fragt, der Interviewte antwortet.

Es entstand etwa folgendes Interview:

> *Interviewer: «Herr Professor Schwendter, Sie sind Experte für Subkultur; was genau ist das?»*
> *(Interviewer lehnt sich entspannt zurück.)*
> *Experte: «Subkultur? Welche genau meinen Sie?»*
> *(Experte lehnt sich zurück, Interviewer wirkt geschockt.)*
> *Interviewer (angespannt, sichtlich irritiert):*
> *«Ähh, ähh . . . gibt es denn mehrere?!!?»*

Hier findet das Aufbrechen der vorausgesetzten Denkstruktur statt: der Intervierwer hatte vor, das Konzept in der Hand zu behalten, mit seinen Fragen den anderen unter Druck zu setzen, ihm den Ablauf der Moderation zu diktieren. Nun muß er den Druck selber erleiden, er ist plötzlich unter Streß.

> *Experte: «Na ja, meinen Sie denn die regressiven oder progressiven, und wenn diese, dann die emotionellen oder rationalistischen Subkulturen?»*
> . . .

Herr Schwendter war übrigens an diesem Punkt so nett, den «leicht» angeschlagenen Journalisten behutsam durch das Interview zu führen – der Rollenwechsel hatte stattgefunden.

Diese Sequenz macht deutlich, daß es darum geht, weiter im Gespräch zu bleiben, trotzdem aber das vorausgesetzte Denkmodell, die scheinbar fixierte Konzeption mit tradierter Rollenfestschreibung aufzubröseln. Über die Instrumente ist selbstverständlich situativ zu entscheiden. Nicht immer muß es der Vorschlaghammer sein, manchmal reicht auch ein Wattebausch, um das Gegenüber aus dem Gleichgewicht zu bringen . . . und ihn dann wieder aufzufangen.

Ein anderes Beispiel:

Während einer gemütlichen Geburtstagsrunde redete eine etwas ältere Dame fast pausenlos darüber, daß es kaum noch einen Kavalier gäbe, der wirklich eine Dame hofiere. Die guten alten Zeiten seien vorbei, seit sich die Emanzipation in den Köpfen der jungen Leute breitgemacht habe. Schade sei dies, weil damit auch die Gentlemen ausstürben.

Ob nun aufgrund dieses Gespräches oder aus Böswilligkeit murmelte dann plötzlich ein ansonsten schweigsamer Zuhörer mit spitzbübischem Lächeln vor sich hin:

«Ach wissen Sie, vielleicht haben die jungen Männer es satt, daß sie anfangs erst einer Dame den Hof machen . . . und schließlich nach der Heirat die Treppe mitmachen müssen . . .!»

Die einseitige Diskussion war aufgelockert, andere beteiligten sich nun auch am Gespräch.

Denken Sie daran: Der gute Draht, die gute Beziehung zwischen Ihrem Gegenüber und Ihnen soll ja nicht gestört, sondern beibehalten werden.

Sie wollen zur Verhaltensänderung provozieren, indem Sie den anderen durch paradoxe, provokante, irritierende Kommunikationsmuster aus seiner angestammten Höhle herauslocken und ihn mit einer neuen, ungewohnten Denkrichtung konfrontieren.

Seine alte Rolle kannte er — jetzt soll er sich einmal in einer neuen versuchen. Und schließlich ist doch das Leben Veränderung, und ohne Erneuerung ist es unbegreiflich.

Natürlich kann der provokante Rhetoriker auch einmal böse einen Schuß vor den Bug anderer setzen, vielleicht nur, damit das blöde Daherquatschen eines anderen ein Ende hat.

So beispielsweise passiert in einer «typischen Männerrunde», wo ein scheinbar göttlicher Don Juan sich in der Rolle des Romeo so gut gefiel, daß er stundenlang über seine Eroberungen sprach und mit seiner Potenz protzte. Alle Versuche, das Thema zu wechseln, verliefen im Sand.

Bis plötzlich eine rhetorische Provokation dem Potenzprotz die Luft ausgehen ließ:

«Wissen Sie, wie Sie auf mich wirken?»

«Nein.»

«Sie wirken auf mich wie ein Invalider, der vom Krieg erzählt!»

Keine zwei Minuten später verließ der Angeschossene mit fadenscheinigem Argument die Runde. Bei späteren Treffen hat er das Thema Frauen niemals mehr angesprochen.

Übrigens ist die erfolgende Reaktion auf die Irritation beim anderen ein einfaches psychologisches Phänomen – die Rolle zu verlieren ist keine große Sache; aber tatenlos zuschauen, wie der Sinn eines Rollenverständnisses aufgebrochen oder gar aufgelöst wird, das ist schier unerträglich. Denn das Modell, welches dem ganzen zugrunde liegt, ist fast schon zu einfach, als dass es zu lange funktionieren darf: Unsere Rolle ist bestimmt von Wirkungen, deren Ursachen wir durch unser Rollenklischee geschaffen haben, und indem wir auf diese Wirkungen reagieren, schaffen wir neue Ursachen, die unser Rollenverhalten bestimmen werden.

Der Therapeut signalisiert statt der gewünschten Schubladenlösung des Experten, daß das Klientenproblem nicht zu lösen ist. Der Verkäufer irritiert den Einkäufer mit der Aussage, daß er den avisierten Auftrag nicht annehmen möchte. – Hier sind die Rollenverständnisse aufgebrochen, der Gesprächspartner erlebt eine nicht erwartete Situation.

Geistreich provokativ-rhetorisch zu sein, kann auch bedeuten, daß man sich verständlich macht, ohne deutlich zu werden.

Oftmals ist der Sprachwitz das Loch, aus dem die Wahrheit dem anderen leicht ins Gesicht weht. Subtil, versteht sich.

Jeder Superlativ, der als Überspitzung verstanden wird, kann die Provokation voll ins Ziel treffen lassen und dem anderen einen Spiegel vorhalten, der manchmal auch eine Art Hohlspiegel ist.

Und manchmal ist es die Überraschung schlechthin, daß ein – bewußter! – Fehlschluß, kein Trugschluß, unser bester Treffer ist.

2. Strategieelement: Unterhöhlen Sie Gesprächspunkte des anderen durch provokante Aussagen

«Wer fragt, der führt!» lautet eine der Grundregeln in der Dialektik. Vergessen Sie diese einmal für den Moment, stellen Sie ausnahmsweise bei einer Problemschilderung keine Verständnisfragen, sondern treffen Sie direktive (ironische?) Aussagen. Damit gelingt es im Normalfall, gegenzuchecken, ob der Gesprächspartner wirklich Primärmotive äußert oder einen verbalen Eiertanz versus seine Grundeinstellung an dem jeweiligen Punkt vollführt.

So kann man beispielsweise über absurde Aussagen lächeln oder sich darüber ärgern, man kann Handlungsweisen anderer provokativ spiegeln oder andere demonstrativ zurechtweisen.

Ist es uns lieber, in einer Präsentation zu hören: «Sagen Sie mal, können Sie nicht endlich einmal lauter sprechen/größer schreiben?!» oder positiv ironisch gesagt zu bekommen: «Entschuldigung, aber könnten Sie noch etwas leiser sprechen/kleiner schreiben?!» – und zwar lächelnd gesagt zu bekommen?

Die gewünschte Wirkung ist doch relativ klar:
◆ wir möchten ein Verhalten oder Denkmuster bewußt machen
◆ möchten an Gefühle ankoppeln und Emotionen adaptieren
◆ möchten Widerstand herauskitzeln und umgehen
◆ möchten lächelnde, entspannte Verhaltensänderung.

Provokative Aussagen sind «Gratisaussagen», auf die der andere einsteigen kann, aber nicht muß. Sobald das Gespräch jedoch einen ernsthaften Charakter bekommt, steigt man automatisch mit aus der Provokation aus, die provozierende Intervention war die Einfallstür, nicht aber der gesamte Weg.

Häufig führt der Weg zur Erkenntnis, wenn man die auf Provokationen gehörten Entschuldigungen genaustens analysiert, zumal, wenn es sich um Rechtfertigungen handelt.

Ein Beispiel:
Mitten im Gespräch verkündet der provokative Rhetoriker mit spitzbübischem Lächeln: «Kann es sein, daß Sie soviele Worte machen, damit die Mittelmäßigkeit Ihrer Gedanken übertüncht wird?»
Die Reaktion wird die Wirkung einer Tretmine haben.

Stellen Sie sich doch einmal den entstehenden Widerspruch vor, den folgender Einstieg in eine Präsentation eines Kommunalpolitikers auslöst:
*«Meine Damen und Herren,
ich bin Hans-Heinrich Müller,
Deutschlands bekanntester Kommunalpolitiker . . . – Pause –
. . . sagte einmal zu mir. . .».*
Sie werden Widerspruch und dann befreiendes Lachen erleben. Gelebte Provokation eines glänzenden Rhetorikers.

Oder nehmen wir einmal ein Interview, welches Der «Spiegel» (1/1978), vertreten durch Rudolf Augstein, Erich Böhme und Dirk Koch, mit Franz-Josef Strauß führte. Das Muster der Rollenverteilung und die Akzeptanz der Positionierung der Gegenseite wurden laufend verletzt.
Offene Anzüglichkeit, debattierende Florettstiche und verbale Winkelzüge setzten «provokative Rhetorik in Reinkultur» in Szene.
. . .

SPIEGEL:	Herr Strauß, wenn die Zeitungen allesamt nicht lügen, dann werden wir Sie 1978 als Ministerpräsident des Freistaates Bayern erleben dürfen.
STRAUSS:	Ich darf zunächst dem Wähler meinen Respekt bezeugen und sagen, wenn der Wähler bei den kommenden Landtagswahlen . . .

. . .

SPIEGEL:	Was war der Grund, daß Sie es 1966 nicht gemacht haben (nämlich Kanzlerkandidat der CDU/CSU zu werden)?
STRAUSS:	Weil ich nicht wollte.
SPIEGEL:	Warum wollten Sie nicht?
STRAUSS:	Weil i net hab woll'n. Wenn mi einer fragt, warum mogst net, sag i, weil i net mog. Das ist in Bayern eine ausreichende Antwort.
SPIEGEL:	In Bayern ja, aber dieses Blatt wird auch in anderen Bundesländern gelesen. Können Sie den Nichtbayern eine differenziertere Antwort geben?

. . .

STRAUSS:	Von da an gings . . .
SPIEGEL:	Von da an gings bergab?
STRAUSS:	Von da an gings über den Ticker in alle Himmelsrichtungen . . .

. . .

SPIEGEL:	Die Strategiekommission scheint sich noch immer im Kreis zu drehen mit dem Zweck, Herrn Kohl zu ärgern.
STRAUSS:	Das ist Ihre Annahme. Denn wenn Sie nicht solche Annahmen hätten, wüßten Sie nicht, was Sie schreiben sollen.
SPIEGEL:	Wir sitzen ja nicht hinter der Tür der Strategiekommission, hinter der Sie mit Herrn Kohl zusammensitzen. Vielleicht liebt Ihr Euch?
STRAUSS:	Nicht so, wie Sie meinen.
SPIEGEL:	Nur eins ist gewiß: die vor der Tür sind permanent perplex . . .
STRAUSS:	Glauben Sie nicht, daß die Chance, heute perplex zu sein, das Leben verschönt und das Altern verhindert?
SPIEGEL:	Das ist noch kein Programm. Die Frage ist nicht, wie perplex wir sind. Die Frage ist, wie perplex Herr Kohl durch Sie ist.
STRAUSS:	Herr Kohl muß sich ja die gleichen Gedanken machen und macht sie sich auch. . .

. . .

SPIEGEL:	Erlauben Sie uns bitte, das, was die Union mit Kohl anstellt, Demontage zu nennen.
STRAUSS:	Sie sind ein bißchen in der Rolle eines, der ein Haus anzündet und dann schreit, daß die Feuerwehr fehlt.
SPIEGEL:	Den Kohl haben wir nicht angezündet. Ein CSU-Mann, den Sie kennen und schätzen, hat uns gesagt, zu einem Drittel demontiert

<blockquote>sich Kohl selbst, zu einem Drittel macht das Schmidt, und zum restlichen Drittel machen's die CSU und Strauß.</blockquote>

STRAUSS: *Dann hätten Herr Schmidt und ich zusammen zwei Drittel, das ergäbe eine solide Mehrheit.*

. . .

Dass es sich beim «Spiegel» um provokative Rhetorik handelte, zeigt deutlich die Analyse der Gesprächssequenzen. Insgesamt hat es einen Umfang von 1300 Druckzeilen. Seitens des «Spiegel» fielen 86 Äußerungen, davon nur 45 direkte, explizite Frageformulierungen, hingegen ansonsten fast ein Drittel flachsende Einwände oder rhetorische Retourkutschen oder Entgegnungen.

Es handelte sich um gelebte *«provokative Rhetorik* in Reinkultur».

Übrigens finden wir diese *provokative Rhetorik* bei Politikern sehr, sehr häufig.

Ein anderes Beispiel lieferte Sir Winston Spencer Churchill, der 1900 seine politische Karriere als Mitglied des Unterhauses begann.

Churchill, der diese Tätigkeit aufnahm, stellte bereits zu Anbeginn fest, daß «wir alle Würmer sind, ich jedoch ein Glühwürmchen»!

Churchill wurde unter anderem einmal von einem Journalisten um das Jahr 1937 herum gefragt, ob er glaube, daß es bald Krieg geben werde.

«Nein,» antwortete dieser Genius, «denn als Mr. Shinwell Kohleminister war, gab es keine Kohle. Und jetzt ist er Kriegsminister . . .!»

3. Strategieelement: Geben Sie (manchmal!) angemessenes nonverbales Verhalten auf

Gehen Sie endlich einmal aus sich heraus, begleiten Sie Äußerungen des Gesprächspartners mit (dosierten!) extremen körpersprachlichen Reaktionen oder mit paraverbalen Signalen (Luft durch die Zähne ziehen, erstaunendem, leisem Pfeifen).

Nicht nur, daß es während Diskussionen oder Konferenzen Irritationen schafft, es erspart einem auch, sich Dinge über Gebühr lang anhören zu müssen. Gespräche haben häufig auch deshalb keine Ergebnisse, da die Gesprächspartner ihre Nerven viel zu lange strapazieren lassen.

4. Strategieelement: Stimmen Sie dort zu, wo der andere es nicht erwartet

Irritieren Sie Ihren Gesprächspartner mit einem Wechselbad von Verbalreaktionen, die dem klassischen Yin-Yang-Muster entsprechen. Wird Zustimmung erwartet, ist Dagegen-Sein angesagt, wird Ablehnung formuliert, ist Verwunderung angesagt.

Ein wirklich herrliches Beispiel ist aus dem Bundestag überliefert.

Dort übte eine Abgeordnete einen Zwischenruf, der wie folgt lautete:
«Wenn Sie mein Mann wären, würde ich Ihnen Gift geben!»
Antwort:
«Gnädigste, wenn Sie meine Frau wären, würde ich es glatt nehmen!»

Oder wie ist es mit dem Vorwurf, daß der Redner sich als Zwischenruf gefallen lassen muß:
«Sie erzählen immer nur die halbe Wahrheit!»
Antwort 1:
«Stimmt auffallend, aber die richtige Hälfte!»
Antwort 2:
«Stimmt auffallend, denn die ganze Wahrheit wäre zuviel für Sie!»

Provokative Rhetoriker können häufig der Gegenseite recht geben, um dann dialektisch die Zustimmung mit einer schlagfertigen, überraschenden Wendung zu versehen.

Das Prinzip ist relativ einfach: Aussagekern aufnehmen, bestätigen, Aussagegehalt verändern.

Ein weiteres Beispiel:
Während einer Vorstandsitzung forderte der neue Vorsitzende
«...die nötige Entschlossenheit und die Absicht, den Herausforderungen dieses umkämpften Marktes mit aller Kraft zu begegnen.»
Sein Kollege antwortete darauf:
« Ich kann das nur unterstützen: Nötige Entschlossenheit ist immer noch besser als die entschlossene Nötigung Ihres Vorgängers!»

Oder wie klang es bei einer Podiumsdiskussion um alternative Energie?
Da resümierte ein Vertreter alternativer Energie:
«...ist der kurzfristige Ausstieg aus der Kernenergie möglich und zwingend notwendig. Wir sind der Ansicht, daß etwa ein Drittel der heutigen Energie eingespart werden kann bis zum Jahr 2000. Wobei ca. 40 Prozent des heutigen verbrauchten Stroms ...»
Zwischenruf:

«. . . wohl aus der Steckdose zu holen sei, oder was?»
– Zyniker aller Länder, vereinigt Euch. –

5. Strategieelement: Erlauben Sie sich humorvolle Rückmeldungen zum Äußeren des anderen (oder zu sich selbst)

Dieses Tabu wird leider viel zu wenig verletzt. Schade, denn Assoziationen zu äußeren Wahrnehmungen sind Bestandteil unserer Gesprächsrealität. Fühlen Sie sich einmal «subjektiv schuldunfähig» und etikettieren Sie selektiv Äußerlichkeiten, die ins Auge springen. Es muß ja nicht gleich mit der Holzhammermethode geschehen, sondern kann mit einem verbindlichen Lächeln verankert werden.

Die Holzhammermethode führte einmal ein Schauspieler bei einer Talkrunde mit Karl Dall durch:

«Karl, so wie du aussiehst . . . wärest du die ideale Werbung für Gen-Forschung!»

Karl Dall reagierte, indem er seinen Schock erst einmal mit einem gewaltigen Schluck Bier herunterspülte – ein Reaktionsmuster, das seinen Schock nur kompensierte.

Ein anderes Beispiel für die Holzhammermethode lieferte auf einer Podiumsdiskussionsrunde ein Wirtschaftsvertreter, den die Uneinsichtigkeit seines «alternativen» Gesprächspartners langsam, aber sicher zum Kochen gebracht hatte. Er war die dauernde Polemik seines Gegenübers leid und schlug – überraschend für das Publikum – plötzlich verbal zu:

«Also, daß Sie für die Natur sind, das merkt man. Man sieht es, und Sie betonen es auch dauernd. Mich wundert es nur (er blickte dabei an der Person herunter) . . . nach allem, was die Natur Ihnen figürlich antat!»

Ein anderes, besseres Beispiel bot während einer gemütlichen Runde ein Wirtschaftsredakteur einer Lokalzeitung. Es ging um das Thema Kalorien, Abmagerungskuren und Diäten. Als einer seiner Kollegen mit einem etwas spitzen Seitenblick auf seinen Bauch sagte :»Na ja, man muß sich fragen, ob man ver-geistigen oder ver-körperlichen will», reagierte dieser spontan mit:

«Ach, weißt du, mein Bauch hat den Vorteil, daß ich beim Duschen keine nassen Füße bekomme.»

Die Runde lachte . . . und die Selbstironie nahm den sachlichen Charakter des Angriffs auf.

6. Strategieelement: Setzen Sie Provokationen dramaturgisch in Szene

Ein Meisterstück dieser Provokation lieferte der FDP-Politiker Jürgen Möllemann. Genau genommen lieferte er sogar mehrere Meisterstücke, doch hier ist nicht etwa – wie sich vermuten läßt – die Protektion seines Anverwandten gemeint, sondern seine szenarisch inszenierten «Wege aus dem Nichts».

Es geschah in einem der berüchtigten Bonner «Sommerlochs», zu der Zeit, als die ansässigen Medienvertreter wieder einmal kaum etwas zu schreiben hatten, mit der alljährlichen Sommerpause auch zugleich eine geistige Sommerdenkpause einherging.

In dieser Zeit lief unser Jürgen Möllemann, nicht nur als Schalke-Fan auf Schalke, sondern auch im Bonner Parlamentarierhaus mit dem Buch des be- und aner-, häufig auch ver-kannten Wissenschaftlers Professor Dr. Theodor Blieshaimer umher. Blieshaimer, bekanntermaßen bei Karl Popper promoviert, hatte den «Kairos» der Zeit erkannt und seine wissenschaftliche Analyse den Praktikern in Buchform präsentiert, die «Wege aus dem Nichts».

Wo Möllemann auch saß oder stand, das mehrere Zentimeter dicke Buch war sein ständiger Begleiter. Und selbst dort, wo die Presse ihn beim Müßiggang überraschte, so vertiefte er gerade seine Nase in dieser wissenschaftlichen Abhandlung.

Zugleich jedoch gab es kaum eine Rede Möllemanns, die nicht mit einem weltbewegenden Zitat Blieshaimers endete oder in einem dieser kulminierte. Selbst auf universitären Podiumsdiskussionen zollten zahlreiche Professoren ihrem Kollegen Blieshaimer Dank für seine bahnbrechende Arbeit der «Wege aus dem Nichts».

In einer Radiodiskussion knallte Möllemann dann mit dem Abgeordneten der Grünen, Wetzel, zusammen, doch dessen Widerstand gegen den Minister verebbte, als sich Möllemann wieder einmal auf die Abhandlung «Blieshaimers, des bekannten Popper-Schülers» bezog. Wetzel, selbst Vorsitzender des Ausschusses für Bildung und Wissenschaft, zollte Blieshaimer als unparteiischem Analytiker der deutschen Wirtschaftslage seinen Respekt. Zwar habe er, so antwortete Wetzel auf die Frage, ob er Blieshaimer selber gelesen habe, diesen noch nicht in seinen Originalwerken genossen, jedoch Waschzettel (= Presseankündigungen) seines neusten Werkes.

Wie Wetzel ging es dem damaligen Kanzlerberater Ackermann, aber auch anderen prominenten oder weniger prominenten Größen aus Wissenschaft, Wirtschaft und Politik.

Hätte es denn stutzig machen sollen, daß sich Blieshaimer, so Möllemann wortwörtlich, «bei Popper promoviert, sich aber auch als Aktmodell und Cafehauspianist durchgeschlagen ((hat))»?

Möllemann hatte Blieshaimer erfunden, hatte das Münsteraner Universitätsvorlesungsverzeichnis mit einem Sonderumschlag «verschönt».

Fertig war die Provokation.

Und Möllemann? Der sagte: «Niemand gibt zu, daß er eine angebliche bekannte Persönlichkeit nicht kennt.»

Dies ist ein Paradebeispiel einer großangelegten, inszenierten Provokation, mit der die gesamte Medienwelt und auch alle Diskussionspartner Möllemanns richtig sauber vorgeführt wurden.

Als der Gag aufgelöst wurde, lachte die Presse herzhaft über diesen Streich eines gealterten Lausbubs, vor allem aber herzlich die Genaseweisten . . . aus.

Sollte man hier zur Vorsicht mahnen, indem man festhält:

«Die Tatsache, daß eine Aussage aus dem Wissenschaftsministerium stammt, ist noch lange kein Beweis dafür, daß sie falsch ist!» ?

Dennoch gilt es, sie zu überprüfen. Chinesisch umschreibt man solche Aussagen mit «**Wu Wei**» – der absichtlichen Absichtslosigkeit.

Rhetorische Paradoxien – Stolpersteine der zielorientierten Argumentation und die Grenze sprachlicher Belastbarkeit?

In der Kommunikation signalisiert die provokativ-rhetorische, paradoxe Botschaft sozusagen eine Denkkrise beim Zuhörer, die durch Widersprüchlichkeit in der Argumentation ausgelöst wird. Es erfordert beim Gesprächspartner, das Zugleich von Gegensätzen zuzulassen, die sich prinzipiell jedoch ausschließen. Es erfordert ein Januskopf-Denken, welches zwei sich ausschließende Aussagen zugleich zuläßt und sie sogar miteinander verbindet, sie gleichsam harmonisiert.

Dabei geht das provokative Paradox, welches verschiedene Erscheinungsformen genießen kann, zunächst einmal – und das ist allen Paradoxien gemeinsam – im Element der Widersprüchlichkeit auf, wobei hinter dieser Widersprüchlichkeit insgesamt rational erfaßbare und einleuchtende Prämissen, sprich Voraussetzungen, stehen.

Logische Ungereimtheiten oder unlogische Scheinwahrheiten drängen bei aller Ästhetik der Überraschung zur Aufhebung der Aussagegültigkeit, wenn beispielsweise durch eine sprachliche Totaloperation das Entweder-Oder durch Weder-Noch bei gleichzeitigem Sowohl-Als-auch ergänzt wird. Dabei kann der Gesprächspartner niemals sicher sein, daß eine einleuchtende und vernünftige Argumentationskette nicht dennoch am Schluß mit einem paradoxen Element schließt. Eine Garantie, daß dies nicht der Fall sein wird, einen logischen Persilschein intellektueller Redlichkeit gibt es natürlich nicht.

Eine herrliche Möglichkeit des provokativen Rhetorikers, für geistige und verbale Verwirbelung zu sorgen!

Immer wieder stehen Sender und Empfänger, Redner und Zuhörer im kommunikativen Zwang, Ordnung in ihrer Denkwelt zu etablieren, indem sie feste Identitäten und eindeutige Ursache-Wirkungsprinzipien in einem klaren Prozeß der Rationalisierung zu erfassen versuchen und zugleich ein Zirkeldenken vermeiden wollen.

Bereits im 4. Jahrhundert v. Chr. hatte Aristoteles in seiner Nikomachischen Ethik eine uralte Einsicht formuliert, die meines Erachtens auch auf die Paradoxien in unserer Sprachwelt zu übertragen ist: «Es zeichnet einen gebildeten Geist aus, sich mit jenem Grad an Genauigkeit zufriedenzugeben, den die Natur der Dinge zuläßt, und nicht dort Exaktheit zu suchen, wo nur Annäherung möglich ist.»

Regelmäßigkeit in unserer Sprache wird durch paradoxe Einsprengsel in ihrer Ordnung durchbrochen. Doch zugleich scheinen die Ordnung in unserem Sprechverhalten und ihre paradoxe Durchbrechung Züge ein und desselben Prozesses zu sein, nämlich unserer (chaotischen) Kommunikation.

Doch welchen «Sitz im Leben» erfährt das provokativ-rhetorische Paradox, welche Relevanz des Praktischen vermögen wir der paradoxen Aussage abzuringen, und – ungleich wichtiger – wo erfahren wir überhaupt solche paradoxe Kommunikation, wenn wir sie überhaupt nicht nur emotional im Bauch, sondern auch rational erkennen können?

Die einfachste Form und damit zugleich die durchschaubarste ist der logische Trugschluß, den vielleicht ein gut verpackter, dennoch simpler Denkfehler herbeiführt. Daneben gibt es Widersprüche, Tautologien, Präsuppositions- oder Kategorieverletzungen.

Im Normalfall ist das Paradoxon nichts anderes als ein bloßer Wechsel der Denk- und Blickrichtung, eine rhetorische Irritation unseres Denksystems.
Ein Beispiel:

Nur der Blinde sieht Gott.

Hier wird Blindsein als Verlassen der Ebene des Sichtbaren verstanden, zugleich eröffnet sich damit eine das Weltliche übersteigende Sicht (Transzendenz). Ist es jedoch verwehrt, die Grundbedingung dieser paradoxen Aussage wirklich anzunehmen, so verpufft das Paradoxe in seiner Intention, da Blinde schließlich ja nicht sehen können, und Sehen in seiner Grundaussage, nämlich etwas zu erblicken mit den Augen, hier nicht gemeint sein kann.

Ein ähnliches Paradoxon begegnet uns übrigens als Kernaussage in der Spielfilmserie «Die Verschwörer» wöchentlich im deutschen Fernsehen.
Dort äußert ein Richter, der offiziell vor Gericht Fälle niederzulegen hat, deren Beweislage nicht ausreichend ist, der jedoch dann in einem Team von Gleichgesinnten, den «Verschwörern», den Fall aufzudecken gedenkt:

«Die Justiz ist blind, sie kann aber im Dunkeln sehen.»

Für die im Gerichtssaal Anwesenden ist diese Aussage deshalb auch ein Rätsel, sie wissen nichts vom «Doppelleben», vom Januskopf des Richters. Der Wechsel des Blickpunktes bleibt ihnen als Aussenstehenden versperrt.

Wir unterscheiden in der *Logik* formal zumindest die folgenden Paradoxa:
1. Semantische Paradoxien,
2. Logische Widersprüche,
3. Mengentheoretische Paradoxien,
4. Paradoxien mit rekursiven Denkschleifen,
5. Wahrnehmungsparadoxien,
6. Erfahrungsparadoxien.

Dazu kommen aus der *Semantik:*
7. Widersprüche,
8. Tautologien,
9. Präsuppositionsverletzungen,
10. Kategorieverletzungen.

1. Semantische Paradoxien

Mit semantischen Paradoxien sind Aussagen gemeint, die bereits in Bezugnahme auf sich selbst nicht wahr sind und nur eine Scheinwahrheit vermitteln können.
Beispiele:
Diese Aussage ist nicht wahr.

Bredemeier, der Deutsche, sagt, alle Deutschen lügen.
– übrigens eine Abwandlung des bekannten Lügner-Paradox –

Diese einfachen und leicht zu durchschauenden paradoxen Aussagen ergeben sich bereits daraus, daß man in natürlichen Sprachen die Reflexionsebenen nicht sauber zu trennen vermag und selbstverständlich innersprachlich die ausgesagten Wahrheitsprädikate und Verifikations- bzw. Falsifikationsmerkmale, also Merkmale, mittels derer man Aussagen als richtig oder falsch einordnen kann, nicht klar definiert werden können.

Um die Aussage «Bredemeier, . . .» in ein vollgültiges und nicht aufzulösendes Paradox zu verwandeln, müssen wir einen Lügner als jemanden definieren, der immer lügt. Damit verwandelt sich die Aussage in zwei Kernaussagen: «Bredemeier: Ich lüge!» oder «Dieser Satz ist falsch.» Doch beim Überprüfen dieser zweiten Kernaussage stoßen wir schnell an die Grenze der Wahrheitsfindung.

Denn: Wenn der Satz «Dieser Satz ist falsch!» wahr ist, ist der Satz falsch. Doch genau dieses – und nichts anderes! – behauptet er.

Somit stehen wir also vor einem doppelten Satz mit zweifach sich widersprechender Aussage, die wir nur ad absurdum führen können. Wenn der Satz nämlich wahr ist, ist er damit falsch, weshalb er also nicht wahr sein kann. Wenn er aber nun falsch ist, ist er wahr, weshalb er logischerweise nicht falsch sein kann. Alles klar!?

Wir sehen somit, daß Wahrhaftigkeit und Lüge umeinander herumwirbeln. Der Verwirbelungsprozeß erzeugt in unserem Gehirn dabei eine Mischung von Chaos und Ordnung, die sich beide jedoch ausschließen wollen.

Füttert man einen Computer mit einem solchen iterativen Paradox, so kreist er in diesen – für ihn unauflösbaren – Schleifen, um schließlich abzustürzen.

Für uns Menschen dagegen führen solche Denkschleifen zu kreativen, sogar erleuchtenden Einsichten. Nicht umsonst weisen beispielsweise Paradoxien im Buddhismus als spiegelbildliche Erkenntnisse den Weg zur ewigen Weisheit.

Sätze, die ihre eigene Aussageintention als wahr oder falsch, richtig oder unrichtig behaupten, müßten demnach also als verboten gelten.

Und doch – Gödel hat diese Aussage als **«Unvollständigkeitstheorem»** definiert, da der Aussagegehalt durch die Aussage nicht zu beweisen ist.

Einige Physiker und Mathematiker beispielsweise behaupten, auch in chaotischen Systemen gäbe es etwas Vergleichbares, nämlich die sogenannte «Informationslücke». Das iterative Paradox, so machte es Gregory Chaitin vom IBM-Forschungszentrum in Yorktown Heights, New York, klar, die allumfassende Lücke im Zentrum unserer Logik, das potentielle Chaos von Informationen und Informationslücken bestimmt unser gesamtes Denken und Nachdenken. Dies trifft um so mehr zu, da insgesamt etwa 95 Prozent unseres Wissens angelesen oder gehört oder per Fremdverfügung zu «unserem Wissen» wurde.

Doch für Leute, die gerne mit Doppeldeutigkeiten und Spitzfindigkeiten sprachlich glänzen, sprich: vor allem *provokative Rhetoriker,* ergibt sich aus der relativen Unbestimmtheit unserer Alltagssprache ein großes Paradoxien-Potential, woran man als Zuhörer auch gerne die «geniale Rhetorik» einer Person festmacht.

Soweit es den spielerischen Umgang mit diesem doppelbödigen Kreativmaterial der Sprachverpackung angeht, gestehe ich den ausgeübten Reiz als Kommunikationstrainer nur allzu gerne ein. Die Gefahr besteht dort, wo der Zuhörer an die Grenze seiner intellektuellen Belastbarkeit stößt – er reagiert dann sehr schnell mit der naheliegenden Vermeidungsstrategie, einer Kommunikationsstörung.

Der provokative Rhetoriker stößt zwar gerne einmal an diese Grenze, zieht sich aber im nächsten Moment zurück, damit es zwar eine Irritation, jedoch keine Kommunikationsstörung gibt.

2. Logische Antinomien

Die Antinomie ist der Widerspruch eines Satzes in sich selbst oder zweier Sätze oder der Impetus einer Aussage.

Doch was sind logische «Widersprüchlichkeiten»?

Unsere normalen Kategorien in der Wahrheitseinordnung bestehen aus der Gegensätzlichkeit von «wahr» oder «falsch», obwohl es Aussagen gibt, die – laut der sogenannten «true gap theory» – eine gewisse Mehrwertigkeit implizieren und somit mit dem einfachen Wahr/Falsch-Muster konkurrieren.

Beispiel:

Nicht jeder, der sich naßregnen läßt, steht wirklich im Regen.

Logisch gesehen, ist dieser Satz widersprüchlich, denn wer sich naßregnen läßt, der kann ja schließlich doch nur – wie es das Wort selber schon ausdrückt – durch Regen naß werden. Doch wir haben auch hier eine Doppeldeutigkeit, da im übertragenen Sinn «im Regen stehen» auch noch die Bedeutung von «hilflos, ohne Rat dastehen» oder ähnlichem haben kann.

Einen anderen Widerspruch erfahren wir beispielsweise in der sogenannten

Nicht-Botschaft, die wir permanent hören und deren Ergebnisse uns immer wieder erstaunen.

Beispiel:

«Denken Sie nicht an die Farbe Blau!»

Was? Es hat nicht funktioniert? Das wundert mich jetzt allerdings. Nicht. Unser Gehirn kann nur in Positivmustern Befehle empfangen und einordnen. Damit ich nicht an die Farbe Blau denke, muß ich mir erst einmal die Farbe Blau ins Gedächtnis rufen, um dann anschließend mich darauf zu konzentrieren, diesen Eindruck wieder zu löschen und die Farbe Blau nicht zu denken.

Kompliziert? Nein, aber man muß sich nur vergegenwärtigen, daß wir nicht nicht denken können.

Doch in unserer alltäglichen Kommunikation senden wir pausenlos Nicht-Botschaften und wundern uns anschließend über die Ergebnisse («Kind, faß *nicht* auf die heiße Herdplatte!»).

Das Paradoxe dieser herrlichen Botschaft liegt auch darin, daß wir als provokative Rhetoriker bewußt beim Gesprächspartner mit dieser Art von Nicht-Botschaft Eindrücke fixieren können, indem wir als erstes eine Nicht-Botschaft senden und ihn anschließend nochmals ermahnen, wirklich nicht dieses oder jenes zu tun, zu denken, zu handeln.

Übrigens läßt sich im Fernsehen Abend für Abend beobachten, daß Manager darüber reden, daß sie nicht für die Müllberge verantwortlich sind, daß sie nicht einfach (eine herrliche Wortzusammenstellung!) Giftgase in die Umwelt entlassen, usw. Kein Wunder, daß der Zuschauer ein ganz anderes Bild gewinnt als das, welches Unternehmen vermitteln wollen.

3. Mengentheoretische Antinomien

Ist die Menge aller Mengen denn nun als Element einer Menge aufzufassen oder nicht? Sind Paradoxien schon allein durch Wahrscheinlichkeitsbildung auszuschließen, oder muß man sie gerade deshalb zulassen?

So wurde aufgezeigt, daß jedes formale System, welches sich auf andere Systeme projizieren läßt, sich schließlich selbst in Widersprüche verwickelt. Schaut man beispielsweise den Menschen an, so entdeckt man, daß der Mensch selber sich und seine Existenz nicht begreift – ansonsten gäbe es beispielsweise keine unterschiedlichen Ansichten in den verschiedenen Philosophie- oder Religionsrichtungen. Wenn aber der Mensch sich selber nicht begreift, wie soll sich dann das Gehirn des Menschen (als Abbild seiner selbst) begreifen?

Doch praktischer für *provokative Rhetoriker:*

Nehmen wir einmal an, in einem kleinen Städtchen rasiert der ansässige Friseur alle Männer, die sich nicht selber rasieren. Somit rasiert er nur die männlichen Stadtbewohner, die sich nicht selbst rasieren, außerdem alle anderen Männer, auf die eben dieses Faktum zutrifft. Dennoch kann er seinem Ruf, eben alle sich nicht selbst rasierenden Männer zu rasieren, niemals gerecht werden. Rasiert er sich nämlich nicht selbst, der arme Kerl, muß er sich selbst rasieren, so Aussage eins. Sollte er sich aber selbst rasieren, so muß er dieses sofort aufgeben: Er darf es schließlich nicht, da er ja nur die rasieren darf, die sich nicht selbst rasieren, was er ja schließlich tut.

Welch ein Dilemma für den armen Mann. Ich kann nur hoffen, daß er sein Problem bis heute noch nicht gesehen und erkannt hat, denn er wird es nicht lösen können.

Ein anderes Beispiel:

Howard De-Long schilderte in «A Profile of Mathematical Logic» eine verbale Tücke und logische Argumentationskrücke der Praxis in einem fingierten Beweisverfahren vor Gericht:

Protagoras hatte sich verpflichtet, Euathlus in der Redekunst zu unterweisen und ihm so zu ermöglichen, Rechtsanwalt zu werden.

Euathlus zahlte die erste Hälfte des Honorars im voraus. Die zweite Hälfte, so lautete der Vertrag, sollte fällig werden, wenn der Schüler seinen ersten Prozeß gewonnen habe.

Dieser drückte sich jedoch davor, Fälle zu übernehmen.

Protagoras, um Reputation wie Geld gleichermaßen besorgt, entschloß sich, seinen Schüler zu verklagen. Vor Gericht argumentierte er so:

«Euathlus behauptet, er brauche nicht zu bezahlen, das aber ist absurd. Angenommen, er gewinnt. Da dieses sein Debüt vor Gericht ist, müßte er bezahlen, da er seinen ersten Fall vor Gericht gewonnen hätte.

Sollte er hingegen verlieren, so müßte er auf jeden Fall bezahlen, weil das Gericht ihn dazu verurteilt.

Da er aber auf jeden Fall verlieren oder gewinnen muß, muß er auf jeden Fall bezahlen.»

Der Schüler jedoch schlug den Lehrer mit seiner eigenen Waffe, einer paradoxen Argumentation.

«Protagoras argumentiert, ich müsse bezahlen, aber das ist es, was wirklich absurd ist. Denn angenommen, er gewinnt. Dann habe ich noch keinen Fall gewonnen, vereinbarungsgemäß muß ich also nicht zahlen.

Sollte er hingegen den Prozeß verlieren, muß ich laut Gerichtsurteil auf keinen Fall bezahlen.

So oder so — in keinem der beiden Fälle muß ich zahlen.»

Theoretisch würde sich auch aus diesem Fall ein unauflösbares Paradoxon ergeben, denn wenn der Schüler verliert, so muß er schließlich nicht die andere Hälfte seines Honorars zahlen, wenn er aber gewinnt, so muß er nun schließlich nicht zahlen.

Doch wer glaubt, aus dieser paradoxalen Gedächtniszwickmühle nicht herauszukommen, der irrt.

Denn durch einen kleinen Kunstgriff, die Appellation an das örtliche Gericht, wird das Paradoxon in seiner Widersprüchlichkeit lösbar: Anstatt nämlich Protogoras oder seinem Schüler recht zu geben, kann das Gericht in diesem Fall zur Umgehung der ansonsten paradoxen Argumentation nur den Schüler auffordern, seinen ersten Prozeß zu führen.

Doch wenn der Schüler auf Zack ist, wendet er ein: «Dieses ist doch mein erster Prozeß» – und damit sind wir wieder mitten im Paradox!

In unseren Dialektik-Seminaren, in denen wir diesen Fall ab und an in den Entspannungspausen diskutieren, fällt es den meisten Teilnehmern schwer, aus diesem Sprachwirrwar zu einer plausiblen Argumentation zu gelangen.

Wer es jedoch schafft, seine logisch-paradoxe Argumentation immer wieder eng in Rückbezüglichkeit zu bringen, gewinnt diese dialektischen Scheingefechte in der Regel, da die Verlierer sehr häufig zustimmen müssen – egal, ob sie die Position des Protogoras oder Euathlus vertreten. Sie sind verloren, wenn sie sich auf die Argumentation des anderen einlassen.

Wie zweifelhaft und unhaltbar die Sieges-Argumentationsschiene auch jeweils sein mag, der Sieger kostet diese Minute in jedem Fall aus.

Versuchen Sie doch einmal, diese paradoxe Strategie auf einen Fall Ihrer Praxis zu übertragen. Es wird Sie faszinieren.

Übrigens kürzte es ein Teilnehmer in einer Sequenz einmal dramatisch ab, er setzte sich, grinste seinen Kontrapart nur an und sagte schließlich: «Ich bin studierter Jurist – der Fall ist klar, ich muß nicht zahlen. Aber mich würde wundern, wenn Sie Ihre falsche Argumentation wirklich länger als eine Minute aufrechthalten könnten . . .» Das Gegenüber gab nach etwa 45 Sekunden enerviert auf.

Die Selbstsicherheit des anderen hatte ihn psychologisch demotiviert.

In der Praxis ergeben sich mengentheoretische Antinomien manchmal etwas subtiler, wie das Beispiel des Streites um die Medienkonzentration vor dem Bundesverfassungsgericht zeigt, in den sich als Gutachter auch der frühere Verteidigungsminister Prof. Dr. iur. Rupert Scholz eingeschaltet hat. Er plädiert für das Monopol eines einzelnen Veranstalters (Kirch), wenn die Medien untereinander innerhalb dieses Monopolisten konkurrieren.

Scholz hat hier einen einfachen Kunstgriff angewendet: Da ein Monopol besagt, daß man sich keine Konkurrenz machen kann, da man ja schließlich das Monopol hat, hat er eine Differenzierung eingeführt, indem er die Einzelmenge (Kirch-Gruppe) durch die Kategorie Kirch-Sender ersetzte.

Fast könnte man sagen, hier ist ein lösbares Paradoxon entstanden.

Die Prämisse – und das mag ein entschuldbarer juristischer Kunstgriff sein – , daß ein Monopol nicht mit sich selbst konkurrieren könne, hat der Herr Professor einfach als nicht legitim erklärt (oder vielleicht sogar einfach ignoriert!).

Paradoxe Rückbezüglichkeit eines provokativen Rhetorikers hatte hier ihren Siegeszug angetreten.

4. Paradoxien mit rekursiven Denkschleifen

Ein herrliches Beispiel für solche provokativ-rhetorischen Paradoxien mit rekursiven Denkschleifen liefert in der Kommunikation beispielsweise das sogenannte «double bind»-Modell.

Beispiel:
Sei spontan!

Die Botschaft und die Botschaft in der Botschaft widersprechen sich hier deutlich. Denn niemand, der spontan sein soll, kann durch die Botschaft der Spontanitätsaufforderung in den Zustand eintreten, da ihm die Eingangstür in der Aussage selber bereits vor der Nase zugeschlagen wird.

Wer die tägliche Kommunikation mit seinen Kollegen oder Familienangehörigen einmal ausführlicher und bewußter untersucht und analysiert, wird eine Menge solcher Botschaften entdecken.

Eine wesentliche Erkenntnis aus diesen Paradoxien mit rekursiven Schleifen floß deshalb beispielsweise in die Feedback-Regeln ein, indem der Feedback-Geber sich zwingen muß, sauberes Feedback aus der subjektiven Perspektive als tatsächliche Ich-Botschaft zu formulieren.

Deshalb lautet die Feedback-Schleife in der Kurzfassung zu dem geschilderten Problemkreis etwa folgendermaßen:

1. Ich nehme wahr, daß du sehr stark gehemmt wirkst in dem Moment, wo ich dich umarmen möchte.

2. Es wirkt auf mich so, als ob ich dir damit schon fast etwas antue, was ich auf keinen Fall will, du aber meines Erachtens kein Problem damit hast.

3. Ich wünsche mir, daß ich dich gerne weiterhin in die Arme nehmen kann und es weiterhin genießen kann. Wäre das für dich okay?

5. Wahrnehmungsparadoxien

Wahrnehmungsparadoxien finden sich häufig vor allem in visuellen Reizrelationen wieder, wo beispielsweise eine Treppe eindeutig gemalt ist, die von oben nach unten verläuft, sich dann fortsetzt, indem sie von unten nach oben verläuft, dann wieder nach unten, schließlich wieder nach oben, von wo sie ja dann wieder nach unten verläuft. Obwohl sie deutlich Gefälle und Gestiege aufweist, weiß der Betrachter des Werkes nicht, wo sie beginnt, bzw. kennt er nicht ihre letzte Stufe. Man läuft auf ihr sozusagen im Kreisverkehr.

6. Erfahrungsparadoxien

Zu den Erfahrungsparadoxien gehören all jene Widersprüche, die man im Verlauf der menschlichen Existenz «erfahren» kann.

So bezieht sich ein solches Erfahrungsparadoxon beispielsweise auf die menschliche Existenz. Es ist eine Grunderfahrung, daß individuelle Freiheit – so wie wir sie definieren – nur in einer gewissen sozialen Umgebung, einem sozialen Netzwerk, bei parallel stattfindender Begrenzung und Einschränkung möglich ist. Niemand kann sich individuell in unserer Gesellschaft bis ins Extrem gesteigert selbstverwirklichen, da er irgendwann auf die Grenze eines anderen Gesellschaftsteilnehmers stößt und somit dessen individuelle Freiheit einzuschränken beginnt.

7. Generelle Widersprüche

So ist beispielsweise ein Widerspruch feststellbar, wenn ein Komparativ fälschlicherweise verwendet wird.
Beispiel:
Herbert verdient mehr, als er verdient.

Dieselbe Denkschleife entsteht dort, wo beispielsweise sich widersprechende Worte verwendet werden.
Die Teilnehmer waren schweigend in ihr Gespräch vertieft.
Dabei ist «schweigen» die Negation von «Gespräch» bzw. «sprechen».
In der leeren Wasserflasche war nur noch etwas Sprudel enthalten.
«Leer» schließt natürlich «enthalten» aus.
Widersprüche dieser Art sind für den aufmerksamen Zuhörer unannehmbar. Sofort drängt sich die Frage auf, was denn nun Sache ist, das Entweder oder das Oder.

Faktizierende Aussagen und Behauptungen sollen ja gerade alternative Möglichkeiten bzw. Kontradiktionen ausschließen.

Korrekturen der oben genannten Aussagen sind deshalb erforderlich und relativ einfach:

Herbert bekommt in Relation zu seiner Leistung ein großzügiges Gehalt.

Die Teilnehmer hatten eine Gesprächsphase erreicht, in der sie nachdenklich reflektierten.

Die Wasserflasche enthielt nur noch einen Schluck Sprudel.

8. Widerspruch einschließende Aussagen, Tautologien

Tautologien sind Aussagen, die in ihrem Kern keinen Widerspruch dulden, aber dennoch aufweisen.

Entweder lebt der Mann noch, oder er ist gestorben.

Aber nur eines ist möglich, weshalb die getroffene Aussage keinen Wert hat. Gefordert ist eine in sich widerspruchslose Feststellung.

Oder bringt Ihnen eine Aussage etwas, wo es heißt:

Der arme Mann ist blind, und sehen kann er auch nicht!?

Eine Aussage hat für uns nur dann einen Mehrwert, wenn wir alternativenlos einen Sachverhalt registrieren können.

9. Verletzungen von Präsuppositionen

Hier geht es um die nicht zulässigen Unterstellungen bzw. Voraussetzungen, die eine Aussage begleiten.

Hannibal hat während seines Afrika-Feldzuges keine Faxe bekommen.

Unzulässig wird unterstellt, daß er überhaupt Faxe hätte bekommen können. Allerdings ist diese Aussage «Schwachsinn», denn das Telefax war zur Zeit Hannibals noch gar nicht erfunden.

Hier gibt es zwei Alternativen: entweder gilt es, einen neuen Kontext für die Aussage zu finden oder die Präsupposition zu bestreiten.

10. Peinliche Kategorieverletzungen

Haben Sie schon einmal gehört, daß ein Lehrer über seine Klasse sagte:

Mein Grundkurs hat schon wieder einmal geschlafen?

Nichts Ungewöhnliches, selbst bei Deutschlehrern nicht. Doch abstrakte Dinge wie ein «Grundkurs» können nicht schlafen, dies kann nur ein Lebewesen.

Ohren auf, Ihnen werden weitere Kategorieverletzungen begegnen.

Spannend ist ein Widerspruch, eine Paradoxie, wo sie unvermittelt in der Praxis auftauchen, in einem logischen Zick-Zack-Kurs auf sich selbst Bezug nehmen und sich in ihrem Aussagekern dann plötzlich widersprechen. Spannend auch, wenn bewußt, häufiger jedoch unbewußt die Geistesgrößen des Abendlandes ebenso paradox argumentieren wie der Chef im Gespräch mit seinem Mitarbeiter oder der Ehemann im Streitgespräch mit seiner Angetrauten.

Einige herrliche Beispiele für provokativ-rhetorische Paradoxien und unsinnige Widersprüche:

Der FDP-Generalsekretär sollte endlich aus der CDU austreten.
Friedhelm ist mit seiner eigenen Frau verheiratet.
Gott sei Dank! Ich bin Atheist.
Der Amtsrichter ist von Hause aus studierter Jurist.
«Malträtiere, quäle mich!», fleht der Masochist. «Nein!», antwortet der Sadist. «Danke», entgegnet der Masochist.
Können Sie mir freundlichst sagen, ob ich anwesend bin?
Hat der Kollege Müller wirklich Wahnvorstellungen? Nein, er bildet sich nur ein, er habe welche.
Der Finanzminister geht am Bettelstab.
Ich gebe nicht zu, daß ich die Uhr gestohlen habe.
Moderne Führungstheorie besagt, es sei «in», altmodisch zu führen.
Sicheres Faktenwissen gibt es mit Sicherheit nicht.
Bitte benachrichtigen Sie mich sofort, falls Sie dieses Schreiben nicht bekommen sollten.
Chef, was halten Sie von Astrologie? – Nichts, denn ich bin Skorpion.
In der Mitarbeiterführung darf nur ein Dogma existieren: daß es nämlich kein Dogma geben darf.
Die Unternehmensgeschichte lehrt uns, daß wir aus der Geschichte nichts lernen können.
Marketingplanung dauert länger, als man denkt – selbst dann, wenn man alles berücksichtigt hat.
Rhetorik ist der Mißbrauch einer Sprache, die man eigens zu diesem Zweck erfunden hat und benutzt.
Er hat eine rote Ampel überfahren!
Ein Unternehmensgrundsatz, der nur wahrscheinlich ist, ist wahrscheinlich falsch.

Dem Unternehmensgründer blieben zu Lebzeiten viele Erfolge erspart.
Warum verdaut das Verdauungsorgan «Magen» sich nicht selbst?
Lieber Kurt, sollte Dich diese Nachricht auf dem Anrufbeantworter nicht errei-
chen, so melde dich bitte umgehend.
Als ihm ein Floh ins Ohr gesetzt wurde, wurde direkt ein Elefant daraus.
Das Überflüssige ist eine höchst notwendige Sache.
Unternehmensparameter zur Mitarbeiterbeurteilung sind variable Konstanten.
Niemals würde ich in einem Unternehmen arbeiten, welches jemanden wie mich
einstellt.
Unternehmerische Immunsysteme sind auf das Unerwartete programmiert.
Die Phantasie mancher Marketingexperten ist zu mehr fähig, als diese sich aus-
malen können.
Unternehmensgrundsatz in der Rezession: «Es wird gespart – koste es, was es
wolle.»
Keine Toleranz gegenüber der Intoleranz.
Jeder kann kommen, wann er will – Hauptsache, er ist pünktlich.
Die Umwelt umgibt uns, aber wir haben sie schon ganz schön eingekreist.
Doch was folgern wir daraus für die unsere alltägliche Rhetorik?

- ◆ **Verallgemeinerungen** sind unzulässig (aber hilfreich). Viele der Para-
  doxien entstehen unfreiwillig aus riskanter Verallgemeinerung, da ihre
  Zulässigkeit nicht detailgenau geprüft wurde.
- ◆ **Wir sind fehlbar (was allerdings nicht zuzugeben ist).** Beweis-
  barkeit ist keine Garantie für Folgerichtigkeit oder Verallgemeinerung.
  Überzeugungen gelten nicht als Beweise, Bekenntnisse sind subjektive
  Argumentation, Autoritäten verabsolutieren ihre subjektive Einstellung
  und Sichtweise.
- ◆ **Sprache** ist schon in sich fehlbar und eigentlich in unserem perfektio-
  nistisch ausgerichteten Denkapparat nur für den Hausgebrauch geeignet (doch: wo sind wir nicht zuhause?). Sie manifestiert Fehler, Fehl-
  deutungen, falsche Schlüsse und … Paradoxien. Jeder kann deshalb
  sagen, was er will, Hauptsache, er sagt das Richtige.
- ◆ Einer **Präzisierung** bedürfen im Prinzip alle Definitionen, Begriffe,
  Vorstellungen, Denkmodelle, Formulierungen, Einzelangaben und
  numerischen Angaben – doch nicht alle Ideen und Gedanken können
  in eine solch präzise Sprachausbildung verpackt werden (vor allem,
  wenn es dem Diskussionsgewinn entgegensteht). Also bedarf die Präzisierung wiederum der präzisen Präzisierung.
- ◆ Merke: Auch Denkgewohnheiten sind gewöhnlich keine Denknot-
  wendigkeiten, auch wenn wir sie häufig genau so verstehen. Mensch-
  liches Versagen innerhalb unserer Sprachkonfiguration ist also einge-
  schlossen. Irrtümer, Sackgassen, hermeneutische Zirkel, logische Wider-

sprüche, Paradoxien und aufgebrochene Denkstrukturen sind unverzichtbar in einer Welt, die sich dem Fortschritt verpflichtet hat. Der Fortschritt des einzelnen kann deshalb auch im Zusammenhang den kollektiven Fortschritt bedingen.

Funktioniert eine Maschine nicht, so ist es ein leichtes, diese als Fachmann zu reparieren. Ein Glied in der kausalen Kette von Wirkung und Ursache, in der Rückkoppelung, ist durchbrochen. Der Prozeß muß als ganzer wiederhergestellt werden.

Doch was, wenn die Kommunikation so nicht funktioniert? Wie läßt sich eine aufgrund von Paradoxien entstandene Disfunktion beheben?

Hier gibt es nur noch ein letztes Mittel, als Sieger aus einer Diskussion hervorzugehen. Nämlich das, was als Konfrontation im Dialog begann, durch eine Heirat, sprich Konsens, zu beenden.

So lehrt uns beispielsweise die Mikrobiologie, daß der Konkurrenz, in der der Stärkere gewinnt, mehr Aufmerksamkeit geschenkt wurde als beispielsweise der Kooperation. Doch gerade schwache Organismen haben andere, weitaus scheinbar stärkere überdauert, weil sie sich auf Kooperationen eingelassen haben, während die anderen gleichsam als Abfall der Evolution ausgelöscht wurden.

Also, achten Sie auf die Grenzen des anderen!

Schlagfertigkeit – des einen Lust, des anderen Frust

Manchmal ist es ganz schön hart, wenn Leute mit einfachen Worten brillieren:
> «Jetzt hat der Schiedsrichter aber gepennt, da hätte er doch pfeifen müssen!»
> «Wieso?»
> «Nun, das war Abseits, ein lupenreines Abseits von der Nr. 7!»
> «Nein!»
> «Wieso nein? Das war wirklich Abseits!»
> « Nein, denn sonst hätte er ja gepfiffen!»

Oder bekennt im Bundestag:
> «Wenn Sie mein Mann wären», so wurde ein Abgeordneter unterbrochen, «dann würde ich Ihnen Gift geben!»
> Seine Antwort: «Wenn Sie meine Frau wären, würde ich es nehmen!»

Von Sir *Denis Healey*, dem ehemaligen britischen Verteidigungsminister, behauptete nach einer Parlamentssitzung einmal ein alter, angeschlagener Widersacher:

«Das ist ein Mann, der bei seinen Gegnern keinen Gürtel sehen kann, ohne gleich unter die Gürtellinie schlagen zu müssen.»

So war Polemik seine Spezialität gewesen und Schlagfertigkeit ein Florett, dessen Schärfe und Subtilität von seinen Gegnern besonders gefürchet wurde.

Ein geflügeltes Wort prägte Healey dann beispielsweise auch über den ehemaligen britischen Außenminister, dessen Gegenreden im Parlament bei ihm den Eindruck entstehen lassen würden,

«er würde von einem toten Schaf angefallen».

Natürlich kann Schlagfertigkeit auch *lebensrettend* sein, wenn wir einmal den Fall des französischen Dramaturgen *Alexandre Dumas Père* betrachten, der eines Tages eine Forderung zum Duell durch einen Widersacher erhielt.

Da es um eine Sache der Ehre ging, wählte er schweren Herzens und in der Sorge, sein Leben zu verlieren, das russische Duell.

Und das Pech war ihm hold: Er loste die schwarze Kugel, welche verhieß, daß er sich selbst zu erschießen habe.

Tiefbetrübt verabschiedete er sich von seiner Familie und den Freunden, regelte die letzten Verfügungen und verschwand anschließend mit der geladenen Pistole im Privatraum.

Zwei Minuten später hörten die draußen Anwesenden den Schuß.

Als sie das Zimmer betraten und der anwesende Arzt den Tod bescheinigen wollte, da stand ihnen Dumas gegenüber:

«Sie werden es nicht für möglich halten, meine Freunde, aber ich habe mich doch tatsächlich verfehlt!»

Obwohl uns solche Aktionen und Ereignisse erspart bleiben, kennen wir alle Gesprächssituationen, in denen wir uns ärgern, daß wir nicht richtig verbal darauf reagiert haben.

In der Situation fiel uns nichts Passendes dazu ein, *hinterher* hatten wir einen flotten Spruch auf den Lippen, aber da war die Situation längst vorbei.

Ehrlich gesagt, es ist ein Teufelskreis:

Einerseits ist da der Zeitdruck, spontan reagieren zu müssen und eine passende Antwort parat zu haben – doch ein paar Sekunden Bedenkzeit werden uns nicht gewährt,

anderseits hat derjenige, dem wir schlagfertig antworten wollen, sich ja vorher über seinen Spruch, seinen Zwischenruf oder seine provokante Aussage Gedanken machen können – wir aber müssen direkt etwas Pfiffiges draufsetzen.

Und dann die Reaktion der Beteiligten oder des Publikums:

Einerseits lacht man über den Zwischenruf oder den Einwurf, je sarkastischer und provokanter, je lustiger und subtiler, um so besser,

andererseits schaut man sich gespannt «das Opfer» an – na, wie reagiert er wohl (wenn überhaupt)?

Und unsere Reaktion?

◆ Versinken im Erdboden? Geht nicht.
◆ Plattheiten in der Reaktion? Rufen Spott hervor.
◆ Blackouts, weil man keine *schlagfertige Antwort* hat? Wirken peinlich.
◆ Scheinbares Übergehen/-hören des Einwurfs? Führt zur inneren Anspannung.
◆ Also, was dann?

In vielen Fernsehtrainings und Rhetorik- oder Dialektikseminaren habe ich festgestellt, daß das Thema Schlagfertigkeit etwas ist, was häufig mit *Sprachwitz* oder Mutter*witz* verwechselt wird.

Fast möchte ich (als Theologe) behaupten, daß die meisten Teilnehmer auf eine göttliche Eingabe des Geistes warteten ... und warteten ... und warteten ...

Das, was in uns passiert, kennen wir vielleicht bereits zur Genüge:

◆ Wir sind irritiert von der Plötzlichkeit des Gesagten, werden wir doch schließlich in einem Gedankengang unterbrochen,
◆ wir nehmen die Bemerkung oder den Zwischenruf auf, denken kurz bewußt über ihn nach und reagieren körperlich durch Erröten, Schlucken, verspüren plötzlich eine ausgedorrte Kehle, stottern manchmal sogar,
◆ wollen etwas dazu sagen ... und verspüren diesbezüglich eine gähnende Leere in uns,
◆ wir bekommen inneren Druck: «Los, sag schon was, komm schon»,
◆ bewußt verarbeiten wir die Erwartungshaltung des Publikums,
◆ in uns ruft eine Stimme: «Typisch, Versager!»,
◆ und wir haben, ansonsten sprechgewandt, einen Blackout.

Und dann gibt es noch die Situation, in der wir *schlagfertig agieren*, d. h. beispielsweise selber einen Zwischenruf lancieren oder eine bissige und passende Bemerkung im Gespräch plazieren.

Um so überraschter war ich auch, als ich in kaum einem Rhetorikbuch bislang zu diesem Thema ein ausführliches Stichwort fand, folglich ist es *scheinbar* nicht trainierbar.

Falsch! – behaupte ich, denn das Wort selber, übrigens nicht im Lexikon zu finden, höchstens im Duden, bringt doch bereits das Gegenteil zum Ausdruck.

Schlag*fertigkeit* besagt, daß es eine zu erlernende *Fähigkeit* ist, in einer Situation angemessen zu reagieren.

Um allerdings *agieren und reagieren* zu können, muß ich folglich einen Instrumentenkasten und eine Methodenlehre im Kopf haben, denn
Schlagfertigkeit ist eine Sache des Kopfes, nicht eine Sache des Kehlkopfes.

Was wir also brauchen, sind zunächst einmal nichts anderes als einfache **Aktions- und Reaktionsmuster**, eine Hilfe, damit wir auf verschiedene Situationen schlagfertig reagieren können.

Folgende Situationen sind beispielsweise vorstellbar:
◆ Konferenzen, in denen es heiß hergeht und man nicht zimperlich mit dem ist, was man anderen im Eifer des Gefechts an den Kopf knallt,
◆ Vorträge und Präsentationen, in denen einzelne Zuhörer oder Zuschauer auf das Gehörte mit ironischen oder subtil-provokativen Bemerkungen reagieren,
◆ Talkshows oder Interviews, in denen ein Gesprächspartner auf seine Kosten dem Publikum vorgeführt werden soll,
◆ Dialoge, in denen der Gesprächspartner seinem Gegenüber eine Blume an den Kopf wirft, alerdings eine Topfblume, mit Topf,
◆ weitere Alltagssituationen, in denen Menschen miteinander reden.

Und doch gibt es Menschen, vielbewundert, denen man zutraut, niemals sprachlos in einer solchen verzwickten und verzwackten Situation zu sein. Denen scheinbar immer was einfällt.

Und schon wieder denken wir an den Teufelskreis:
◆ Diese haben es ja gut, die waren *noch nie sprachlos*,
◆ jene sind arm dran, die sich in solchen Situationen, wo *ihre* Schlagfertigkeit gefragt ist, daran erinnern, daß sie bisher *fast immer sprachlos* waren . . . und wie das Schicksal es will, werden sie auch diesmal garantiert nichts zu sagen haben.

Schlagfertigkeit ist **zunächst einmal** *Methode,* **das** *Wissen um Aktions- und Reaktionsmuster,* und damit ist das Aufbrechen des zuvor beschriebenen Teufelskreises ein einfaches.

Denn wenn ich weiß, wie ich *reagieren könnte,* bekomme ich natürlich eine innere Gelassenheit, mit Zwischenrufen umzugehen und auf spitze Bemerkungen zu antworten.

Sobald aber der innere Druck, den ich übrigens mir selber auferlege, weg ist, kann ich auch *spontan reagieren*.

Habe ich also Reaktionsmuster im Kopf, kann ich bald auch getrost diese Muster vergessen, denn ich werde ähnliche Muster *spontan* entwickeln.

Vielleicht wird auch die eine oder andere Schlagfertigkeit mal in die Hose gehen, deshalb, weil ich ganz einfach die Grenze der Angemessenheit überschreite oder meine flottgedachte Antwort etwas lahmer ausfällt. Na und?

Bitte bedenken Sie:
Bezüglich spontanem Sprechwitz und schlagfertiger Antworten in Gesprächen gibt es aufgrund der Verschiedenheit des Publikums, der situativen Gestaltung, der Variationsbreite der verbalen Repliken, der eigenen Tagesform, der Schlagfertigkeit des Gegenübers, der Nervenstärke oder Versagensängste, der Stichhaltigkeit der Argumente und der geistigen Flexibilität wie auch der flexiblen Intelligenz **kein Patentrezept**.

Deshalb stelle ich Ihnen unter den genannten Kriterien **situative Aktions- und Reaktionsmuster** vor, die deutlich machen, wie Schlagfertigkeit entsteht, aussehen kann und welche Grundzüge ihr zugrunde liegen.

Und noch eine wichtige Grundaussage:
Man muß nicht immer etwas Besseres als Antwort parat haben, um schlagfertig zu sein, manchmal gibt es auch die Möglichkeit, einfach *paradox* zu reagieren, wie es Ihnen auch einige *nachfolgende Beispiele* zeigen.

Doch seien Sie gewarnt:
Jetzt kommt eine geballte Ladung Humor; Schlagfertigkeit heißt nämlich auch, einmal über *sich* und andere lachen zu können.

*So geschehen beispielsweise, als einmal ein junger Fotograf von einer Zeitungs-redaktion zu dem Philosophen **Ernst Jünger** geschickt wurde, um ein aktuelles Foto zum bevorstehenden 100. Geburtstag veröffentlichen zu können.*
Vorwitzig befragte er anschließend den betagten älteren Herrn, ob er denn auch zu dessen 110. Geburtstag kommen dürfe, um erneut ein aktuelles Foto zu schießen.
Jünger sah den jungen Fotoreporter lange prüfend an und sagte schließlich:
«Ja, denn wie ich hoffe, sind Sie dann noch rüstig genug!»

Anmerkung:
Zwar ist es nicht überliefert, wie lange Jünger brauchte, um diese schlagfertige Replik zu haben, aber als gewiefter Mann des Wortes hat er

sich Zeit genommen zu überlegen, *indem* er den Gesprächspartner *lange prü-fend* ansah (und dabei natürlich nachdachte!).

Eine ähnliche Geschichte erzählt man sich übrigens auch von *Sir Win-ston Churchill*, der an seinem 90. Geburtstag zu seinem journalistischen Gesprächspartner gesagt haben soll:

«Und passen Sie die nächsten zehn Jahre gut auf sich auf, junger Freund!»

Methode 1 – Schlagfertig durch Wort-Assoziation

Der Entertainer Karl *Dall* baut viele seiner Gags nach diesem Strickmuster auf.

So hieß beispielsweise eine bekannte amerikanische Fernsehserie «*Dal-las*», die sich im Sendetitel auf die texikanische Stadt bezog.

Dall wandelte den Titel bei seiner eigenen Fernsehsendung um, indem er das Wort assoziierte und trennte. Seine Sendung hieß nun «*Dall-As*», knüpfte damit an die bekannte amerikanische Serie an, zugleich aber auch an seinen eigenen Namen.

Herbert Wehner liebte diese schlagfertigen Wortassoziationen ebenfalls.

So betitelte er den Fernsehmoderator *Lueg* als «Herrn *Lüg*», Herr Todenhöfer wurde «Herr *Hodentöter!*»

Redete jedoch irgendein Abgeordneter ein Mitglied seiner Partei mit einer ähnlichen Verfälschung des Namens an, warf Wehner ihm direkt vor, daß das unter dem rhetorischen Niveau eines MdB läge.

Ein Beispiel (das durchaus von Karl Dall stammen könnte):
A. «Ich komme aus Sachsen-Anhalt.»
B. «Sind Sie denn auch per Anhalter gefahren, Sie sehen nämlich so mitgenom-men aus?»

Erläuterung:
Wortassoziation «Anhalt»–«Anhalter», und der wird ja schließlich «*mit-genommen*», was allerdings in seiner Bedeutung doppeldeutig ist.

Bitte bilden Sie eigene Beispiele:
A.
B.
A.
B.

Einige weitere Beispiele:

«Sein Name ist Haase – klar, daß er von nichts weiß!»

«Herr Handlos, Sie erscheinen mir heute eher kopflos!»

«Herr Brandt, das sind feurige Brandreden, die Sie da halten, ja, Sie sind für mich sogar ein geistiger Brandstifter!»

«Der Arbeitslosenberg ist größer als der Ehrenberg!» wurde dem ehemaligen Bundesarbeitsminister Ehrenberg vorgeworfen.

Dr. Vogel im Bundestag zu Dr. Geißler: *«Das alles sind schlimme Geißlereien, die den . . .»*

«Herr Dr. Penner, ich kann Sie nach Ihren Ausführungen nur noch bitten: Wach auf, du Penner!»

«Herr Schäffler, natürlich werden Sie sich die Möglichkeit nicht entgehen lassen, möglichst viel Geld zu scheffeln, oder!?»

«Herr Sperling, Sie scheinen als nächster Redner die ostfriesische Antwort auf den Vortrag des Kollegen Dr. Adler zu sein!»

«Herr Vogel, Sie sind ja ein richtiger Spaßvogel! Doch ganz im Ernst: Sie sollten sich langsam Sorgen um Ihre Partei machen. Denn es hat sich in der heutigen Diskussion gezeigt, daß sie mehr Flügel hat, als ein Vogel verträgt!»

Häufig müssen wir uns auch mit Zwischenrufen plagen, auf die es *schlagfertig* zu antworten gilt.

In diesem Zusammenhang definierte der damalige Vizepräsident des Deutschen Bundestages, **Dr. Max Becker** (FDP, Hersfeld), am 24. April des Jahres 1958 drei Variationen der *Zwischenrufe*:

*«Die erste sind **Rohrkrepierer**, die schaden.*

*Die zweite sind **Bumerangs**, die schaden auch.*

*Die dritte sind die, die als **Florettstiche** wirklich sitzen.»*

Schmunzelnd fügte er hinzu:

«Aber alle drei werden dadurch nicht besser, daß sie im Chor gerufen werden, sondern wirken nur, wenn sie einzeln gerufen werden!»

Methode 2 – Schlagfertig durch bildhafte Assoziation

Bei der bildhaften Assoziation setzt man die gesprochene Aussage in ein Bild um, indem man den Inhalt der Aussage sozusagen vor seinem geistigen Auge visualisiert.

Ein Beispiel:

A. *«. . . und deshalb betone ich nochmals, Reden ist Silber, Schweigen ist Gold!»*

B. *«Eher scheint mir, daß Ihnen das Silber die Kehle verstopft.»*

Erläuterung:

Person B. hat hier die wörtliche Aussage in ein Bild umgesetzt, denn Reden passiert durch die Bewegung des Kehlkopfes (Kehle) – was aber, wenn dort ein Klumpen Silber sitzt?

Die Zuhörer werden lachen, weil sie nicht die wörtliche Aussage aufnehmen, sondern die bildhafte.

Einen ähnlichen Vorwurf mußte sich beispielsweise im Bundestag Dr. Kiesinger, CDU/CSU, von Dr. Arhndt, SPD, anhören:

«. . . Sie können sich von dieser Verantwortung nicht loskaufen durch das Schaumgold Ihrer Rednergabe!»

Klar, daß hier *Schaumgold* mit Schaum*schläger* assoziiert wurde.

Bitte bilden Sie eigene Beispiele:
A.
B.
A.
B.

Einige weitere Beispiele:

«Klappern gehört für die Schuhindustrie zum Handwerk!»

«Der Mensch steht im Mittelpunkt – und damit allen im Weg!»

«Fahren Sie mich irgendwo hin, sagte die Führungskraft zum Taxifahrer, ich werde überall gebraucht!»

«Wir arbeiten Hand in Hand in unserem Team. Was der eine nicht schafft, läßt der andere liegen!»

«Sie sind unbestechlich, Sie nehmen ja noch nicht einmal Vernunft an!»

«Was der Krupp in Essen, bin ich beim Trinken!»

«Sie sprechen immer von bilateral, man könnte jedoch denken, Sie meinen bierlateral.»

«Sie wollen ein Fels in der Brandung sein? Sie sind eher Butter in der prallen Sonne!»

«Die Größe des Kollegen ist beinahe sprichwörtlich legendär geworden – während die einen sich fragen, ob er wohl Testfahrer bei Matchbox war, nennen andere ihn nur den Bonsai-Vorstand!»

Wissen Sie, wie Sie auf mich wirken? Wie eine Flasche abgestandener Milch: nämlich sauer!»

Oder nehmen wir doch das schöne Beispiel von Dr. Otto Graf Lambsdorff, der anläßlich des 28. Jahrestages der Berliner Mauer die Zukunft der DDR in Frage stellte:

«Die DDR kann nicht wie eine Eisscholle in der aufgewärmten Badewanne herumschwimmen!»

Übrigens, es bringt Sie nicht weiter, wenn Sie sich bei Vorträgen vor Zwischenfragen sperren.

So geschehen bei einer Podiumsdiskussion zu einem Genehmigungsverfahren in Bonn, Mai 1994.

«Gestatten Sie mir eine Zwischenfrage?» rief jemand aus dem Publikum.

«Nein», antwortete der Industrievertreter.

«Na gut», klang es aus dem Publikum zurück, «dann machen wir halt Zwischenrufe!»

Bitten *Sie* in solch einem Fall darum, daß die Fragen nach Ihrem Vortrag gestellt werden.

Ein einleuchtende Begründung: «Ich glaube, daß sich noch offene Fragen durch den weiteren Vortrag von selbst beantworten!»

Methode 3 – Schlagfertig durch die Hörfehlertechnik

Die einfachste Methode, einen Zwischenruf gekonnt auszubremsen oder zu kontern, besteht darin, daß der Redner an die Höflichkeit des Zwischenrufers appelliert. «*Wie bitte?*»

Es ist ein Faszinosum.

Wie gut und witzig, spritzig und gelungen der Zwischenruf auch ist, er verliert seine Macht, wenn der Zwischenrufer ihn nochmals *wiederholt*.

Dieses tun aber 99 Prozent aller Zwischenrufer, sobald sie dazu höflich aufgefordert werden.

Dabei geht aber die Spontanität und Situationskomik flöten, der Zwischenrufer ändert in den meisten Fällen Lautstärke und Tonlage, und da es vorher eine Bemerkung auf etwas war, fehlt nun leider der Kontext.

Und nun kann man sogar noch kontern.

Wird der Zwischenruf nochmals *wiederholt*, fragen Sie einfach *nochmals* nach: «*Wie bitte?*»

. . . und zwar wird auch hier dem schläfrigsten Zuhörer klar, daß der Zwischenrufer dem Redner auf den Leim gegangen ist.

Eine andere Variante wäre es, den Zwischenrufer zu bitten, den Zwischenruf zu wiederholen und dann zu sagen: «Das sagten Sie bereits!» oder «Und?!»

Diese Methode lebt aus der Situation.

Natürlich gibt es noch eine *Variante*, nämlich die Bitte:

«Würden Sie diesen Zwischenruf nochmals wiederholen?

Und zwar für alle die, die ihn nicht heute morgen in der «Welt» gelesen haben!»

Selbstredend können Sie das Niveau regulieren durch den Austausch gegen «Bild», «FAZ» usw.

Bitte bilden Sie eigene Beispiele:
A.
B.
A.
A.
B.
A.

Nicht immer laufen *schlagfertige Verbalgeplänkel* zwischen Fraktionen, Koalitionen, Interessengruppen, Lobbyisten oder Pressure Groups ab, sondern manchmal auch in den eigenen Reihen.

Ein klassisches Beispiel für solche internen Geplänkel lieferte eine personalpolitische Auseinandersetzung innerhalb der SPD, als Peter Glotz versuchte, Spitzenkandidat für die Landtagswahl der bayrischen SPD 1990 zu werden.

So ereiferte sich der ehemalige Landwirtschaftsminister Hans Otto Bäumler über seine bayrischen Genossen:

«Diese Halbliter-Stemmer in Bayern müßten froh sein, wenn sie einen finden, der lesen und schreiben kann!»

Doch dieser kulturelle Fehdehandschuh wurde selbstverständlich aufgenommen:

Rudolf Schöfberger, Vorsitzender der SPD in Bayern, antwortete darauf wie folgt:

«1. Wir stemmen am liebsten Literkrüge. Das Trinken von Bier aus vergrößerten Fingerhüten überlassen wir der preußischen Konkursmasse.
2. Sämtliche ältesten deutschen Sprachdenkmäler, vom Wessobrunner Gebet über das Wulfila-Lied bis zur Nibelungensage, stammen aus dem bayrischen Sprachraum. Als Ihr da oben lesen und schreiben gelernt habt, waren wir schon tausend Jahre dekadent – und dabei bleibt's.»

Natürlich mußte er aber auch noch persönlich werden:

«3. Das merk Du Dir – Du westdeutsches Arschloch, Du quergestreiftes!»

Methode 4 – Schlagfertig durch den Austausch von Worten oder Wortbestandteilen

Einfach und effizient ist der Austausch von Worten oder Wortbestandteilen oder Wortzusammensetzungen. So wendet sich der Redner beispielsweise an seinen Zwischenrufer während des Vortrages mit dem Satz:

«. . . dieser Vortrag ist kostenlos, Ihr Zwischenruf aber umsonst!»

Oder der Manager greift während der Konferenz den Einwand eines Kollegen auf und sagt:
«Unmöglich? Nein, unglaublich!»

Ebenso kennen wir alle den Einwand des Gesprächspartners:
«Ich habe Sie nicht verstanden!»

Eine mögliche Antwort wäre natürlich:
«Das tut mir leid, denn wenn Sie mich nicht hören, bin ich schuld, aber wenn Sie mich nicht verstehen, kann ich leider nichts machen.»

Erklärung:
Hier wird die schlagfertige Begründung aus dem Austausch der Wörter «verstehen» und «hören» abgeleitet.

Während der Gesprächspartner nämlich in seiner Aussage «verstehen» als «nachvollziehen» verwendet, ist in der Antwort «verstehen» im Sinne von «begreifen» verwendet worden.

Bitte bilden Sie eigene Beispiele:
A.
B.
A.
B.

Selbstverständlich ist diese Methode auch zu variieren, indem Sie einfach *Wortbestandteile ergänzen* oder *verändern*.

Oder indem Sie Worte in der *Satzstellung verändern!*

Weitere Beispiele für aktive Schlagfertigkeit:

«Herr *Heck,* Sie sind eher Heck*en*schütze als Wissenschaftler!»
«Frau Adam-*Schwaetzer,* wollen Sie Zwischenfragen gestatten oder lieber im Zusammenhang *schwätzen?*»
«Herr Dr. *Apfel,* entschuldigen Sie bitte meine drastische Ausdrucksweise, aber für mich sind Sie in dieser Sache so wichtig wie ein *Pferdeapfel.*»
Dr. Dregger, CDU/CSU, fragte den damaligen Bundesminister für besondere Aufgaben, Egon Bahr, SPD, nach dessen Rede: «War das die *Bahr*heit?»
«Herr *Hauff,* das ist ein *Hauffen* Verbalmüll, den Sie da produzieren!»

«Der Herr Gutachter scheint eher *Umfall*experte als *Unfall*experte zu sein!»

«*Nötige Entschlossenheit* ist jedenfalls besser als *entschlossene Nötigung*!»

«Wollen Sie eine *richtige Entscheidung* treffen, oder lieber die Entscheidung *richtig?*»

«Die Pflicht *ruft*, warum lassen Sie sie *schreien?*»

«Ihr *Monats*umsatz wäre beeindruckend – hätten Sie nicht *zwei Monate* dafür benötigt!»

«Ihr verbales *Gleichgewicht* haben Sie ja sehr schnell verloren, hoffentlich klappt das auch mit Ihrem *Übergewicht!*»

«Wollen Sie lieber *brutto handeln* oder *netto leben?*»

«*Verdienen* Sie das Gehalt, welches Sie *bekommen?*»

«Nein, richtige Topmanager werden nicht *älter*, sie sehen nur *früher* älter aus!»

«Auch in diesem Kapitel der Firmengeschichte ist das *Happy-End* nur ein *Ende!*»

«Wenn Ihnen das gegen den *Strich geht*, Herr Müller, warum machen Sie dann *keinen Punkt* und setzen sich?»

«Herr Meier, Sie scheinen jemand zu sein, der solange bei seinen Mitarbeitern *ein Auge zudrückt*, bis ihm eines Tages die *Augen aufgehen!*»

«Herr Minister, Sie putzen *sich* ja die Schuhe?» «Klar, *wem* sollte ich sie *denn sonst* putzen?»

In manchen Unternehmen scheint die prinzipielle Grundfrage zu lauten: «Möchten Sie sich irgendwann *feuern* lassen, oder sind Sie bereit, sich *verheizen* zu lassen?»

«Zuviel *Motor* scheint Ihrer *Motorik* zu schaden!»

«Wenn Sie die Zeitung aufschlagen, lesen Sie permanent von *bekannten* Leuten, die *gestorben* sind – aber haben Sie schon einmal je gelesen, daß einer *geboren wurde?*»

Übrigens, nicht immer hilft es Ihnen, wenn Sie scharfzüngige Bemerkungen mit Gleichmut oder Toleranz erdulden.

So erzählt eine Anekdote von dem aus dem Bundesstaat Kentucky stammenden *Abraham Lincoln* (12. 2. 1809–15. 4. 1865), dem späteren 16. Präsidenten der USA, daß er einmal auf einer einsamen Straße einer jungen Dame begegnet sei, die ihm zu Pferde entgegenkam.

Als sie ihn erreichte, zügelte sie ihr Pferd und sah ihn lange an.

«Ich glaube», sagte sie dann zu dem jungen Lincoln, *«daß Sie der häßlichste Mann sind, dem ich je begegnet bin!»*

Obwohl es ihn traf, blieb Lincoln ruhig und entgegnete fast seelenruhig, daß er daran ja nun auch nichts ändern könne.

«Doch, Sie könnten zu Hause bleiben!», rief die Dame aus und ritt weiter, während Lincoln fassungslos am Wege stehen blieb.

Doch scheinbar hat er daraufhin beschlossen, daß das nette und höfliche Erdulden dieser Flegeleien auch nicht der richtige Weg sei.
Einige Jahre später befand er sich als Präsident gerade auf dem Wege zum Rednerpult, als er die scharfzüngige Bemerkung eines Zuhörers aufnahm:
«Der sieht ja aus wie ein Durchschnittsmensch!»
Abraham Lincoln drehte sich zu diesem Mann um und entgegnete:
«Lieber Freund, unser Gott scheint Durchschnittsmenschen zu bevorzugen, denn sonst hätte er nicht soviele davon geschaffen!»
Sprach's – und hatte die Lacher auf seiner Seite.

Methode 5 – Schlagfertig durch ein passendes lateinisches Zitat

Im Prinzip kann diese Methode ein großer Bluff sein, der dem Gegenüber, aber auch dem Publikum suggeriert, man hätte – *schlagfertig, wie man halt ist* – gerade das richtige, passende Zitat auf der Pfanne.

Dabei gibt es lateinische Zitate, die fast auf alles passen, nicht, weil sie die Aussage aufnehmen, sondern weil sie selber eine allgemeine Aussage treffen.
Oder deshalb passend sind, weil der andere sie nicht versteht und darüber nachgrübelt, was für eine bedeutungsschwangere Antwort Sie wohl parat hatten.
Und fragt das Gegenüber doch nach, was das zu bedeuten hat oder was es auf deutsch heißt, antworten Sie entweder:
- «Das war ein genauso dummer Spruch wie der Ihrige!» (noch fair) oder
- «Ach, Entschuldigung, jetzt ist mir doch glatt die Übersetzung entfallen!» oder
- «Ach lassen Sie mich Ihnen das nachher übersetzen, es kann sein, daß es *bei Ihnen* länger dauert!» (unfair).

Hier einige Standardzitate für unterschiedliche Situationen:

- «Ineptis!»   = Dummes Zeug!
- «Male sit tibi!»   = Soll Sie doch der Henker holen!

- «Praeter speciem stultus est!»   = Er ist dümmer, als er aussieht.
- «Impavidum ferient ruinea!»   = Die Trümmer werden einen Unerschrockenen treffen.

– «Salva fama!»	= Unter Vorbehalt, den guten Ruf wahrend.
– «Fama est!»	= Es ist ein Gerücht!
– «O sancta simplicitas!»	= Oh heilige Einfältigkeit!
– «Veritas odium parit!»	= Wahrheit erzeugt Haß.
– «Suum cuique!»	= Jedem das Seine.
– «In dubio pro reo!»	= Im Zweifel für den Angeklagten.
– «Omnia probant, quod non singula!»	= Alles zusammen erst beweist, was kein Argument allein beweisen würde.

Bitte notieren Sie sich weitere:
- ◆
- ◆
- ◆

Übrigens, es geht auch, ein lateinisches Zitat auf die Zielperson abzuwandeln und dabei sogar ein deutsches Wort, damit es allen klar wird, auf wen es sich bezieht, einfließen zu lassen:

So heißt das klassische Zitat beispielsweise:

«Timeo danaos et dona ferentes!»

(Ich fürchte die Griechen, auch wenn sie Geschenke machen)

Ersetzen Sie also Griechen gegen die Zielperson (Gruppe).

Beispiel:

«Timeo Journalistes et dona ferentes!»

Klingt lateinisch, sieht lateinisch aus, ist es aber nicht.

Ein anderes Beispiel:

A. «. . . – Rede – . . .»

B. « . . . – irgendein Zwischenruf – . . .»

A. zu B.

«Mein lieber Mann, ich weiß nicht, ob Oscar Wilde in der Schule Latein büffeln mußte, aber er hat auf jeden Fall die Übersetzung geliefert für eine der ältesten Zwischenrufer-Regeln:

«Si tacuisses, philosophus mansisses!»,

was er folgendermaßen – und jetzt hören Sie bitte genau zu – übersetzte:

«Herr, segne alle, die nichts zu sagen haben und den Mund halten!»»

Geistreich, schlagfertig und witzig sind häufig auch Assoziationen aus dem Tierreich und dem dortigen Leben.

Ihren Witz gewinnen Sie auch aus gemachten Beobachtungen aus der Übertragung auf den Menschen.

Einige Beispiele:

«Frau Müller hat aus ihrem Gatten einen Esel gemacht, der glaubt, ein Löwe mit gestärktem Willen zu sein!»

«Zeigen Sie mir noch einmal einen Vogel, dann fliegen Sie ebenfalls – aber hinaus!»

«Der Kollege Meier scheint sich in der Natur zu Hause zu fühlen:
Er hat ein Spatzenhirn,
benimmt sich wie eine Sau,
brüllt wie ein Affe,
ist lästig wie ein Schwarm Fliegen,
umschwänzelt unseren Chef wie ein eitler Pfau,
– und er liebt die Natur – bei allem, was sie ihm angetan hat!»

Oder kennen Sie den Sketch eines bekannten Komikers, der als Chef zu seiner Sekretärin sagt:

«Fliege hinaus, großer weißer Vogel!»
Sein neuer Mitarbeiter fragt ihn, was das denn bedeute.
«Nun, wenn ich sagen würde: Hinaus, Sie blöde Gans! bekäme ich Ärger mit der Gewerkschaft!»

Methode 6 – Schlagfertig durch die Präventiv-Technik

Viele Redner, beispielsweise im Bundestag, glänzen durch Schlagfertigkeit, die sie sich bereits im Vorfeld zurechtgelegt haben.

Ganz bewußt führen sie Zwischenrufe herbei, damit sie dann auf diese reagieren können.

Beispiel:

A. *« . . .und deshalb betone ich nochmals, daß Sie (Anredeadressat ist der Vorredner), Herr Müller, wie kein anderer hier im Parlament die Gabe besitzen, die größte Menge Wörter in die kleinste Menge Gedanken zu pressen . . .!»*
– Zwischenrufe, Buhrufe –
A. *«Ich weiß gar nicht, was Sie sich hier aufregen, ich habe doch lediglich Sir Winston Churchill zitiert, doch Sie, lieber Herr Müller, haben mich sehr an diesen Ausspruch erinnert!»*

Bitte bilden Sie eigene Beispiele:
A.
B.
A.

A.
B.
A.

Eine *Variante* besteht darin, daß man *nur so tut*, als sei ein Zwischenruf erfolgt, auf den man nun antworten wolle.

Beispiel:
> A. «. . . *Moment, was sagen Sie da? Ich würde hier unlauteren Wettbewerb propagieren? Zugegeben. Doch das hat man den Japanern auch unterstellt. Die würden nämlich während der Arbeitszeit tatsächlich arbeiten. . .*»
> *Übrigens:*

Es gibt von G. Pursch ein sog. «Parlamentarisches Schimpfwörterbuch», welches gefüllt ist mit Verbalattacken des Deutschen Bundestages. Dort finden Sie viele ähnliche Beispiele.

Bitte bilden Sie noch ein eigenes Beispiel:
A.

Diese Methode wird übrigens bestens beschrieben durch ein modifiziertes Zitat von H. Tissot:
> **«Schlagfertigkeit ist . . . wenn niemand die Vorbereitung bemerkt!»**

Häufig werden Schlagfertigkeiten auch aus einfachen Beobachtungen oder Übertragungen abgeleitet.
Einige Beispiele:
So trat ein Redner in Bonn an das Rednerpult, griff sich in die Tasche, stutzte und murmelte leise, aber verständlich in das Mikrofon:
«Entschuldigung, aber ich habe meine Brille auf meinem Sitzplatz liegen lassen!»
Während er sich abdrehte, um seine Brille zu holen, rief jemand aus dem Zuschauerraum:
«Wird auch Zeit, daß Sie in dieser Sache einmal klar sehen!»

Oder wie verhält es sich mit einem Gesetzesentwurf, welcher sich beispielsweise auf das 19. Rentenanpassungsgesetz bezieht, dennoch aber ein unerwartet fragwürdiger Entwurf ist, der dann zur Debatte steht, als das 20. Rentenanpassungsgesetz schon fertig ist.

Ist es nicht ein Paradoxon, nämlich eine Frühgeburt, die dennoch 12 Monate zu spät kommt?

«Unser Vorstand scheint einen neuen Klebstoff entdeckt zu haben, den Chefsessel, an dem er klebt.»

«Was war denn der schönste Tag in Ihrem Leben?» – «Eine Nacht!»

Was sagte der junge Erfolgsautor auf die Frage eines anderen Verlegers, als dieser ihn fragte, warum er nicht ihm sein Erfolgswerk angeboten hätte?
«Entschuldigung, aber ich kenne Ihre Marktstrategien. Hätten Sie «Die Bibel» verlegt, wäre das Christentum auch nicht entstanden!»

Oder was sagt man jemanden, der durch seinen Pessimismus glänzt?
«Sie sind doch einer, der selbst über dem Suppenteller solange den Kopf schüttelt, bis er ein Haar darin findet!»
oder:
«Jetzt, wo Ihnen geschäftlich das Wasser bis zum Halse steht, sollten Sie keineswegs den Kopf hängen lassen!»

Und manchmal gelingt es auch, den Betrachtungen und Erfahrungen der Zeit, den Erlebnissen und Beobachtungen ein Positives abzuringen:

So frohlockte Sigmund Freud, der Urvater und Begründer der Psychoanalyse, als bei den Bücherverbrennungen der Nationalsozialisten auch seine Bücher verbrannt wurden:
«Was für ein Fortschritt! Im Mittelalter hätte man mich verbrannt, jetzt begnügt man sich mit meinen Büchern!»

Als Freud dann 1938 sich endgültig entschloß, doch auszuwandern, da drängte ihn die Gestapo zu unterschreiben, daß man ihn *korrekt behandelt* hätte.
Freud schrieb voller Sarkasmus: «Ich kann die Geheime Staatspolizei jedermann bestens empfehlen!»

Methode 7 – Die «Paßt immer»-Technik

Es gibt *Sprüche, Zitate, Gags*, die Sie jedem verbalen Angriff, jedem Zwischenruf, jeder Unflätigkeit entgegensetzen können.
Viele Bonner bzw. Berliner Politiker haben solche *sozialen Geräusche* im Köcher, damit sie nicht durch die Situation überrascht werden.

Nochmals: Sie glänzen durch Allgemeingültigkeit in der Aussage, passen fast immer deshalb, weil sie sich innerlich nicht auf die vorhergehende Aussage stützen.

Einige Beispiele für «Paßt immer»-Aussprüche:

«Der Kopf ist rund, Sie sollten auch mal die Denkrichtung wechseln!»

«Früher sind die Menschen für die Freiheit auf die Barrikaden gestiegen, heute tun Sie es für einen dummen Zwischenruf!»

«Tierärzte haben es gegenüber Rednern leichter, die werden wenigstens nicht durch Äußerungen ihrer Patienten irregeführt!»

«Erst haben die Menschen das Atom gespalten, jetzt spaltet der Zwischenruf die Menschen!»

«Beleidigungen sind die Argumente jener, die nicht über Argumente verfügen!» (J. J. Rousseau)

«Denken heißt überschreiten!» (E. Bloch)

«Können Sie nicht auch mal schweigen?»

«Zwischenrufer sind Menschen, die einem Pferd die Sporen geben, auf dem sie selber nicht sitzen können.»

«Jetzt verrate ich Ihnen mal mein Erfolgsgeheimnis. Es liegt in den Zwischenrufen, die ich nicht befolgt habe!»

«Ein hervorragender Zwischenruf, Herr Müller, mich würde interessieren, wer Ihnen den aufgeschrieben hat!»

«Ein toller Zwischenruf, Herr Müller, haben Sie lange gebraucht, ihn auswendig zu lernen?»

«Ein toller Einwand, Herr Schmidt, haben Sie lange gewartet, bis er endlich paßte?»

«Das ist ja eine tolle Redestruktur: Schwach anfangen und dann stark nachlassen!»

«Bringen Sie die Lösung oder sind Sie das Problem?»

«Ihnen scheint die Sprache gegeben zu sein, um Gedanken zu verbergen!»

«Haben Sie eine Genehmigung für eine Entsorgung des Verbalmülls, den Sie hier produzieren?»

«Sie sprechen hörbar, aber nicht verstehbar!»

«Bleiben Sie ruhig bei Ihrer Meinung, für Sie ist die gut genug!»

«Sie sind jemand, der versucht, mit zwei Schritten über den Abgrund zu kommen!»

Bitte bilden Sie eigene Beispiele:

A. (Zwischenruf): «Was Sie sich insgesamt so vormachen, das macht Ihnen so schnell keiner nach!»

B. Ihre Reaktion:

A. (Zwischenruf): «Sie lassen sich scheinbar von Fakten nicht verwirren!»
B. Ihre Reaktion:

A. (Zwischenruf): «Wer im Glashaus sitzt . . .»
B «. . . hat immer frische Scherben, ich weiß!»

Methode 8 – Schlagfertig durch die «Trifft-mich»-Aussage

Wer sagt, daß man immer einen flotten Spruch auf den Lippen haben muß?
Manchmal reicht auch die Selbstironie, der Spott oder die Verspottung.

Beispiel:
A. (Zwischenruf): «Sie wissen ja nicht einmal, was Sie wollen, aber das wollen Sie mit ganzer Kraft!»
B. Eigene Reaktion: «Das macht mich jetzt aber tief betroffen – mir kommen gleich die Tränen!» (ironisch!)

Erläuterung:
Die meisten Menschen können mit emotionalen Aussagen schwer umgehen. Hier nun werden sie deshalb zuerst einmal irritiert, dann überlegen sie, ob es nun ernstgemeint ist oder ironisch . . . und schon ist es zu spät.
Denken Sie daran, jede schlagfertige Attacke ist reziprok proportional zu der Reaktion, die Sie darauf zeigen.
Erst, wenn Sie *sichtbar getroffen* sind, war der Nadelstich auch *treffend.*

Andere Formulierungen wären *beispielsweise*:
«Also, das trifft mich jetzt aber!»
« Gleich hole ich das Taschentuch heraus, mir ist zum Weinen!»
«Jetzt sind Sie aber gemein zu mir!»

Bitte bilden Sie eigene Beispiele:
A. (Vorwurf): « Bringen Sie die Lösung oder sind Sie nur das Problem?»
B. Ihre Reaktion:

A. (Vorwurf): «Lieben Sie die Natur noch immer, nach allem, was Sie Ihnen angetan hat?»
B. Ihre Reaktion:

A. (Vorwurf): «Das ist doch nur heiße Luft, die Sie da zum besten geben!»
B. Ihre Reaktion:

A. (Vorwurf): « Sie werden nie etwas Gescheites sagen, solange Ihre Galle die Tätigkeit Ihres Gehirns ausüben muß!»

B. Ihre Reaktion:

Schlagfertig ist natürlich auch ein *Sir Winston Churchill* gewesen, der einmal im Parlament eine äußerst schwierige Meinung zu vertreten hatte, bei der die Opposition vermutlich erbitterten Widerstand leisten würde.

Churchill brachte Zahlen über Zahlen, die Oppsosition verstummte zusehends.

Anschließend, so überliefert es die Anekdote, fragte ein Journalist unter dem Siegel der Verschwiegenheit den glänzenden Redner, wie lange er denn gebraucht hätte, diesen ganzen Zahlenwust zusammenzutragen.

Churchill: «Die Zahlen sind ausgedacht, doch die Opposition wird Monate damit verbringen, das herauszufinden!»

Was lernen *wir* daraus? Zwar kommt man mit *zwei kleinen Schritten* nicht über einen Abgrund, doch manchmal ist es entscheidend, den anderen zumindest *einen Schritt voraus* zu sein.

Methode 9 – Schlagfertig durch die paradoxe Höflichkeitstaktik

Man kann auf spitze Bemerkungen reagieren oder es sein lassen. Man kann aber *paradoxerweise* auch reagieren, indem man *sagt*, man *würde nicht* reagieren.

Beispiel:

A. (Vorwurf): «Sie arbeiten mit einem Vorschlaghammer, um die Nuß zu knacken!»

B. Ihre Reaktion: «Die Höflichkeit verbietet mir, Ihren blöden Zwischenruf auch als solchen zu bezeichnen!»

A. (Vorwurf): « Es ist bewundernswert, wie Sie erst sich selbst ein Problem bereiten und dann eine Lösung haben. Es ist aber das falsche Problem!»

B. Ihre Reaktion: «Der Ernst der Lage und meine Höflichkeit gebieten mir, auf Ihre Bemerkung einzugehen!»

Bitte bilden Sie eigene Beispiele:

A. (Vorwurf): «Ihr Management arbeitet doch Hand in Hand. Was die eine nicht schafft, läßt die andere liegen!»

B. Ihre Reaktion:

A. (Vorwurf): «In Ihrem Vortrag stehen Sie im Mittelpunkt – und damit sich selbst im Weg!»

B. Ihre Reaktion:
A. (Vorwurf): «Das ist doch Crocodile-Management: Das Maul auf-reißen, obwohl Ihnen das Wasser bis zum Halse steht!»
B. Ihre Reaktion:

Einige weitere Beispiele:
«Ich könnte ja jetzt einiges dazu sagen, aber ich denke, daß sich jeder an die eigene Nase fassen soll!»
«Halten Sie mich nicht für unverschämt, aber haben Sie schon einmal daran gedacht, vor der eigenen Tür zu kehren?»
«Sie bitten uns, in dieser Sache mitzumachen, bitte verzichten Sie aber auf eine Antwort, denn sonst müßte ich Ihnen sagen, daß wir nicht jeden Blödsinn mit-machen!»
«Bevor ich auf Ihre Äußerung eingehe, bitte ich Sie, daß Sie zunächst einmal Ihren Chef fragen, denn ich möchte vermeiden, daß Sie auch diesesmal hinter-her mit seiner Meinung zurückkommen!»
«Ich könnte Sie ja jetzt fragen, ob Sie eine so feste Meinung haben, daß Sie diese nicht durch Fakten verwirren lassen wollen – doch ich laß es lieber, diese Frage zu stellen.»
«Ich könnte Ihnen jetzt noch herzlichen Glückwunsch zum Geburtstag sagen, doch das wär wirklich das letzte, was mir zu Ihrer Person einfällt! – Würde Ihnen das ausreichen!?»
«Ich könnte Ihren Problemlösungsansatz mit einer Blinddarmoperation verglei-chen, wo ein Operateur 15mal an der falschen Stelle gesucht hat und nun aufs neue an den Operationstisch tritt – aber dieser Vergleich würde hinken, denn schließlich ist es erst Ihr 5. Ansatz!»

Natürlich ist dieses auch die Methode, wie Abgeordnete im Bundestag an Ordnungsrufen vorbeikommen:
Brandt, SPD: «Ich sage es noch einmal: Ignoranz ist kein Ersatz für Politik!»
Franke, CDU/CSU: «Sie und Ignoranz. Laut Helmut Schmidt wissen Sie nicht einmal, wie viele Millionen eine Milliarde sind!»
Brandt: «Hindern Sie mich daran, Sie einen Schwachkopf zu nennen!»
– Darauf intervenierte der Bundestagspräsident Dr. Carstens:
«Herr Abgeordneter Brandt, ich nehme an, Sie haben ihn nicht so nennen wollen!?» –
Brandt: «Ich habe das zum Ausdruck gebracht, Herr Präsident!»
Fazit: Also kein Ordnungsruf!

Übrigens finden sich auch in den Sitzungsaufzeichnungen des Deutschen Bundestages eine Menge an Schlagfertigkeiten, Sprachwitzen und verbalen Breitseiten.

Ein paar dieser Nadelstiche, die den betreffenden Personen Ordnungs-
rufe eingebracht haben, lauten:

«Eine Nazi-Rede halten Sie!»

«Dieser Clown...!»

«Aber wenn der Herr Minister spricht, ist es jedesmal ein nationales Unglück!»

«Jeder Pfeifenraucher weiß, daß in einen Holzkopf nicht viel hineingeht!»

...Und natürlich darf man, wie es der Abgeordnete Bertram am 9. Mai 1952
tat, das Parlament nicht ungestraft «Adolf-Hitler-Gedächtnis-Saal» nennen!

Methode 10 – Schlagfertig durch die «Kompliment-Methode»

Sie müssen sich ungewollterweise eine schlagfertige Antwort gefallen lassen,
die Ihnen beim näheren Hinsehen sogar gefällt und die Sie sich gerne merken werden?

Kein Problem. Wir müssen ja nicht jedesmal wieder einen noch flotte-
ren Spruch auf den Lippen haben.

Machen Sie nun doch einfach mal ein Kompliment – das kann auch
ganz schön irritieren.

Beispiel:

*A. (Einwurf im Interview:) «Ich wünsche unseren Zuschauern ein frohes Fest,
Ihnen aber eine schöne Bescherung!»*

*B. Ihre Reaktion: «Ist ja ein toller Einwurf, gestatten Sie mir, daß ich ihn mir
aufschreibe?»*

A. (Vorwurf): «Ihre Argumente sind mehr als flüssig. Sie sind überflüssig!»

*B. Ihre Reaktion: «Kompliment, so eine pfiffige Bemerkung hätte ich Ihnen gar
nicht zugetraut!»*

Natürlich können Sie die Reaktion *verstärken.*

*So kletterte beispielsweise ein Redner bei einem (wiederholten!) Zwischenruf von
seinem Podium herunter, ging in die zweite Reihe – die Spannung bei allen
Beobachter wuchs ins Unermeßliche –, gab dem Zwischenrufer die Hand mit folgenden Worten: «Ein toller Zwischenruf, Kompliment!»*

*Das Publikum schüttelte sich aus vor Lachen, der Zwischenrufer saß aber da wie
ein begossener Pudel.*

*Zwischenrufer sind stark in der anonymen Menge, aber wehe, sie werden auf diese
Weise geoutet!*

Übrigens ist das auch eine Methode, die in der Late-Night-Show vom Talker *Thomas Koschwitz* immer wieder angewendet wird.

Sagt sein Gesprächspartner etwas Pfiffiges, macht Koschwitz eine Pause, schaut leicht verdutzt, nickt dann scheinbar überzeugt, wendet sich zum Publikum und sagt: «Gut, sehr gut, oder?»

Und schon setzt der Applaus ein, wobei Koschwitz sogar an Sympathie gewinnt, obwohl er «den anderen gewinnen läßt» – beispielsweise im Unterschied zu dem gleichvornamigen Thomas Gottschalk, der immer das letzte Wort glaubt sich erkämpfen zu müssen.

Bitte bilden Sie eigene Beispiele:
   A. (Vorwurf): « Sie denken einfach, reden aber kompliziert!»
   B. Ihre Reaktion:

A. (Einwand): «Der Unterschied zwischen Ihnen und mir liegt darin, daß ich immer *ungenau richtig*, Sie aber *exakt falsch* mit Ihrer Meinung sind!»
   B. Ihre Reaktion:

Nicht immer stimmt das, was wir zu sehen glauben. Manchmal kann auch hier schlagfertig die Phantasie zur Realität werden oder die Realität zum Zerrbild ihrerselbst.

Als der große Schriftsteller Mark Twain einmal, und zwar bevor er besonders viel Geld verdiente, auf der Straße einen Freund traf, fragte ihn dieser, indem er auf eine Zigarrenkiste unter dem Arm Twains deutete:
«Mark, willst du nicht zuerst einmal deine Schulden zurückzahlen, bevor du so teure Zigarren rauchst?»
Twain antwortete: «Gerne, aber dies ist mein Umzugskarton!»

Methode 11 – Schlagfertig durch die «Moment mal»-Technik

Zwischenrufe und Schlagfertigkeiten insgesamt leben aus der Situation und ihrem Überraschungsmoment.

Und sie müssen bei einer aktuellen Aussage andocken bzw. ankern.

Was ist also leichter, als den Zwischenrufer oder denjenigen, der in einer Konferenz pfiffige Bemerkungen macht, einmal mit Ironie in seine Schranken zu weisen – und zwar mit der «Moment 'mal»- Technik.

Ein Beispiel:
   A: «. . .und deshalb rate ich dazu, ...»
   B. -Zwischenbemerkung- «Ein Unternehmer kann vor allem am Rat von soge-

nannten Fachleuten kaputtgehen!»
A: «Moment 'mal, können Sie diese Bemerkung freundlicherweise nochmals zurücknehmen, es kommt gleich noch ein Redeabschnitt, wo sie noch besser paßt?!»

Bitte bilden Sie ein eigenes Beispiel:
    A. (Einwand): «Wer so wie Sie auf sein Recht pocht, der bekommt schnell kaputte Finger!»
    B. Ihre Reaktion:

Natürlich ist auch der Beruf oder die Tätigkeit, die eine Person ausübt, Ziel geistig-verbaler Angriffe.

Einige Beispiele:
    «Herr Müller ist eine Art Friedhofsgärtner: er hat 600 Leute unter sich!»
    So behauptete Heinrich Heine über einen Journalisten:
    «Dem wird nie der Stoff ausgehen, da er nur über Dinge schreibt, von denen er nichts versteht!»
    «Herr Doktor, eine wichtige und ernste Frage, sagen Sie mir die Wahrheit! Kann ich mit meiner Hand nach der Operation auch Klavier spielen?»
    «Ja!»
    «Schön, denn das konnte ich ja vorher nicht!»
    «Sie müßten eigentlich Hellseher werden, denn Sie können immer bestens erklären, was in der Zukunft passieren wird, und hinterher erklären, warum es nicht eingetreten ist!»
    «Sind Sie übrigens vom Tellerwäscher zum Millionär geworden, oder was soll all das Gewäsch?»
    «Sind Sie eigentlich Antiquitätenhändler? Ihre Meinung jedenfalls stammt aus dem 18. Jahrhundert!»
    «Sind Sie der Meinung, daß Priester heiraten sollen?»
    «Warum nicht, wenn sie sich mögen!?»

Methode 12 – Schlagfertig durch die «Großvater-Technik»

Stellen Sie sich einmal vor, da sitzt jemand im Publikum, der permanent Ihren Vortrag durch schlagfertige und bissige Bemerkungen kommentiert.
    Kein Problem, denken Sie, wenn nicht … das Publikum über seine Bemerkungen auch immer wieder herzhaft lachen würde.
    Also was tun, fragen Sie sich, spontan fällt Ihnen aber nichts ein?
    Für diesen Fall gibt es die «Großvater-Technik»?

Ein Beispiel:

A. (Einwand): «Sie sind so ein richtiger Nullachtfünfzehn-Typ: null Gehirn, acht Wochen Urlaub im Jahr und dann noch 15 Monatsgehälter!»
– und wieder lacht das Publikum –
B. Ihre Reaktion: «Entschuldigen Sie, jetzt muß ich Sie doch mal direkt fragen. Kannten Sie überhaupt meinen Großvater? . . . Nein? Was für ein Zufall! Sie wiederholen nämlich permanent seine Witze und Sprüche!»

Natürlich ist der Verwandtschaftsgrad variabel, doch Sie werden feststellen, wie verblüffend einfach diese Methode beim Gegenüber Überraschung auslöst.

Kein Wunder, machte der Mann doch gerade einen guten, vom Publikum mit einem Lacher quittierten Zwischenruf, und dann fragt ihn der Redner so urplötzlich, ob ihm sein Großvater bekannt sei?!

Bitte bilden Sie eigene Beispiele:
A. (Einwand): «Wo Sie sind, klappt nichts, aber Gott sei Dank können Sie ja nicht überall sein!»
B. Ihre Reaktion:

A. (Einwand): «Das ist doch Management by Känguruh, was Sie dort propagieren: Leerer Beutel, große Sprünge!»
B. Ihre Reaktion:

Ein gelungenes Beispiel, wenn auch leicht modifiziert, dieser Technik lieferte der Dramaturg *Alexandre Dumas*, der einmal auf einer Party gefragt wurde, ob er denn tatsächlich das Kind eines Mulatten sei, was man sich ja kaum vorstellen könne.

Dumas antwortete: «Ja, mein Vater war Mulatte, meine Großmutter Negerin und mein Großvater ein Orang-Utan. Mein Stammbaum fängt nämlich genau dort an, wo der Ihre endet!»

Methode 13 – Schlagfertig durch die «Entpersonalisierungs-Technik»

Wir hatten bereits mehrfach festgestellt, daß es manchmal schwierig sein kann, den Antwortton wohltemperiert zu bemessen, da die schlagfertige Reaktion natürlich bei Zuhörern, Zuschauern, beim Publikum Überraschung und Mitleid auslösen kann. Zumal dann, wenn man glaubt, der andere habe zwar einen flotten Spruch gemacht, aber so hart hätte man darauf ja nicht einsteigen müssen.

Hier ist es immer hilfreich, seine Antwort und Schlagfertigkeit von sich selbst als Person zu lösen.

Das kann man erreichen, wenn man «Gesetzt, man würde», «Stellen Sie sich einmal vor, es sagt jemand zu Ihnen» oder ähnliche Formulierungen verwendet.

Sie können durch diesen Kunstgriff alles sagen, aber im Brustton der Überzeugung verkünden, «ich habe es ja nicht selber gesagt, würde es persönlich auch nie sagen und muß mich von solch einer Äußerung distanzieren – es ist nicht mein Stil.»

Beispiele:
A. – Zwischenruf -
B. « Jetzt könnte man ja glatt glauben, Sie hätten das Gehirn eines Spatzens. Gut, daß wir das nicht glauben.»

Verschärfend wäre es jetzt natürlich, der Aussage hinzuzufügen: «Ihres ist wesentlich kleiner!»
Und auch das kann man sagen, muß allerdings nun betonen: «Ich jedoch würde niemals eine solche Unverschämtheit sagen!»

A. (Einwand): «Sie sind so langsam, daß man Ihnen sogar beim Laufen die Schuhe besohlen könnte!»
B. Reaktion: «Auf eine ähnliche Aussage sagte einmal ein Kollege: 'Bullshit!', seien Sie also froh, daß Sie es mit so freundlich netten Leuten wie uns zu tun haben!»

Bitte bilden Sie eigene Beispiele:
A. In einer Konferenz: «Haben Sie schon einmal daran gedacht, statt einer Beraterfirma eine Matratzenfabrik zu gründen? Bei den vielen Schlaftabletten in Ihrem Team müßte das ein Bombenerfolg sein!» (Lacher)
B. Ihre Reaktion:
A. (Einwand): «Ihr Referat, lieber Kollege, enthält viel Gutes und viel Neues – doch das Gute ist nicht neu, und das Neue nicht gut!»
B. Ihre Reaktion:
Schlagfertig ist natürlich auch ein Heiner Geißler, der auf die Frage eines Journalisten, was die CDU denn seit der Wende noch *nicht* erreicht hat, antwortete:
«Ich sage Ihnen zuerst einmal das, was wir bisher erreicht haben, nämlich 1. . . . ,
2. . . . . , 3. . . . . . »
– Irgendwann unterbrach ihn dann der Journalist mit der nächsten Frage.

Was lernen wir daraus? Wir müssen nicht immer das Denkmuster *der anderen* annehmen, häufig ist es besser, dieses zu durchbrechen!

Methode 14 – Schlagfertig durch den Wortaustausch

Wir kennen es zumindest aus der Werbung, das Spiel mit und um Worte.
«Immer?» «Nein, nicht immer, aber immer öfter!»
Ähnlich funktioniert auch das Prinzip des Wortaustausches, mit dem Sie die eine oder andere pfiffige Bemerkung oder schlagfertige Äußerung plazieren können.

Beispiel:
So heißt ein alter Spruch von Michail Gorbatschow:
«Wer zu spät kommt, den bestraft das Leben.»

Stellen Sie sich einmal eine Situation vor, in der ein Redner vor Vertretern des Einzelhandelsverbandes spricht.
«Und deshalb betone ich noch einmal: Wer zu spät kommt . . .»
«. . . den bestrafen die Läden!», wirft jemand aus den Zuschauerreihen zur Belustigung der Zuschauer ein.

Oder erinnern Sie sich an die Werbung von Dr. Best-Schwingkopf-Zahnbürsten?
Aus dem Zitat:
«Der Klügere gibt nach!» wurde dort:
«Die klügere Zahnbürste gibt nach!»

Und schließlich gibt es das alte Motto der Yuppies:
«Jung, dynamisch, erfolgreich!»
Eine böse Zunge hingegen, wer behauptet:
«Jung, dynamisch, erfolglos!»

Bitte bilden Sie ein paar modifizierte Werbeslogans oder Zitate:
Wie z. B.
1. *Alt:* Packen wir es an! – *neu:* Geben wir es dran!
2.
3.
4.
5.

P.S. Hier geht es um Kreativität, also los!

Ein Beispiel für diese Art der Modifikation lieferte der Bundestagsabgeordnete *Eickmeyer* über seinen Wahlkreis-Kandidaten Dr. *von Geldern*:
«. . . dann kann ich mit Eugen Roth nur noch sagen:

Ein Mensch, das trifft man gar nicht selten,
der selber nichts ist, läßt auch nichts geldern!
Oh, ich bitte um Verzeihung:
läßt auch nichts gelten!»

Übrigens gilt es *nicht als schlagfertig*, wenn der drittranghöchste Politiker in unserem Lande auf den Vorwurf:
«Sie können Ihr Wort nicht halten!»,
antwortet:
«Doch, doch, ich habe sogar nicht nur mein Wort, sondern viele Reden gehalten!»

Hingegen gilt es als schlagfertig, wenn der ehemalige *Umweltminister Prof. Dr. Töpfer* bei einer Ansprache zum Thema *«Genehmigungsverfahren»* im Deutschen Bundestag den Zwischenruf zu hören bekommt:
«Herr Töpfer, wäre es genehmigungspflichtig, daß man nur heiße Luft produziert, dann würden wir Sie auf der Stelle stillegen müssen!»

Kanzler Kohl übrigens vollbringt so manchmal auch rhetorische Spitzenleistungen:
So modifizierte er das Zitat:
«Aufgeschoben ist nicht aufgehoben!»
indem er daraus machte:
«Aufgeschoben, und hier, meine Damen und Herren, zitiere ich wörtlich, ist nicht aufgeschoben!»
Ach ja, die *Karawane* der Spitzfindigkeiten *zieht weiter.*

Methode 15 – Die richtige Reaktion bei Blackouts

Filmriß mitten im Film, o.k., aber Fadenriß mitten im Vortrag? Hoffentlich nicht, denken viele.

Kein Problem, denken andere.

Sobald Sie wirklich einmal den Faden im Vortrag verlieren, gibt es nur eine Möglichkeit:

Machen Sie eine lange Pause, schauen Sie sich Ihr Publikum genau an, und nun wiederholen Sie einfach den letzten Satz. Langsam, akzentuiert, so als wäre er besonders bedeutungsschwanger.

Denn nun tut das Publikum den Rest: Es *glaubt*, daß er bedeutungsschwanger sein *muß*, denn sonst hätten Sie ihn ja nicht nochmals so betont langsam wiederholt.

Was also beweist:

Wenn der Redner seinen Faden verliert, die letzte Aussage aber nochmals mit besonderer Betonung wiederholt, so kann er *unmöglich* den Faden verloren haben, denn sonst hätte er das ganze erstens nicht wiederholen können, und zweitens war es besonders wichtig – schließlich hat er es wiederholt.

Alles klar?!

Übrigens läuft in Ihren Köpfen eine Art Film ab, der nun durch die Wiederholung des vorher Gesagten sozusagen wieder geklebt wird, also gedanklich repariert.

Kein Wunder, daß Sie nach der Wiederholung wissen, wie es weitergeht.

Eine kleine Übung, wie Sie Ihre Schlagfertigkeit steigern lernen:

Nehmen Sie sich ein Stück Papier und versuchen Sie nun einmal, Doppeldeutigkeiten in *Sprach-Bilder* zu verpacken.

Hier einige Beispiele:

Der Radio-Moderator ist radio-aktiv.

Erläuterung: Der Begriff «radioaktiv» ist durch das Themenfeld «Strahlung» bereits besetzt und erfährt jetzt eine Neuzuordnung, indem das Wort zerlegt wird und eine Auflösung erfährt: am Radio aktiv sein. Er ist somit nur im *übertragenen Sinne* radioaktiv.

Der Finanzminister geht am Bettelstab.

Erläuterung: Es ist klar, worin die Doppelbödigkeit dieser Aussage liegt, denn es ist ein Paradoxon, daß der Taschenentleerer der Republik am Bettelstab geht, auch hier wieder deshalb nur im *übertragenen Sinne*.

Weitere Beispiele:

Der Pfarrer hütet seine Schäfchen.
Der Anstreicher sieht rot.
Der Koch gibt den Löffel ab.
Dem Uhrmacher schlägt sein letztes Stündchen.
Der Schauspieler trat von der Bühne des Lebens ab.
Um höher zu kommen, geht so mancher gern in die Knie.
Aus Spaß wurde Ernst, und Ernst ist jetzt drei Jahre alt.
Sind Ihre Sommersprossen Ihre einzigen Gesichtspunkte?
Sind Ihre Mitarbeiter Mittelpunkt oder Mittel.Punkt Ihres Unternehmens?
Im Krieg der Geschlechter hat es bislang noch keine Kriegsdienstverweigerer gegeben.

Mein Kollege macht in Platten – er ist Fliesenleger.
usw.

Bitte bilden Sie nun eigene Beispiele. Viel Glück!

1.
2.
3.
4.
5.
6.
7.
8.
9.
10.

Der Übungszweck besteht darin, daß wir unsere aktive Sprachgestaltung formieren.

Sie werden feststellen, daß Ihnen am Anfang vielleicht diese Übung schwerfällt, Sie aber nach gewisser Zeit das Ganze nur noch als Zeitvertreib betrachten.

Ein *weiterer* Schritt zu *Ihrer Schlagfertigkeit.*

Und Dialektiker überreden doch . . .!?

Kommt Ihnen die folgende Szene in einer Geschäftsbereichsleiter-Besprechung bekannt vor?

MR. DIALEKTIK: *«Meine direkten Mitarbeiter bestehen darauf, die anfallenden Marketingblätter selbst zu konzipieren, und dabei haben sie es ohne fremde Hilfe bislang noch nie geschafft.»*

KOLLEGE A: *«Warum schicken Sie die denn nicht einmal auf ein Marketingseminar, wo genau solches Konzipieren gelehrt wird?»*

MR. DIALEKTIK: *«Ja, eine sehr gute Idee, aber dazu fehlt ihnen die Zeit.»*

KOLLEGE B: *«Aber da gibt es doch auch gute Fachliteratur . . .»*

MR. DIALEKTIK: *«Natürlich, wir haben ja auch einiges im Regal stehen – doch leider schauen die Betreffenden nicht in die Bücher, grau wäre alle Theorie!»*

KOLLEGE C: *«Ich könnte Ihnen eine gute Werbeagentur empfehlen, ich habe da gewisse Beziehungen . . .».*

MR. DIALEKTIK: *«Eine gute Idee, doch dafür fehlt leider das Budget.»*

KOLLEGE D: *«Dann akzeptieren Sie doch einfach diese Entscheidung und ziehen Sie sie beim Scheitern zur Verantwortung!»*

MR. DIALEKTIK: *«Ja, das möchte ich schon, aber können wir uns ein Schiefgehen leisten?!*

Diesem Wortwechsel folgt im allgemeinen betretenes Schweigen in der Runde, was Mr. Dialektik dann auskostet und schließlich mit den Worten beendet:

«Na ja, werde ich wohl selbst 'ran müssen, zumindest die Federführung übernehmen.» –

Geschickt hat Mr. Dialektik hier sein Spielchen gespielt:

◆ Er hat um Lösungsvorschläge gebeten ... und sie dann abgeschmettert,
◆ er hat jenes betretene Schweigen heraufbeschworen ... und sich zwangsläufig als der Retter der Stunde präsentiert,
◆ er hat den Helferinstinkt seiner Kollegen aktiviert ... und dann gezeigt, daß Hilfe hier nur in der Selbsthilfe bestehen kann,
◆ er hat die Lebensklugheit und die Erfahrung seiner Kollegen sauber desavouiert und diese schließlich ausgebootet,
◆ er hat ein Spielchen geboten, gespielt und gewonnen, da er die Regeln vorgegeben hat.

Natürlich ist dieses Spielchen harmlos, könnte man meinen, doch es zeigt, wie Dialektiker geschickt ihre eigene Vorstellung, ihre eigene Idee «durchboxen».

Hätte Mr. Dialektik seine eigene Vorstellung direkt preisgegeben, so hätten seine Kollegen diese kritisch hinterfragen können, sie hätten sich mit ihm über die Lösung einen heftigen Disput liefern können, doch diesem wich Mr. Dialektik geschickt aus.

Er hat sich weder – wie unklug für einen erfahrenen Dialektiker – selber von Anfang an positioniert, noch hat er – was auch seiner Sicht seinem Ziel wenig dienlich gewesen wäre – seine Lösung präsentiert. Er biß in den «sauren Apfel» seiner eigenen Mitwirkung, als «Not am Mann» war.

Dialektiker beherrschen zweifelsfrei vor allem dominante Kommunikation, sie moderieren Gespräche in ihrem Sinn, wahren nach außen (Schein-)Neutralität, wirken manchmal klein, um dann um so größer erscheinen zu können.

In unserem Gesprächsbeispiel hat Mr. Dialektik ganz geschickt zu Lösungsvorschlägen motiviert, um dann diese (abzu-)werten.

Rupert Lay schreibt dazu: «Nicht wenige Sieger demonstrieren ihre Dominanz sprachlich. Gelegentlich eignen sie sich ein elitäres Sprachverhalten an. Nicht selten wird jedoch die Sprache verwendet, um die Ausübung der Siegerdominanz zu verschleiern. Siegerdominanz kann sich verbergen hinter Äußerungen der Zuneigung, der Abneigung, der Überraschung, des Lobes, der Bitte um Rat und Hilfe.» (Wie man sich Feinde schafft, S. 142).

Dialektiker spielen bewußt oder unbewußt, offen oder verdeckt, direkt oder indirekt ihre Spiele.

Unter dem Deckmantel gleichberechtigter Kommunikation, unter dem Anschein, miteinander, füreinander und zueinander im Gespräch zu sein, wählen sie passende *Spielstrategien*, die nur ein Ziel verfolgen: sich bzw. ihre Meinung durchzusetzen.

Was auch immer ihnen vorzuwerfen ist, ihr Repertoire an Spielen kennt kaum eine Grenze, ihr Ideenreichtum – sprachlich wie methodisch – ist schier unerschöpflich, ihr Sprachgebaren spiegelt die ganze Klaviatur der Kommunikation wider.

Führt der eine Weg nicht zum Ziel, so schleichen sie sich durchs Gebüsch, durch das Gestrüpp einer Teambesprechung, reißen alte Brücken ein, bauen neue am Ufer entlang, taktieren mit anderen Gesprächspartnern, verlieren jedoch dabei ihr Ziel nicht aus dem Auge. Sie schaffen Wechselbäder oder Gefühle, sind weich, wo man Härte erwartet, werden hart, wo man Kompromisse zu hoffen wagt. Ändern Spielregeln, Koalitionen, Intuitionen, wie andere ihre Socken wechseln.

Und wenn das alles nicht hilft, so beenden sie Gespräche mit geistreichen «*Killerphrasen*».

Doch welche Spiele sind es, mit denen sie andere zu beherrschen suchen?

Das «Entschuldigung, daß ich Sie unterbreche»-Spiel

Höflich, aber bestimmt fallen sie ins Wort, unterbrechen Gedankengänge, auszuführende Argumentationen. Hiermit moderieren sie häufig indirekt Gespräche. Sie weisen das Wort zu, schneiden es ab. Ihr Ziel besteht darin, kommunikative Dominanz zugebilligt zu bekommen. Häufig führt dieses Spiel dazu, daß sie in Gesprächen zum «informellen Besprechungsleiter» werden. Ihre eigenen Redeanteile sind höher, Kontrahenten werden interruptiv ausgebremst. So wurde beispielsweise von R. Lay festgestellt, daß Männer Frauen bei 67 Prozent ihrer Beiträge unterbrachen, Frauen dagegen die Männer nur bei etwa 4 Prozent der Beiträge. Männer redeten fast doppelt so lange wie Frauen, vor allem aber auch 1,7mal häufiger in Diskussionen.

Die Variationsbreite dieses Spiels ist schier unermeßlich, da Dialektiker mit Fragen intervenieren («Woher stammen diese Zahlen?»), vorwerfen, daß am Kern vorbeigeredet wird, mit einem leichten Lächeln quittieren, daß der Gesprächsbeitrag «nun wirklich nicht weitergeführt» habe, die Intention der gerade zu treffenden Aussage in Frage stellen («Worauf wollen Sie denn eigentlich hinaus?») oder einfach unterbrechen, weil der Gesprächspartner sich sachlich auf dem Holzweg befindet, was natürlich in subjektiver Objektivität der Dialektiker beurteilt.

Das «Ungläubigen»-Spiel.

Dieses Spiel wird vor allem gerne dort gespielt, wo unterschiedliche Hierarchien zusammentreffen, unterschiedliche Erfahrungen vorauszusetzen sind oder verunsicherte Gesprächspartner vorzufinden sind: «Also, das kann ich nun überhaupt nicht nachvollziehen, erklären Sie es uns doch einmal ausführlicher, wie Sie zu dieser These gekommen sind!», «Moment einmal, der Argumentationsgang erweist sich doch als unschlüssig!»

Das *Ziel*, das in dieser Intervention steckt, kann sehr different sein. Mal geht es darum, daß der andere sich nochmals wiederholt oder einfach lang und breit das Gleiche aussagt (und damit den anderen Anwesenden auf den Wecker fällt – «Glaubt der denn, wir sind begriffsstutzig?!»), mal geht es nur darum, dem anderen einen Schuß vor den Bug zu geben («Vorsicht, ich kann Ihre Gedanken wie eine Luftblase zerplatzen lassen!»), ein andermal geht es darum, die Ängste und Selbstzweifel, die in jedem stecken, ins Bewußtsein zu rufen («Sind Sie sich wirklich sicher?!»).

Das «Widerspruchs»-Spiel.

Es besteht darin, einen fiktiven oder vielleicht sogar realen Widerspruch, der im Gespräch entstanden ist, deutlich zu machen. So mancher, der damit plötzlich konfrontiert wird, verwickelt sich plötzlich in diese, kein Wunder, denn er hat ja den scheinbaren Widerspruch nicht verstanden, argumentiert nun aber gegen ein Gespenst, welches irgendwo mitten im (Sprach-)Raum steht. Wer kennt es nicht, das Gefühl, dass es einem plötzlich heiss den Rücken herunterläuft, wenn man mit einem solchen «Widerspruch!»-Einwand auf gerader Fläche abgebremst wird?! Unwillkürlich nehmen es die meisten ihren dialektischen Gesprächspartnern ab, wenn sie dieses Spielchen einleiten: Wenn Widerspruch gesagt wird, muss ja wohl Widerspruch sein. Jeder, der hier unterstützende Kommunikation betreibt, und darauf hofft, gemeinsam mit seinem Gesprächspartner einen solidarisch motivierten Konsens zu erzielen, gerät nun sehr schnell auf die Verliererstrasse. Der Leidensdruck wächst, denn wer möchte nicht gerne widerspruchsfrei sein?

Das «Gesamttendenz»-Spiel

Direkt oder indirekt relativieren Dialektiker in ihrer Argumentation eigene Unstimmigkeiten, indem sie auf die «grosse Linie» verweisen, ihre Gesprächspartner als «Kleinigkeitskrämer» titulieren, als Steigbügelhalter der Bürokratie bezeichnen und den Demaskierern ihrer logischen Brüche vorwerfen, dass sie sich in Kleinigkeiten verzetteln.

Häufig begegnen wir bei diesem Spiel auch motivierenden Appellen («Widerstand wird glattgebügelt, lassen Sie uns 'mal machen, wir schaffen es schon!»). Natürlich muss man nicht bei Helgoland ins Wasser springen, um dann in Amerika an Land zu gehen, doch setzt sich ein Puzzle in seiner Gesamtheit nicht aus vielen kleinen Teilen zusammen? So «kniepschig» und genau Dialektiker die Argumentation anderer verfolgen, so grosszügig verfahren sie häufig bei der Betrachtung ihrer eigenen Idee. Manchmal werden sie direkt selbstkritisch, wissen um ihre eigene Zulänglichkeit – doch letztlich halten sie an ihrem Votum fest.

Das «Paraverbal-/Nonverbal»-Spiel

Dialektiker sind ausdrucksstark, auch wenn sie nichts sagen. Häufig sind sie bei Beiträgen nicht geschätzter oder unliebsamer Gesprächspartner dabei zu beobachten, daß sie deren Votum diskreditieren oder sogar offen abwerten. Das Kaleidoskop der paraverbalen oder nonverbalen Äußerungen ist ebenso unerschöpflich wie ihr Bemühen, dem anderen die Zustimmung zu nehmen.

So können Dialektiker beispielsweise so tun, als ob sie sich Gesprächs-notizen machen, murmeln jedoch währenddessen unablässig vor sich hin, schütteln zwischendurch den Kopf, lachen auch mal kurz auf, «kommentie-ren» durch abwinkende Armbewegungen, lehnen sich betont «negativ» in ihren Stuhl zurück, und und und. Ob man will oder nicht, fast alle steigen während einer Besprechung auf diese Dinge ein oder lassen sich zumindest unbewußt darauf ein. Eine beliebte Variante besteht auch darin, sich ein oder zwei Worte auf den Notizzettel zu notieren, dieses dann dick und fett zu unterstreichen, mit drei Ausrufezeichen zu versehen – und es dann dem Nachbarn so 'rüberzuschieben, daß er es lesen muß. Häufig entwickelt sich daraus dann ein «Nebengespräch». Spannend ist die psychologische Wirkung dieses Spielchens. Je leiser und betont unauffällig, desto stärker steigen die zu irritierenden Gesprächspartner darauf ein. Und wenn nicht? So haben die Dialektiker ihnen jedenfalls einen dicken Teil ihrer eigenen Konzentration für dieses Spielchen abgezweigt, der dann bei der zu tätigenden Aussage fehlt. Entschuldigung, denn das ist ja so ungewollt . . .! Doch wer von denen, denen es widerfährt, denkt in diesem Moment daran, daß die Bedeutung eines Kopfschüttelns von der jeweiligen Denkrichtung abhängt?

Das «Theorie-Praxis»-Spiel

Grau ist alle Theorie, natürlich ist eine gute Theorie die beste Praxis, die Theorie gehört zur Praxis – so wie man nicht mit zwei Schritten über einen Abgrund kommt. Alle Ideen und große Gedanken müssen sich in der Pra-xis bewähren, doch sie werden nun einmal zuerst im Kopf geboren. Doch hier setzt der Dialektiker gerne mit einem weiteren Spiel ein, auch wenn ihm zur Zeit keine wirkliche Alternative im Kopf herumgeistert. Aber – warum die Ideen anderer gelten lassen? Einwände, warum eine Idee in der Praxis nicht funktionieren kann, lassen sich immer finden, denn die Zukunft muß schließlich den Beweis antreten. Doch wie schnell lassen sich Gedan-ken anderer zunichte machten, wenn ein «Gesetzt der Fall . . .», «Stellen Sie sich einmal vor . . .», «Was wäre, wenn . . .» oder ähnliche Einwürfe formu-liert werden. Und wenn das alles nicht hilft, so fährt der Dialektiker gekonnt sein größtes Geschütz auf: «Theoretisch mag das ja klappen, doch das Restrisiko des Praxistests ist mir zu groß, dafür haben wir doch wohl kaum das Geld.» Und «Restrisiko» schlägt immer ein wie eine Bombe.

Doch das ist noch eher auf einer sachlichen Argumentationslinie angesiedelt, will der Dialektiker ein Projekt ganz und gar torpedieren, dann fragt er vielleicht sogar noch anders: «Haben Sie so etwas schon einmal in der Praxis erprobt?»

Eine Variante davon besteht darin, den Praktiker hervorzukehren: «In der Theorie hört sich das ja alles ganz gut an, aber die Bruchstellen zur Praxis, die müssen wir Praktiker draußen an der Front wieder kitten. Verstehen Sie mich nicht falsch . . .». Denn hier baut Mr. Dialektik vor: geht das Projekt schief, so ist das dem Theoretiker anzulasten, der Praktiker hat ja sein Bestes gegeben. Klappt hingegen die Umsetzung, so hat es schließlich er, der Praktiker, «gerettet» – während der Umsetzung.

Das «Deduktions-/Induktions»-Spiel

Bringt der Gesprächspartner allgemein gültige Aussagen an, so trifft Mr. Dialektik eine Aussage, die die Ausnahmeregel dieser allgemein gültigen Aussage hervorkehrt. Wird von Beispielen gesprochen, so geht er sehr schnell auf die Ebene allgemeingültiger Aussagen. Mr. Dialektik bewegt sich dabei wie ein gedanklicher Gummiball, der – typisch für einen Flummy – mal auf dem Boden ist und plötzlich, will man ihn packen, sich schon wieder in der Luft befindet. Das *Muster* Induktion–Deduktion, Deduktion–Induktion ist simpel, doch erschwert nachhaltig jede unterstützende Kommunikation. Dies ist es aber, was der Dialektiker hier nicht zulassen will.

Wohlgemerkt, hier geht es nicht um ein kritisches Hinterfragen, sondern um gezielte Konterminierung eines Argumentationsgangs.

Bei den bisher behandelten Spielchen zeigt sich, dass der Dialektiker diese ganz bewußt in Szene setzt, sie *«inszeniert»*. Als gewiefter Gesprächspartner weiß er um das *Reiz-Reaktions-Muster*, welches er bewusst heraufbeschwört. Manchmal spielt er in Diskussionen nur boshaft aus Zeitvertreib dort, wo ihn der Konsens oder Dissens im Grunde genommen ziemlich egal sein kann.

Er spielt das Spiel um des Spielens willen. Manchmal spielt er nur, um die Positionsfestigkeit des anderen zu testen, zu überprüfen. Diese Spiele betreibt er in der Regel dort, wo ihm das Ergebnis ziemlich egal sein kann, denn das Risiko des Verlierens trägt er naturgemäß nur dann, wenn es ihm persönlich emotional nicht sehr nahegeht.

Manchmal dient das Spiel auch nur der eigenen Ego-Befriedigung, nämlich dort, wo er zeigt, dass er auch bei fachfremden Dingen mitreden kann oder in die Suppe spucken könnte.

Manchmal geht es auch nur um den Ritus, das Ritual, es kribbelt ihm in den Fingern, anderen sein Spielchen aufzudrängen.

Oftmals geht es ihm auch um den äusseren sozialen Nutzen. Er freut sich – natürlich nur versteckt –, wenn die Gesprächspartner anerkennen, daß sie ohne ihn vielleicht böse in etwas nicht Beabsichtigtes hineingeschlittert wären: «Wenn Sie nicht gewesen wären . . .!» klingt ihm dann wie ein innerer Reichsparteitag in den Ohren.

Das Spiel besteht für ihn aus einer verdeckten oder indirekten Folge von Entgegnungen, die aber auf ein ganz bestimmtes, beabsichtigtes und angestrebtes Ergebnis hinauslaufen.

Eric Berne (*«Spiele der Erwachsenen»*) beschreibt Spiele so:

«. . . Es läßt sich auch beschreiben als eine periodisch wiederkehrende Folge sich häufig wiederholender Transaktionen, äußerlich scheinbar plausibel, dabei aber von verborgenen Motiven beherrscht; umgangssprachlich kann man es auch bezeichnen als eine Folge von Einzelaktionen, die mit einer Falle bzw. einem trügerischen Trick verbunden sind. Spiele unterscheiden sich von Verfahren, Ritualen und allen Arten von Zeitvertreib hauptsächlich durch zwei Merkmale:

1. durch die Tatsache, daß sie von verdeckten Motiven beherrscht werden, und

2. durch ihren Nutzeffekt. Verfahren mögen erfolgbringend, Rituale wirkungsvoll und alle Arten von Zeitvertreib nutzbringend sein, aber ihrem Wesen nach sind sie alle offen und ehrlich; sie können mit einem Wettstreit verknüpft sein, . . .!»

Für Mr. Dialektik *verliert* das Spiel deshalb seinen *Reiz*, wenn man sein verdecktes Spiel durchschaut, seine Spielregeln erkennt oder seine Motive hinterfragt. Mit Händen und Füßen wehrt er sich dann dagegen, daß man ihm «unlautere Absichten» unterstellt.

In unseren Dialektik- oder Argumentationsseminaren glauben die Teilnehmer anfangs häufig, daß wahre Meister der Dialektik wie rhetorische Holzfäller in einer Argumentation einen *geistigen Kahlschlag* veranstalten.

Doch das tun sie gerade nicht, die Dialektiker nutzen manchmal auch sprachliche Überlegenheit, doch gerade ihre Mimik ist immer von einem Lächeln, von scheinbarem Zuhören-Wollen geprägt.

Dialektik hingegen beginnt gerade dort, wo sie verborgen ist. Dort entwickelt sie ihre volle Wirkungskraft.

Doch wir sind mit den Spielchen noch nicht am Ende, lassen Sie uns die restlichen Möglichkeiten noch ins Auge fassen.

Das «Nebenschauplatz»-Spiel

Beliebt ist bei Dialektikern auch das Spiel, während einer Gesprächssequenz einen ganz unwesentlichen Punkt aufzublähen und mit einer unerwarteten Gewichtung zu versehen, die für den Gesprächspartner vollkommen überraschend kommt. Auf diesem unwichtigen Nebengleis fährt sich der Gesprächszug fest, bleibt auf dem Nebengleis stehen. Und die Zeit verrinnt, das Gespräch verliert sich in klein-klein, verschleppt sich. Und der Gesprächspartner? Am Ende ist er total verwirrt, schüttelt einmal heftig den Kopf und fragt sich: «Warum haben wir uns dort eigentlich so lange festgebissen?»

Das «Wechsel-das-Thema»-Spiel

Mr. Dialektik kennt sich auf dem Gebiet, das gerade behandelt wird, nicht aus. Was also liegt näher, als das Thema unauffällig zu wechseln? Hin zu einem Gebiet, wo er sich als Experte ausweisen kann. Der Übergang ergibt sich ganz «zufällig» – «Mir fällt gerade ein, . . .», «Wo Sie sagen, daß . . ., muß ich an . . . denken», usw. Eine kurze Aussage treffen, eine weitergehende Frage ausschließen – und das Thema hat gewechselt. Doch nun gibt es kein Zurück, denn das läßt Mr. Dialektik gekonnt nicht zu.

Das «Kompetenz»-Spiel

Ebenso variantenreich wie vielseitig in der dialektischen Aushebelung eines Gesprächspartners ist das Kompetenz-Spiel. Entweder wird der Vorwurf laut, daß die «notwendige, langjährige Berufserfahrung» fehlt, oder gerade die langjährige Berufserfahrung zu «verknöcherten und monolateralen Denkstrukturen» geführt haben, die der Problemstellung in ihrer Tiefenkompetenz nicht gerecht werden. Auf deutsch: «Sie haben null Ahnung!»

Nicht, daß diese Spielchen einseitig stundenlang fortgesetzt werden, aber sehr häufig passiert etwas, was der Dialektiker bewußt oder unbewußt doch nur bezweckt – oder was seiner Zielerreichung dienlich ist: Der Gesprächspartner verliert die Fassung, fängt an lauter zu werden, wird unbeherrscht, wirkt emotional übersensibel – und überträgt auf die anderen Anwesenden das Gefühl, daß – da ja etwas mit ihm nicht in Ordnung zu sein scheint – auch die Sache, der Argumentationsgang einen Haken zu haben scheint.

Oftmals reicht es auch für den Gesprächsverlauf im Sinne von Mr. Dialektik, daß der andere seine *Frustrationsschwelle* überschreitet und denkt, manchmal sogar sagt: «Macht doch, was ihr wollt, aber ohne mich!» Jetzt faßt

Mr. Dialektik vielleicht sogar noch nach, indem er provokativ mit einer Nicht-Botschaft die Welle der Emotion beim anderen zusammenschlagen läßt: «Jetzt spielen Sie doch nicht die beleidigte Leberwurst, sachliche Erörterung sollte in diesem Rahmen doch möglich sein!», oder er packt die Emotion bei der Wurzel und sagt: «Ich finde Ihr Verhalten unter aller Kritik, so können wir wohl kaum miteinander diskutieren.»

Das «Sündenbock»-Spiel

Die Stimmung ist geladen, die Atmosphäre – (un-)dank des Dialektikers – am Kochen. Nun ist es Zeit, einen Sündenbock zu finden. Dazu polarisiert Mr. Dialektik einen Gesprächspartner als «Täter» und einen anderen als das «Opfer». Mit einem Unschuldsblick stigmatisiert er verbal mittels Kainsmal den Täter und fragt sinnbildlich, warum dieser denn den Abel «erschlagen» wolle? Damit sind die Rollen für zwei Personen bereits festgelegt, aus denen diese während dieser Sitzung kaum noch herauskommen. Doch das Leben ist hart und die tatsächliche Kommunikation bzw. Interaktion häufig noch härter.

Problematisch ist hier in diesem Spiel außerdem, daß Mr. Dialektik ganz bewußt in Kauf nimmt, daß sich hier Feindschaften fürs (Geschäfts-)Leben bilden können, deren Altlasten nur schwer zu beseitigen sind.

Das «Fremdwort»-Spiel

Eigentlich sollten wir alle nachfragen, wenn Fremdworte in die Diskussion eingestreut werden, doch in der Praxis haben viele Angst vor Bloßstellung ihrer Unwissenheit. Also setzt der Dialektiker gezielt Fachbegriffe, Anglizismen und Fachtermini ein, damit seine Gesprächspartner verstummen.

«Wir wissen doch alle, daß die Expansion der Variablen X reziprok proportional in Relation zur Konstante Y zu sehen ist, und die Daß-Gegebenheit der Umsatzkurve in progressiver Defakturierung zur Wie-Beschaffenheit der Marktpotenz begreifbar wird . . .». Alles klar? Eigentlich müßten wir doch nur nachfragen, was denn wirklich der Kern dieser Aussage ist, aber wir unterlassen es lieber – und steigen geistig aus.

Trend-Gurus wie Gerd Gerken leben davon, daß sie kaum verstanden werden, aber das ganze sich dabei äußerst «gescheit» anhört. Dem Dialektiker reicht das. Ihnen auch?

Worte wie *«laterale Inhibition»*, *«Hyper-Realismus»*, *«Paradigmen-Wechsel»*, *«synoptisches Ideal»*, *«infusionäre Mimesis»* und andere hören sich intelligent an, aber verstehen wir sie auf Anhieb in ihrer Bedeutung? Vielleicht beim Lesen noch, sicherlich nur manchmal beim Hinhören. Fehlt uns vielleicht die *«konzentrierte Intelligenz»* oder sind wir Ausgeburten des *«kollektiven Ent-Lernens»*? (Geist, S. 40–47).

Schließlich lieben wir aber heimlich, ganz tief in uns drin, diese neue Sprachgewalt, die uns Mr. Dialektik nur allzu gerne demonstriert. Und vielleicht bewundern wir ihn, den Dialektiker, gerade deswegen.

Das «Schubladen-Taktik»-Spiel

Denkkategorien und Schubladentaktik bestimmen dort das Bild, wo Mr. Dialektik alle über den berühmten Kamm schert: «Marketingexperten glauben immer (!) . . .», «Alle Gewerkschaftler beharren auf . . .», usw. Gesellschaftliche Gruppierungen, politische Parteigänger, Berufsstände oder wer sonst gerade noch ins Visier kommt, werden über ein Schwarzweiß-Raster nach Schubladentechnik einsortiert. Differenzieren, so gibt es der Dialektiker vor, tut nur er allein.

Doch ist die Schublade erst einmal aufgemacht, so kommt man im Gespräch nur mit Mühe wieder aus dieser einseitigen Denkschiene heraus, wofür der Dialektiker dann im Gespräch gerne sorgt. Der Schwarz-Weiß-Kontrast beherrscht das Bild, für Farbkontrastierungen bleibt scheinbar keine Zeit. Doch selten wird diese Polarisierung der Wirklichkeit gerecht, aber andererseits: Schafft Mr. Dialektik damit nicht seine eigene Wirklichkeit? Und vielleicht fängt die *Weltsicht* ja wirklich beim kartesianischen Weltbild des «Ich bin» an.

Die Methodik, die hinter allen diesen Techniken oder Spielen steckt, läuft auf folgende Absichten hinaus, nämlich
- ◆ sich zum informellen Moderator aufzuspielen;
- ◆ indirekt oder direkt die Beiträge der anderen zu bewerten;
- ◆ Zweifel an der Person oder Kompetenz des anderen aufkommen zu lassen;
- ◆ scheinbare Widersprüche oder paradoxe Aussagen sichtbar zu machen;
- ◆ dem Zuhörer zu suggerieren, wie er die Beiträge anderer aufzufassen hat.

Es verwundert uns, zugegebenermaßen, daß der Dialektikpapst Rupert Lay von seiner fairen, «solidarisch motivierten» Dialektik abgekommen ist und gerade den Umgang mit unfairer Dialektik in seinen Seminaren trainiert. Aber besser spät als gar nicht, Herr Lay.

Es verwundert uns auch, daß «geistige Handwerker», deren Namen wir hier lieber nicht nennen, den platitüdenhaften Umgang mit diesen Spielen lehren – und, als bestes Beispiel dafür, wie es gerade nicht laufen sollte, unfaire Techniken demonstrieren und inszenieren.

Eine Lanze jedoch wollen wir auch für Mr. Dialektik brechen, denn häufig kann er gar nicht mehr anders, als seine Spielchen zu spielen. Egozentrisch steht er seiner eigenen unterstützenden Kommunikation im Wege. Denn schließlich zählen für ihn nur die Ziele, die er sich steckt oder gesteckt hat. Selbstverliebtheit hat kaum Grenzen.

Und wenn alle Dialektik nun doch das gesteckte Ziel nicht erreichen läßt, so gibt es nun noch ein *letztes Spiel*:

Das «Mix-Match»-Spiel

«Hauptsache siegen» bedeutet manchmal für Mr. Dialektik, sich einem anderen als den gewünschten Gesprächsverlauf anpassen zu müssen. Also kann er abrupt, nichtsdestoweniger geschickt, seine eigentliche Position aufgeben, sich der Position des Gesprächsgewinners anschließen und behaupten: «Eigentlich war ich ja gleich dieser Meinung, doch ich wollte unsere (!) Position aus Gründen intellektueller Redlichkeit nochmals überprüfen . . .» Wer sagt's denn!?

Mr. Dialektik ist ein Sieger-Typ, er muß zu den eindeutigen Gewinnern des Verbalmatchs gehören. Denn schließlich ist es doch nur ein ganz großes Kommunikationsspiel, um das es geht.

DRITTES KAPITEL

Rhetorisches Instrumentarium

Der strukturierte Aufbau einer Rede oder Präsentation

Für den Erfolg eines guten Vortrags, einer überzeugenden Rede oder einer gelungenen Präsentation ist die Struktur maßgeblich.

Wenn Sie nicht wissen, welche Struktur Ihrer Rede zugrunde liegt, wie soll es denn dann Ihr Zuhörer wissen?

Und selbst wenn Sie eine gute Struktur haben, ist es zumindest genauso wichtig, daß Sie diese Struktur auch zum Publikum hinüberbringen.

Die nachfolgenden *Strukturpläne* helfen Ihnen, diese Struktur Ihrer Rede zu finden *und* transparent zu gestalten.

Die sogenannten *Fünfsatzpläne* stammen aus der Dialektik und sind dafür entwickelt worden, Argumentationsgänge präzise zu adressieren und auf den Punkt zu bringen.

Es sind *keine Patentrezepte*, die immer und sofort passen. Aber: Sie geben Ihnen Orientierung und zwingen Sie, sich die Struktur Ihrer Rede genau zu überlegen.

Sobald Sie die unterschiedlichen Pläne miteinander vergleichen, stellen Sie fest, daß sie sich in ihrer jeweiligen Zielsetzung unterscheiden. Während beispielsweise der Aufsatzplan diverse Argumente bündelt, schließt die Kompromißformulierung in ihrer Kernaussage unterschiedliche Argumente und Positionen zu einem Konsens zusammen.

Frage also: *Welche Botschaft wollen Sie in Ihrer jeweiligen Rede hinüberbringen?*

Übrigens:

Sie werden mit etwas Übung feststellen, daß diese Pläne Ihnen sehr schnell in Fleisch und Blut übergehen – so daß Sie schon sehr bald anhand dieser Pläne Vorträge *frei aus dem Kopf heraus* formulieren können.

1. Der Aufsatzplan

Der Aufsatzplan entspricht in seiner Struktur einer gängigen Gliederung in
◆ Einleitung/Hinführung,
◆ argumentativen Hauptteil und
◆ schließende Kernaussage.

Im effizient und sauber gegliedert vorzutragenden Hauptteil sind alle Argumente gleichgewichtig, die Denkschritte sind für den Zuhörer auf ein und derselben Ebene angeordnet.

Zielsetzung des Aufsatzplanes ist es, ein komplexes Thema (wie bei einem Aufsatz!) darzustellen.

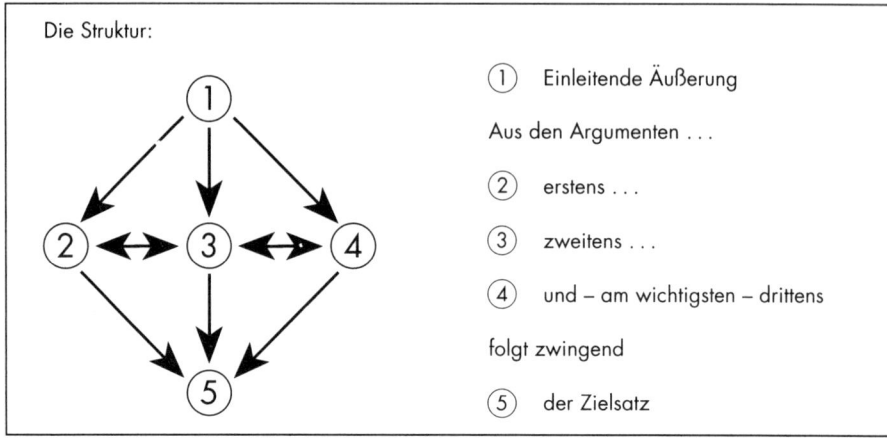

Die Struktur:

① Einleitende Äußerung

Aus den Argumenten . . .

② erstens . . .

③ zweitens . . .

④ und – am wichtigsten – drittens

folgt zwingend

⑤ der Zielsatz

2. Die Kette

Die Kette entwickelt sich im Gegensatz zum Aufsatzplan aus dem streng verknüpftem Muster ihrer aneinandergereihten Glieder, aus der streng logischen oder zeitlichen Entwicklungsstringenz eines bestimmten Gedankenablaufs, der für den Zuhörer nachvollziehbar gemacht werden soll.

Zielsetzung ist es, die zeitliche oder logische Verknüpfung als so zwingend erscheinen zu lassen, daß an der Kernaussage am Schluß oder der argumentativen Logik kein Zweifel aufkommt.

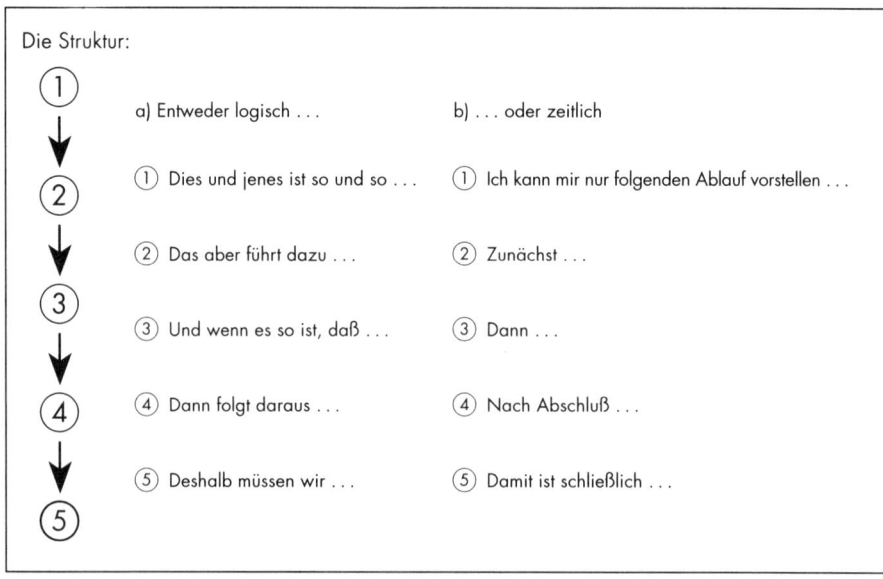

Die Struktur:

a) Entweder logisch . . .   b) . . . oder zeitlich

① Dies und jenes ist so und so . . .   ① Ich kann mir nur folgenden Ablauf vorstellen . . .

② Das aber führt dazu . . .   ② Zunächst . . .

③ Und wenn es so ist, daß . . .   ③ Dann . . .

④ Dann folgt daraus . . .   ④ Nach Abschluß . . .

⑤ Deshalb müssen wir . . .   ⑤ Damit ist schließlich . . .

3. Vom Allgemeinen zum Besonderen

Das Strukturmuster des «Vom Allgemeinen zum Besonderen» formuliert seine Kernaussage in der Beschreibung einer Situation oder Annahme, die von einer allgemein gültigen oder üblichen Problemstellung abweicht.

Die schließlich propagierte *Ausnahmelösung* ergibt sich in der *Zielsetzung* zwingend aus der besonderen Situationsanalyse. Prinzipiell wird hier die *Ausnahme von der Regel* bestätigt.

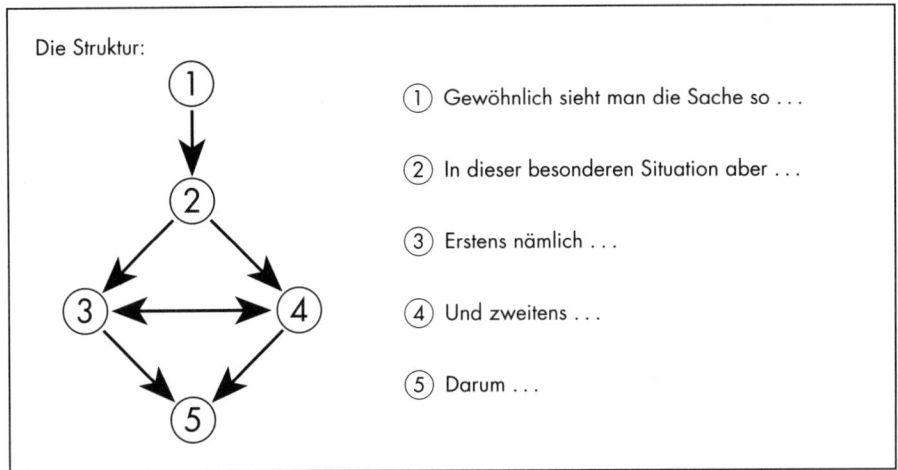

Die Struktur:

① Gewöhnlich sieht man die Sache so ...

② In dieser besonderen Situation aber ...

③ Erstens nämlich ...

④ Und zweitens ...

⑤ Darum ...

4. Der wertende Vergleich

Der Vergleich entwickelt seine Kernaussage aus der Gegenüberstellung zweier gegensätzlicher Positionen, wobei die Hauptargumente/Begründungen für die unterschiedlichen Auffassungen möglichst unparteiisch reflektiert werden, sich die eigene Meinung dagegen *antithetisch* erst nach der Darstellung der beiden Positionen erschließt.

Zielsetzung kann und darf es sein, die geschilderten Positionen ruhig zu bewerten – und als unzulänglich erscheinen zu lassen. Weshalb sich zwangsläufig die dritte Position – Ihre Position! – zu ergeben hat.

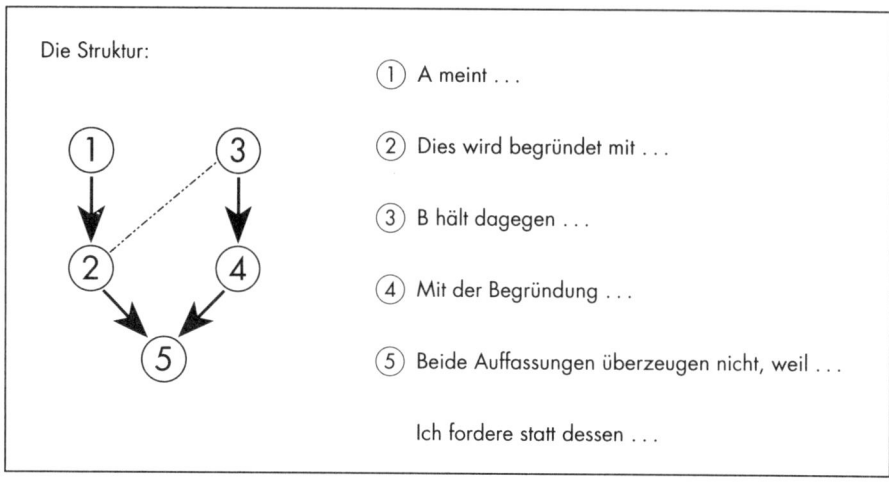

Die Struktur:

① A meint . . .

② Dies wird begründet mit . . .

③ B hält dagegen . . .

④ Mit der Begründung . . .

⑤ Beide Auffassungen überzeugen nicht, weil . . .

Ich fordere statt dessen . . .

5. Der synthetisch angelegte Kompromiß

Beim Kompromiß werden wie beim Vergleich zwei Positionen gegenübergestellt, allerdings geht es nun um die *Synthese anstatt einer Antithese*. Es geht darum, die Gemeinsamkeiten zwischen beiden Positionen herauszufiltern und aufbauend den eigenen Zielsatz zu formulieren und die verbindende Kernbotschaft zu entwickeln.

Zielsetzung ist es, einen Kompromißvorschlag zu gestalten.

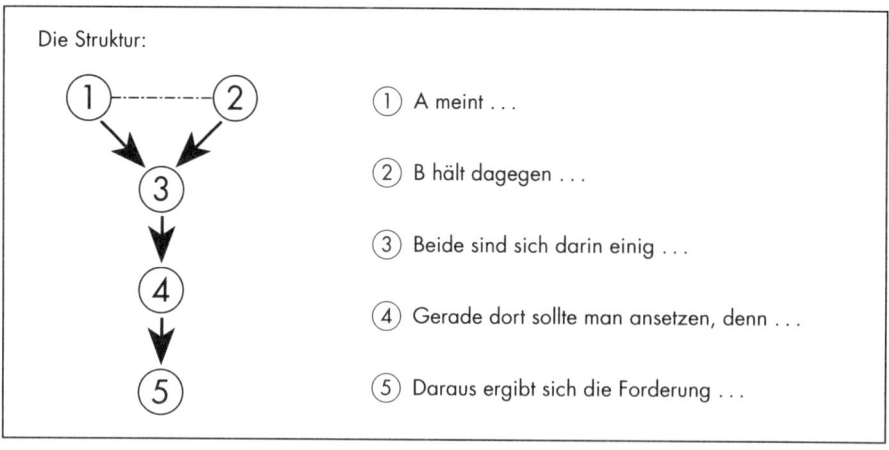

Die Struktur:

① A meint . . .

② B hält dagegen . . .

③ Beide sind sich darin einig . . .

④ Gerade dort sollte man ansetzen, denn . . .

⑤ Daraus ergibt sich die Forderung . . .

6. Die Gegenpositionen schaffende Ausklammerung

Die Ausklammerung verfolgt in ihrer Zielsetzung, darzustellen, daß eine geäußerte Grundposition, Aussage oder Ansicht abwegig und unlogisch, unpassend oder einem höheren Ziel gegenüber untergeordnet ist. Im Gegenüber zu dieser ausgeklammerten Position entwickeln Sie nun Ihre Kernbotschaft.

Zielsetzung ist es, eine Gegenposition kurz und knapp auszuklammern und statt derer die eigene Postion zu evaluieren.

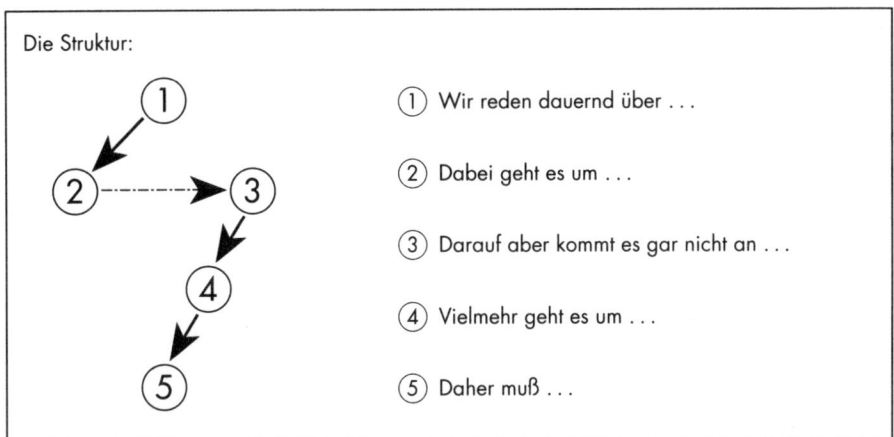

Die Struktur:

① Wir reden dauernd über . . .

② Dabei geht es um . . .

③ Darauf aber kommt es gar nicht an . . .

④ Vielmehr geht es um . . .

⑤ Daher muß . . .

Warum also diese Strukturpläne?

Denken Sie daran, daß WENIGER MEHR IST und jeder Vortrag seine Kernaussage hat, die es dem Publikum zu vermitteln gilt.

Ihre Struktur = Struktur, die das Publikum erkennt!

Einstiegs- und Schlußmöglichkeiten bei Vorträgen und Präsentationen

Wie beim Schachspiel kennen wir bei Vorträgen und Präsentationen verschiedene Eröffnungsvarianten. Selbstverständlich ist jedoch, daß beispielsweise eine Jubiläumsrede einen anderen Einstieg erfordert als eine Trauerrede.

Die Grundregel bei allen öffentlichen Veranstaltungen hingegen ist immer dieselbe:

Langweilen Sie nie Ihr Publikum!

Nachfolgend stelle ich Ihnen das bunte Kaleidoskop von Einstiegs- und Aussstiegsmöglichkeiten bei Präsentationen und bei Vorträgen vor, denn nicht umsonst lautet eine alte Rhetorikregel

Der erste Eindruck ist entscheidend, der letzte bleibt.

Grundsätzlich unterscheiden wir zwei generelle Arten, nämlich
1. den *gegenständlichen, faktischen* Ein- und Ausstieg und
2. den *gedachten, bildhaften* Ein- und Ausstieg.

Während Sie beispielsweise bei der ersten Methode Ihr Publikum mit einer Statistik oder einem Bild überraschen, fordern Sie es bei der zweiten Methode auf, sich etwas vorzustellen, sich also beispielsweise vor dem geistigen Auge vorzustellen, es befände sich zur Rush-hour mitten im Gewühl auf der Fifth Avenue in New York.

Diese beiden Möglichkeiten können Sie beliebig auf die nachfolgenden Varianten anwenden – es bleibt Ihrer Kreativität überlassen, muß aber zur Situation passen.

Versuchen Sie deshalb, alte Gewohnheiten über Bord zu werfen, denn nichts ist so schrecklich langweilig wie ein Einstieg, der immer wieder zu hören ist:
«Meine Damen und Herren,
Ich freue mich ganz besonders, zum Thema XY hier den Vortragsabend eröffnen zu dürfen.
Natürlich hoffe ich, daß ich Ihr Interesse auf . . . bla, bla, bla. . .»

Gestalten Sie Ihren Einstieg *und* Ausstieg kreativ.

Grundvoraussetzung ist dabei jedoch auch, daß Ihr Einstieg und Ihr Schluß wirklich deutlich als solche auszumachen sind.

Betreten Sie deshalb Ihre Bühne, lassen Sie dem Publikum Zeit, so daß es Ihnen wirklich Aufmerksamkeit schenkt und – beginnen Sie erst dann.

Beginnen Sie aber keineswegs mit Worten wie
«Hallo!? Können mich alle hören? . . . Hören Sie mich dort in der letzten Reihe auch? . . . Ist die Lautstärke so o.k.?!»
– oder haben Sie Ihren Einstieg zu verschenken?
Ihre Möglichkeiten im Überblick:

Eindrucksvolle Statistiken, Daten, Fakten

Beispiel:
«Meine Damen, meine Herren, haben Sie schon einmal darüber nachgedacht, daß etwa 54 Prozent der Weltbevölkerung aus Frauen besteht, diese insgesamt

mehr als ein Drittel aller Beschäftigten in deutschen Unternehmen ausmachen, trotzdem aber fast zwei Drittel der Arbeitsstunden leisten – und das bei einer Entlohnung, die etwa durchschnittlich nur 75 Prozent der eines männlichen Beschäftigten ausmacht? Meine Damen, reicht Ihnen das?»

Prägnante Fotos, überzeugende Bilder

Beispiel: Ihr Vortragsthema lautet: Der Unternehmer heute.
*«Der klassische Unternehmer heute scheint repräsentiert zu sein durch . . .
– Fotoprojektion: Dr. Jürgen Schneider in Handschellen, eingerahmt von zwei Polizisten –
. . . ein Image, welches wir einigen schwarzen Schafen der Branche verdanken . . .»*

Brückenschlagende Eigenerfahrungsschilderung

Beispiel:
«. . . und deshalb bitte ich Sie, schlagen Sie niemals die Tür vor der Nase eines Mannes zu, der gerade Ihrer Hilfe bedarf. Denn wer sagt Ihnen, daß nicht auch Sie einmal in meine Situation schlittern!»

Heitere Zitate, Märchen, Anekdoten, Gags, Witze

Beispiel:
«Meine Damen und Herren, offen gesagt: Der Mitarbeiter ist der Mittelpunkt unseres Denkens und Handelns. Aber – ist er wirklich der Mittelpunkt? Oder ist er nur einfach Mittel – Punkt ?»

Verknüpfung von Person und Thema

Beispiel:
«Als promovierter Theologe muß ich Ihnen gestehen, daß ich zu meinem Vortragsthema eigentlich wie die Jungfrau zum Kinde gekommen bin – zugegeben, für einen Theologen nichts Außergewöhnliches, aber ist es nicht ungewöhnlich, wenn wir Männer uns immer des § 218 annehmen und so tun, als könnten wir dort wirklich kompetent mitreden? Oder ist es vielleicht doch eher ein Daherreden?»

Aktuelle thematische Aufhänger aus Presse, Funk und Fernsehen

Beispiel:
«Als ich heute morgen 'Die Welt' aufschlug, da lautete auf Seite elf eine Schlagzeile, die sich auf die Shell AG bezog, wie folgt:
'Gibt es ein Leben nach dem PR-Desaster?'
– und das trifft unsere Fragestellung hier im Marketingkreis genau...»

Passende Vergleiche aus anderen Lebensbereichen

Beispiel:
«Der Unternehmer wird heute gerne verglichen mit einem Pferd, welches 16 Stunden am Tag schuften muß, den festgefahrenen Karren aus dem Dreck zu ziehen hat, manchmal jedoch auch mit einem Esel, der einfach nur zu blöd ist, sich so abzurackern. Trifft dieser Vergleich zu? ...»

Tiefgründige Doppeldeutigkeiten, verbale Spitzfindigkeiten

Beispiel eines Entertainers:
«Ich bin Johann Müller. Deutschlands bester Kabarettist
– Pause –
... sagte einmal zu mir ...»

Einstiegs- oder Ausstiegs-Frage

Beispiel:
« ... und deshalb frage ich Sie:
Wie lange wollen Sie noch tatenlos zusehen?»
– ein letzter Blickkontakt in die Runde, dann setzen Sie sich schweigend.

Dosierte Provokation und Ironie

Beispiel:
«Meine Damen und Herren, rein statistisch gesehen lebt ein Pfeifenraucher zwei Jahre länger als ein Nichtraucher.
Zugegeben, nicht weil Pfeiferauchen soooo besonders gesund ist, sondern weil es im Prinzip die ruhigeren Menschen sind und deshalb weniger gegenüber den Streßkrankheiten unserer Zeit anfällig ...»

Ernstgemeinte (und hoffentlich so aufgefaßte) Komplimente

Beispiel:

«Schön, endlich einmal wieder nach drei Jahren Auslandaufenthalt so viele vertraute Gesichter zu sehen. Bekannte, mit denen ich nächtelang Softwarelösungen gesucht habe, Freunde, die Ihr mir so manchesmal zur Seite gestanden habt. Es ist schön, in diesem vertrauten Kreis zu sein! . . .»

– übrigens, auch Sachthemen tut manchmal ein Schuß Emotion gut!

Provokante Thesen und fordernde Behauptungen

Beispiel:

«Um es offen anzusprechen, ich behaupte, daß die chemische Industrie, wie uns der Fall Shell gezeigt hat, heute einem ganz anderen Umweltgewissen gegenübersteht, als wir es uns je ausgemalt haben!
– Meine Herren, glauben Sie wirklich, es ist bereits das Schlimmste vorbei!?. . .»

Überleitung vom Vorredner bzw. Vorthema

Beispiel:

«Meine Damen und Herren,
Herr Dr. Müller hat es bereits angesprochen: Nichts ist mehr wie früher.
Doch geht es um das Früher, um das Mehr oder um das Nichts? Lassen Sie uns genauer hinschauen . . .»

– doch Vorsicht! Grenzen Sie sich niemals negativ gegen den Vorredner ab, indem Sie beispielsweise seine Aussagen in Frage stellen oder ihn gar ausgrenzen. Schnell ist das Publikum gegen Sie, denn einen Vortragsbonus müssen Sie sich erst verdienen.

Plakative Schaubilder, eindrucksvolle Modelle und Anschauungsobjekte

Beispiel:

«Meine Damen und Herren, das, was ich hier zwischen Daumen und Zeigefinger halte, klein, kaum sichtbar, ist das neunte Weltwunder. Ein Mikrochip. Doch was für einer! Er hat eine Speicherkapazität von 100 Gigabyte zum Kostenpunkt von DM 1000.–/Stück. Eine Speicherkraft, wo Sie alle bisher auf der Welt erschienenen Bücher speichern könnten. So groß – und doch so winzig.»

– PS: Bevor Sie die Bezugsquelle abfragen – dieser hochgehaltene Chip ist die Erfindung meines Geistes. Sorry.
Und wie geht es mit der zweiten Methode?
«Meine Damen und Herren, der Chip, den ich hier in der Hand halte, hat leider nur die Speicherkapazität von 1000 Byte. Doch stellen Sie sich einmal vor, er hätte bei dieser Größe eine 1 000 000mal so starke Speicherkapazität. Würde das die Computerwelt revolutionieren . . .?»

Ständige Wiederholung Ihrer Kernbotschaft

Bereits aus dem Altertum ist es uns bestens vertraut. Die ständige Wiederholung einer Kernbotschaft – direkt zum Einstieg, mehrfach im Vortrag und zum Schluß.

In die klassische Literatur ging der Ausspruch ein: «. . . und im übrigen bin ich der Meinung, Karthago müsse zerstört werden . . .»

Fundgrube «Chronik»

Beispiel:
«Es war am 1. Februar 1883, als der deutsche Gelehrte Robert Meier die wegbereitende Entdeckung machte, daß . . ., auf den Tag genau 100 Jahre später . . .»

Anwendung einer Szenario-Technik

Beispiel:
«Stellen Sie sich einmal vor, . . .»
– hier geht es darum, daß man seine Zuschauer animiert, sich gedanklich ein Szenario, eine Vorstellung zu machen.

Überraschende Events

Beispiel:
Ein Vortragsredner legte einmal eine Folie auf, worauf ein Foto abgelichtet war. Der Clou: Das Foto war unscharf!
«So», begann er, *«ist unsere Kenntnis von unserem Kunden. Wir sprechen über ihn, aber – eigentlich – kennen wir ihn kaum. Wissen nichts über ihn.»*

Launig, aber nicht immer passend

Beispiel:
> *«Meine Damen und Herren,*
> *ich habe meinen Vortrag wie einen Minirock drapiert.*
> *Lang genug, um das Wesentliche abzudecken,*
> *kurz genug, um interessant zu sein.*
> *Und dabei möchte ich noch etwas Bein zeigen . . .»*
> – Doch Vorsicht: hier denkt man/frau: «Macho!»

Oder zum Schluß: Überleitung zur Diskussion

Beispiel:
> *«. . . und deshalb freue ich mich auf eine interessante Diskussion – natürlich*
> *nach einer kurzen Kaffeepause . . . Wir sehen uns in 15 Minuten!»*

Situationsbezogener Einstieg oder Ausstieg

Sie sind für eine Tischrede eingeplant – kein Problem, hier bietet sich der situationsbezogene Einstieg an.
> Beispiel:
> *«Also, programmgemäß komme ich nach den Pastetchen an die Reihe. Doch*
> *solange Sie mich nicht gehört haben, bekommen wir keinen zweiten Gang. Sie*
> *sind also so gesehen in meiner Macht . . .»*

Aufforderung zur Aktivität

Beispiel:
> *«Meine Damen und Herren, bitte strecken Sie einmal den Zeigefinger aus.*
> *Ein altes chinesisches Sprichwort sagt, bevor du den Zeigefinger ausstreckst, dreh*
> *einmal die Hand.*
> *Drehen Sie einmal mit! – So, Sie sehen, daß drei Finger auf Sie zurückzeigen,*
> *diese fragen:*
> *– Was hast du getan, um die Situation in den Griff zu bekommen?*
> *– Wie hast du dich auf deinen Gesprächspartner eingelassen?*
> *– Was war deine Kernbotschaft?*
> *erst jetzt, meine Damen und Herren, können Sie den Zeigefinger ausstrecken*
> *und auf den anderen deuten . . .»*

Viel Glück bei der Gestaltung Ihres nächsten Vortrags – und des richtigen Ein- sowie Ausstiegs.

Die häufigsten typischen Fehler bei Vorträgen und Ansprachen

Nachfolgend sind die in der Praxis am häufigsten gemachten Fehler aufgelistet sowie die Möglichkeit skizziert, mit *gründlicher Vorbereitung* gegenzusteuern.

Bitte nehmen Sie sich in der Vorbereitungsphase genügend Zeit, Ihren Vortrag zu timen und ihn auf Ihre Zielgruppe abzustimmen.

Keine sauber formulierte Kernbotschaft

Was wollen Sie bezüglich des Themas Ihrem Publikum vermitteln? – Eine Kernfrage, die als Leitfrage sich wie ein roter Faden durch Ihren Vortrag ziehen sollte.

Formulieren Sie schlagwortmäßig Ihre Kernaussage, die zugleich appellativen Charakter haben muß.

Ein Beispiel:

«Gentechnologie ist die Antwort auf viele zukünftige Ernährungsfragen, nutzen wir sie, aber verantwortungsvoll!»

Diese Botschaft muß in einem Satz Ihr Thema widerspiegeln und zugleich eine Antwort auf die durch die Themenstellung bzw. das Vortragsmotto aufgeworfene Frage beantworten können.

Außerachtlassen der Kernfrage der Zuhörerschaft

Ihr Publikum, genauer gesagt: jeder einzelne Zuhörer und Zuschauer, hat unterbewußt eine Kernfrage, die es beantwortet sehen möchte. Was geht das Ganze *mich* an? Wo tangiert das Thema meinen Lebensbereich, mein Denken, Handeln und Fühlen?

Der Aussagewert Ihres Referats oder Ihrer Ansprache *an sich* kulminiert in der Bedeutung des *für mich*. Nur dort, wo Sie diese Fragestellung in Ihre Aussagen einfließen lassen, sie mit Beispielen aus seinem Erfahrungs- und Wirkenshorizont unterfüttern, werden Sie seine *ungeteilte* Aufmerksamkeit erlangen.

Überschätzung der Aufnahmefähigkeit

Jeder Zuhörer kann nur eine begrenzte Anzahl von Aussagen und Botschaften aufnehmen. Bereits nach einer Stunde ist schon mehr als 95 Prozent dessen, was Sie gesagt haben, vergessen. Und das, was hängen bleibt, wird durch das sogenannte *assoziative Gedächtnis* gefiltert. Ihr Publikum »dockt« nur dort an, wo bereits eine Schublade vorhanden ist, eine Aussage auch einordnen zu können.

Reduzieren Sie also Ihre Aussagen zugunsten der Aufnahmefähigkeit Ihres Auditoriums. Fügen Sie lieber ein Beispiel an, als sich in Tausenden von Details zu verlieren. Beispiele bleiben haften und erklären bzw. vertiefen Ihre Kernaussage.

Gerade Fachvorträge verlieren sich in der Ermüdung des Publikums, da die sogenannten Experten sich und ihre Botschaft »absolut wasserdicht« präsentieren möchten.

Weniger ist mehr! – lautet ein einfacher, aber häufig vergessener Grundsatz für Vorträge und Ansprachen. Oder sollte man sagen: *In der Kürze liegt die Würze!?*

Wären soviele Redner beim Vortragen genauso wählerisch wie beim Würzen ihrer Gerichte, hätten wir bessere Präsentationen. Schade, daß man nur dosiert Speisen würzt, aber beim Würzen der eigenen Vorträge auf das Dosieren verzichtet.

Strapazieren Sie weder sich noch Ihr Publikum. Wenn Sie mit Ihrer Botschaft zielorientiert am Ende sind, dann setzen Sie bitte auch einen Schlußpunkt. Es ist ein Narr, der glaubt, daß ein Publikum, welches nicht entweichen, auch nicht abschalten kann.

Mäßige oder gar unzureichende Vorbereitung

Reden entstehen nicht im Kehlkopf, sondern vorab im Kopf. Nehmen Sie sich gründlichst Zeit, Ihre Vorträge *professionell* vorzubereiten. Sei es Nachlässigkeit, scheinbarer Zeitmangel oder Selbstüberheblichkeit – ein schlechter Redner verliert durch unzureichende Vorbereitung auf ganzer Strecke. Sie haben bei jeder Rede einen hohen Einsatz, um den Sie spielen: es geht um Ihr Image, Ihre Botschaft, um Ihre Wertschätzung des Publikums.

Fehler in der Vorbereitung sind Tretminen, die im Vortrag explodieren können oder erst im Anschluß, bei der Diskussion.

Wer nur «soziale Geräusche» von sich zu geben hat, der soll lieber schweigen.

Sie erinnern sich an einen Top-Redner, der lässig und ohne Manuskript, manchmal nach Worten ringend, spontan und lässig seine Präsentation tätigte? Vorsicht, denn das ist die Kunst des Vortragens, denn entweder steckt dahinter eine Menge an unsichtbarer Arbeit, oder er hat dieses Referat vielleicht schon mehrere Male gehalten.

Ach, ein Naturtalent? Schön und gut, aber sind Sie auch ein solches? Wenn ja, dann danke, daß Sie dieses Buch *trotzdem* gekauft haben.

Falsche Einschätzung des Auditoriums

Sie haben die Einladung zu dem Symposium von einem Fachkollegen bekommen und erwarten nun, daß Ihre Zuhörer auch Fachleute auf Ihrem Niveau sind. Vorsicht, sind Sie sich absolut sicher? Und wenn ja, glauben Sie, daß Sie dadurch glänzen, daß Sie direkt zum Knackpunkt des Themas reden, aber auf eine ausreichende Einführung und Hinführung auf die *praktische Relevanz* verzichten?

Dann sind Sie ein Solidarmitglied der großen theologischen Hofprediger, die allsonntäglich in den Kirchen der Universitäten zu ihresgleichen predigen, aber dafür die restlichen Gemeindemitglieder langweilen. Wenn es Ihr Ziel ist, den Kollegen zu überzeugen, wozu dann die restlichen Zuhörer?

Klären Sie also bitte Ihre Zielgruppe und die Zusamensetzung des Publikums genau ab. Nobelpreise wurden für Theorien verliehen, nicht aber für theoretische Abhandlungen der Redner.

Und ein falsches Imponiergehabe wirkt hier sicherlich fehl am Platz. Es wird hingegen der Redner in Erinnerung bleiben, der «endlich einmal die praktische Relevanz der Thematik» aufzeigt.

Mir ist noch ein Beispiel in Erinnerung, wo ein begnadeter Fachidiot es schaffte, in einer 45minütigen Predigt vor einer «normalen» Sonntagsgemeinde fast 35 Minuten textexegetische Hinführungen zum Sonntagstext zu präsentieren, dabei fast alle wissenschaftlichen Neuerscheinungen zur Exegese anzumerken und dann leider nichts mehr über die Bedeutung des alttestamentlichen Textes *für uns heute*, in unserer Lebenssituation und unserem gedanklichen Horizont sagen konnte. Es fehlte ihm die Zeit.

Ein älteres Gemeindemitglied brachte es nach dem Gottesdienst auf den Punkt, indem es sagte: «Na, singen konnte er wenigstens!» –

Vorträge sind keine Selbstgespräche, Ihre Botschaften haben eine Zielgruppe, und dieser gilt es Ihre Kernbotschaft zu *verkaufen*. Denken Sie daran, daß vor Ihnen Menschen sitzen, die nur eine Frage haben: «Was geht das mich an?» ... und die genau diese Frage beantwortet hören möchten.

Wo ist Ihr «roter Faden»?

Aneinandergereihte Fakten und Erlebnisse, Anekdoten und Beispiele, locker und leicht präsentiert – aber, so fragt sich der Zuschauer, wo ist die erkennbare Linie?

Geben Sie die Orientierung im Vortrag, Ihre Orientierung, an den Zuhörer weiter. Denn wenn Sie nicht den roten Faden behalten, wie soll es dann Ihr Auditorium?

Möglichkeiten für diese Weitergabe gibt es genügend, zum Beispiel:

◆ die Visualisierung Ihrer Vortragsstruktur,
◆ eine angekündigte Gliederung Ihrer Ansprache («Ich werde Ihnen nachfolgend . . .»),
◆ ein verweisendes Resümee («Ich habe Ihnen . . .»),
◆ die «Pyramidenstruktur»
◆ die dialektische «Fünfsatzregel».

Bitte beachten Sie, daß es nicht ausreicht, eine Struktur im Kopf zu haben, Sie müssen diese auch an Ihr Publikum weitergeben.

Bei Präsentationen ist es beispielsweise möglich, die Struktur am Flipchart zu demonstrieren, indem Sie diese visualisiert haben und Ihrem Publikum vergegenwärtigen, welchen Punkt Sie gerade abhandeln und zugleich den *operativen* Vortrag per Folien zu visualisieren. Somit schaffen Sie zwei Ebenen.

Zu näheren Präsentations- und Visualisierungsmethoden ziehen Sie bitte das Buch «Die Kunst der Visualisierung» (siehe Literaturverzeichnis) heran.

Bedenken Sie bitte, daß Ihr Publikum in einer gewissen Konsumentenhaltung Ihrem Vortrag lauscht. Sobald Sie sagen: das ist *die* Struktur – eröffnet sich *diese* Struktur.

Wortwörtliches Ablesen

Natürlich hat diese Unsitte bereits an Boden verloren, aber so hin und wieder glaubt immer noch der eine oder andere Redner, daß er damit seinen Vortrag «wasserdicht» bekommt.

Ablesen schadet nicht nur der Dynamik, sondern weist auch einen rigiden Denkapparat aus und ist zugleich eine Mißachtung des Publikums.

Statt wortwörtlich abzulesen, sollten diese Redner lieber gleich ihren Vortrag in Kopie verteilen und die Bitte äußern, den Vortrag zu *lesen*. Entweder reden oder lesen, doch nicht beides zusammen, es ist die geistige Ohnmachtserklärung an das Publikum.

Dasselbe gilt natürlich auch für Folien-Präsentationen.

Folien sollen in ihrer Visualisierung die Sprache *ergänzen* oder *ersetzen*.

Sie sind nicht dafür gedacht, das gesprochene Wort noch einmal schwarz auf weiß zu wiederholen. Jemand, der die Folie nochmals vorliest, überfordert sein Publikum, da es schneller liest, als der Vortragende redet. So oder so, es bleibt weniger hängen.

Deshalb gilt:
◆ nutzen Sie Stichwortzettel, um Ihre Persönlichkeit durch ein Ad-hoc-Formulieren zu unterstreichen,
◆ nutzen Sie visuelle Hilfsmittel, um Kernaussagen zu unterstreichen oder zu betonen.

Der erste Eindruck ist entscheidend, der letzte bleibt

Bereiten Sie sich sorgfältig vor, indem Sie sich
◆ einen klaren Einstieg in das Thema,
◆ einen sauberen Ausstieg aus Ihrem Thema
zurechtlegen. Hier bieten sich die besten Gelegenheiten, das Interesse des Publikums auf Ihr Thema deutlich zu focussieren.

Grausam sind Vorträge, wo der Redner, ohne dass es das Publikum wirklich mitbekommt, plötzlich bereits im Thema ist und ebenso urplötzlich wieder aussteigt, ohne daß es allen Zuhörern bewußt ist.

Diese alte Managementregel «Der erste Eindruck ist entscheidend, der letzte bleibt!» bedeutet auch, daß Sie sich nicht
◆ beim Einstieg an das Publikum wenden und dieses begrüßen, indem Sie ansprechen, daß Sie wirklich erfreut sind, daß das Thema so viele Interessierte gefunden hat (womöglich noch bei mäßig besetzten Zuschauerrängen!),
◆ aussteigen, indem Sie sich beim Auditorium bedanken, daß dieses dem Vortrag mit (mäßigem?) Interesse begegnet ist.
Knüpfen Sie statt dessen eine Beziehungsbrücke im Einstieg und im Ausstieg zum Publikum, machen Sie Ihren Zuhörern klar, warum dieses Thema *ihr Thema* ist und warum der Schlußappell sich an *ihr Denken und Handeln* richtet.

Think big . . . würde der Amerikaner sagen

Verlieren Sie sich nicht in Details, verstricken Sie sich nicht in Einzelheiten. Versuchen Sie lieber einen *großen* geistigen Entwurf. Vortrag ist Vortrag, Detailfragen können Sie anschließend in einer Diskussion beantworten. Ein Vortrag sollte eher das Thema «anreissen», als es auszuformulieren.

Haben Sie den sprichwörtlichen Mut zur Lücke!

Geben Sie jedem eine «zweite Chance»

Ob man will oder nicht, selbst bei dem besten Vortrag schafft es der Redner, seine Zuhörer und Zuschauer zum Nach-Denken anzuregen. Das heißt, dieser taucht einmal für «kurze Zeit» nur weg und hängt seinen eigenen Gedanken nach.

Übrigens können Sie ja – Sie erinnern sich? – etwa 7- bis 8mal so schnell sprechen, wie Ihr Zuhörer die Informationen und Aussagen abspeichern kann.

Geben Sie diesen Nach-Denkern die Möglichkeit, wieder *einzusteigen*. Eine gute Chance bietet sich dort, wo der Redner eine *Pause* macht.

Ähnlich hilfreich ist eine *Wiederholung* einer wichtigen Aussagesequenz. Sagen Sie einfach: «. . .und deshalb betone ich noch einmal, daß. . .»

Bedenken Sie, daß ein *geistiger* Ausstieg leicht, der Wiedereinstieg gar nicht so einfach ist. Also seien Sie einfach nett zu Ihrem Publikum.

Produzieren Sie «Kino im Kopf»

Menschen mögen es, Erlebnisse und Berichte, Thesen und Redesequenzen in Bildern verpackt zu bekommen.

Gestalten Sie deshalb Ihren Vortrag, Ihre Präsentation, Ihre Rede zu einer *Reise des Geistes*. Bieten Sie Ihren Zuhörern Bilder an, in die sie einsteigen können und die sie Ihren Vortrag wirklich erleben lassen.

Sie reden über den Theorie-Praxis-Transfer? Gut. Doch sprechen sollten Sie darüber, daß

«jeder, der eine neue Erkenntnis gesammelt hat, nun über eine Kuhweide geht, auf der er beim Spazieren über die grüne Wiese wunderschöne, bunte Blumen pflücken kann, aber zugleich der eine oder andere Schritt ihn in einen Kuhfladen treten lassen kann. . .»

Es ist nicht Ihr Beispiel? Okay, aber dann bringen Sie *Ihr Bild*.

Bitte analysieren Sie Ihre letzten Vorträge. Womit haben Sie Ihr Publikum gelangweilt?

Denken Sie daran:

Ihr Publikum ist wie eine wunderschöne Rose – gut gepflegt, gedeiht sie prächtig!

Bei vielen Rednern ist es jedoch genau entgegengesetzt:

Deren Publikum steht im Mittelpunkt – und damit beim Vortrag der Selbstentfaltung im Weg.

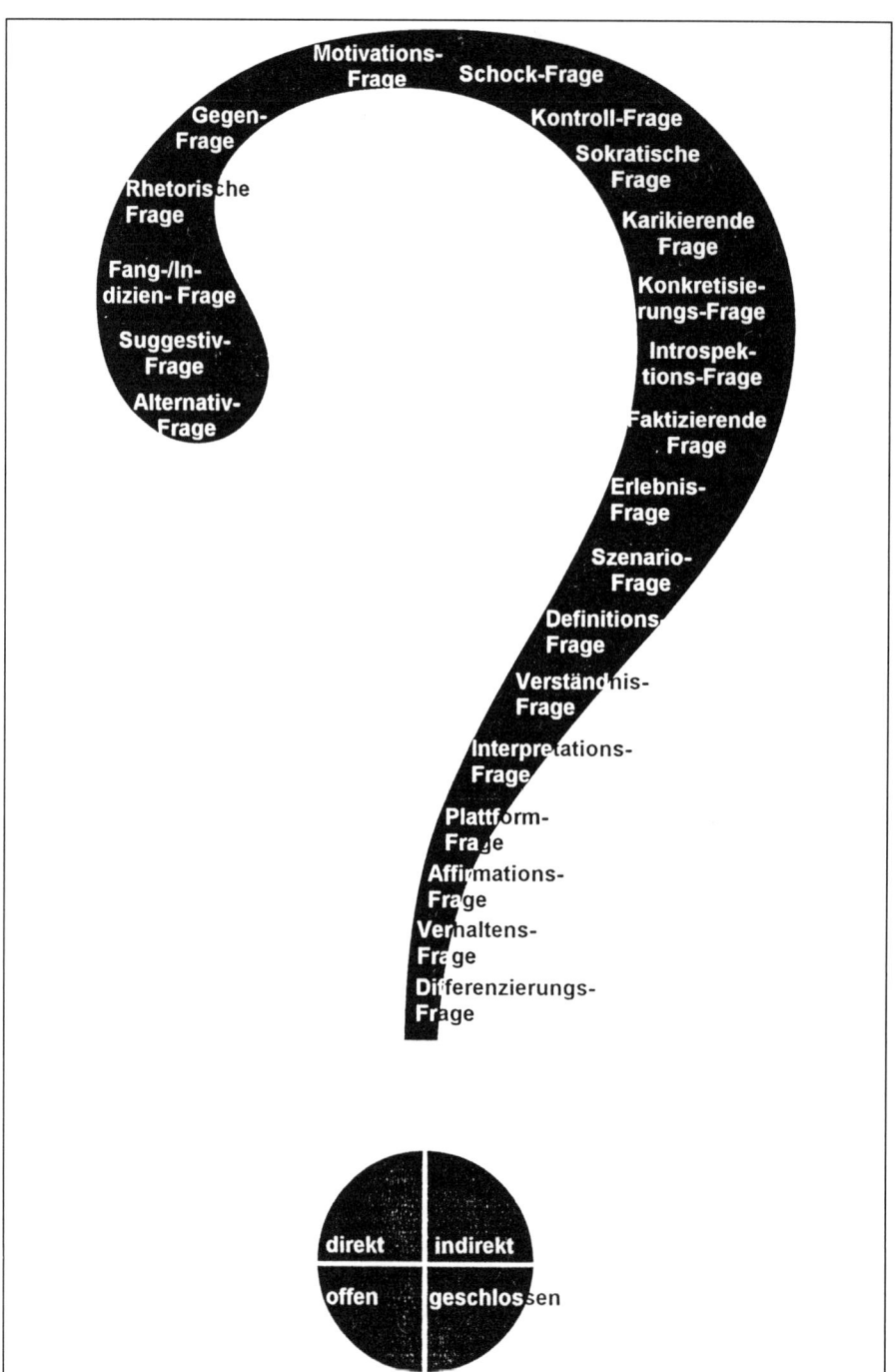

Die neue, effiziente und wirksame Fragetechnik

Nach wie vor gilt die alte Dialektikregel «Wer fragt, der führt!» für unsere Kommunikation.

Dabei ist zu beachten, daß Fragen selber als Technik und Instrumentarium zuerst einmal neutral sind, die erst in der Anwendung durch den Fragenden ihre Neutralität verlieren.

Fragen können führen und verführen, Informationen abrufen oder Interesse signalisieren, Kontakt schaffen oder ihn abbrechen.

Häufig unbeachtet durch unsere Kommunikationsschulen, hat sich gerade bei Journalisten die Fragetechnik zu einem wirklich viel differenzierteren Instrumentarium entwickelt, die Fragearten wurden insgesamt prägnanter und besser spezifiziert – im Vergleich zu den meisten Rhetorik- oder Kommunikationsseminaren, deren Abhandlung der Fragetechnik doch häufig zu wünschen übrig läßt.

Dem *geneigten* Interessierten zeigt sich nachfolgend das Spektrum der vielfältigen Fragetechniken, deren Reiz für mich gerade in dem bunten Kaleidoskop sich erweist.

Mir reicht es nicht, nur zehn verschiedene Klassifizierungen von Fragen zu haben, unter denen dann alle Fragen subsummiert werden.

Gerade auch bei Lehrtätigkeiten an den verschiedenen Journalistenschulen fiel mir auf, daß es sich für die Teilnehmer lohnt, wirklich einmal in aller Breite die gesamte Palette der Fragetechnik präsentiert zu bekommen, da dadurch der Anwendungsreiz wuchs.

 Hinweis: *Für alle diejenigen, die Spaß daran haben, dieses Thema zu vertiefen, habe ich jeweils am Schluß nochmals Beispiele zu den Fragen gegeben und die Aufforderung gestellt, eigene Beispiele zu gestalten.*

Außerdem werden Sie feststellen, daß sich manche Formen ähneln oder nur schwer, manchmal auch überhaupt nicht, in der Kürze des Kontextes zu trennen sind.

Fragen sind ein herrliches Instrument, Kommunikation wirklich zu gestalten, denn sie können
- ◆ provozieren
- ◆ faktizieren
- ◆ suggerieren
- ◆ animieren
- ◆ sich auf den Fragegegenstand oder an die Person richten
- ◆ motivieren
- ◆ Erlebnisse abfragen
- ◆ Einschätzungen einfangen
- ◆ Erklärungen verlangen

- ◆ Beschreibungen abrufen
  und vieles mehr . . .
  Grundsätzlich unterscheiden wir
- ◆ offene Formen von ◆ geschlossenen Formen, sowie
- ◆ direkte Fragen von ◆ indirekten Fragen.

Die offene, halboffene und geschlossene Frageform

Ziel der *offenen* Frage ist es, daß der Befragte seine Antwort etwas ausführlicher, erklärend, begründend oder erzählend darstellt, anstatt nur mit «Ja» oder «Nein» zu antworten. Häufig werden diese offenen Fragen mit den Fragewörtern Wer-Was-Wann-Wo-Weshalb-Wodurch-Wohin eingeleitet.

Die Gefahr besteht natürlich auch darin, daß ich durch eine offene Frage eine ganze Antwortlawine auslöse, den Redefluß verstärke und meine Steuerungsmöglichkeiten vermindere.

Beispiele:
> *«Können Sie mir einmal erzählen, warum Sie diese Reise unternommen haben?»*
> *«Was war der Auslöser, der das Faß zum Überlaufen gebracht hat?»*

Bitte bilden Sie drei eigene Beispiele:
1.
2.
3.

Ziel der *geschlossenen* Frageform hingegen ist es, die Antwortmöglichkeit des Befragten zu begrenzen und sogar eine Antwort vorzugeben oder ihn auf eine einzelne Aussage einzugrenzen:

- ◆ *Ja- oder Nein-Fragen.*
  Diese inquisitorisch wirkende Form fordert vom Befragten eine klare Positionierung, eine Entscheidung, eine Bestätigung von Feststellung oder Sachverhalt.

Doch Vorsicht, hier wird nicht nur die Person den Fakten untergeordnet, häufig brechen Gesprächspartner auch aus diesem Muster aus, da es ihnen wichtig ist, den Hintergrund ihrer Entscheidung auszuleuchten und sich zu erklären.

Beispiele:

«Haben Sie vor dem Hotel geparkt?»
«Wäre diese Geschäftsreise nicht besser mit der Bahn zu bewerkstelligen gewesen?»

Bitte bilden Sie drei eigene Beispiele:
   1.
   2.
   3.

◆   *Wissensfragen.*
Die geschlossene Frageform wird gewählt, weil man Wissen abrufen möchte, einen zu isolierenden Faktenverhalt abprüft oder eine Angabe wünscht.
Beispiele:

«Wann sind Sie in München angekommen?»
«Welches Verkehrsmittel wählen Sie, wenn Sie zwischen Berlin und Hamburg pendeln?»

Bitte bilden Sie drei eigene Beispiele:
   1.
   2.
   3.

Bewährt jedoch hat sich als Kompromißform auch die *halbgeschlossene* Frage, die das Antwortfeld durch alternative Antwortvorgaben eingrenzt. Dieses geschieht üblicherweise durch Alternativfragen oder durch das Konjunktiv «oder».
Zielsetzung der halbgeschlossenen Frage ist es, eine inhaltliche Angabe des Befragten zu bekommen, zugleich jedoch auch ein schwadronierendes Antworten zu unterbinden. Häufig jedoch werden bereits Antwortalternativen suggeriert oder eingegrenzt.

Beispiele:

«Welchen regionalen Schwerpunkt hat Ihr Geschäft – Bayern oder Niedersachsen?»
«Sind Sie über Ingersau oder über Allner nach Neunkirchen gefahren?»

Bitte bilden Sie drei eigene Beispiele:
   1.
   2.
   3.

Direkte und indirekte Fragetechniken

Direkte Fragen signalisieren eine offene und direkte Kommunikation, wobei die Klärung eines Sachverhaltes im Vordergrund steht, jedoch der Fragende deutlich Person und Thema verknüpft.

Natürlich erkennt der Befragte durch das direkte Ansprechen des avisierten Punktes, worauf der Frager hinauswill – so daß er entscheiden kann, ob er offen antwortet, eine Ausweichstrategie fährt oder gar offen anspricht, daß er die gestellte Frage nicht beantworten werde.

Beispiele:
«Welchen Zweck verfolgen Sie mit Ihrem Besuch in der Kölner Niederlassung?»
«Haben Sie wirklich vier Stunden für die Fahrt hierher gebraucht?»
Bitte bilden Sie drei eigene Beispiele:
   1.
   2.
   3.

Indirekte Fragen vernebeln das präzise Frageziel oder bewerten es bereits, beispielsweise durch

◆ *indirekte Provokation:* Die Frage greift ein Urteil oder die Bewertung durch Dritte auf und konfrontiert den Befragten mit dieser Bewertung, fordert ihn seinerseits zur Bewertung heraus.

Beispiele:
«Sie gelten als ein sehr zügiger Autofahrer, der sich keineswegs für ein Tempolimit begeistern kann ...!?» – *gedacht wird die Frage:* «Stimmt das?»
«Umweltpolitisch engagierte Menschen lehnen eine Senkung der KFZ-Steuer ab ...!?»

Bitte bilden Sie drei eigene Beispiele:
   1.
   2.
   3.

Es wird deutlich, daß die indirekte Frage nicht immer ein Fragezeichen am Satzende haben *muß*, aber durchaus haben *kann*.

Die Frageform der indirekten Provokation macht auch deutlich, daß die Behauptung auch in den Raum gestellt werden kann – ohne daß sich eine explizite Frage anschließt.

◆ *Indizienfragen.* Sie geben dem Befragten bewußt ein anderes Frageziel vor, indem sie die Bedeutungsebene verdoppeln.

Beispiel einer Interview-Sequenz:
    «Sie gelten als passionierter Autofahrer!?»
    «Ja, das bin ich!»
    «Wie viele Kilometer reißen Sie denn im Jahr 'runter?»
    «Etwa 70 000, so ungefähr.»
    «Sie haben dann sicherlich ein etwas bequemeres, gößeres Auto!?»
    «Ja, einen Mercedes 500 SEL.»
    «Aber Ihr umweltschädigendes Verhalten dabei bereitet Ihnen kein schlechtes Gewissen?»

Bitte bilden Sie ein eigenes Beispiel:
    . . .
    . . .
    . . .
    . . .
    . . .
    . . .

Insgesamt lassen sich dabei folgende Fragetypen unterscheiden:

Die Alternativfrage

Zielsetzung der Alternativfrage ist es, insgesamt entweder das Antwortspektrum zu begrenzen oder sogar explizit Antwortmöglichkeiten vorzugeben.

Psychologisch wird der Befragte sogar schon in einer gewissen Richtung festgelegt, wobei sich in den meisten Fällen die Befragten an das Antwortmuster halten und dieses annehmen.

Es gibt auch Situationen, in denen die Alternativfrage ein demonstratives Entweder-Oder fordert, wobei ein cleverer Befragter sich auf dieses Muster dann nicht einläßt, sondern eine weitere Alternative durchbringt.

Beispiele:
    «Möchten Sie Tee *oder* Kaffee?»
    «Befürworten Sie es aus ökologischen oder aus wirtschaftlichen Gründen, die Bohrinsel im Atlantik zu versenken?»

Bitte bilden Sie eigene Beispiele:
    1.
    2.
    3.

Die Suggestivfrage

Zielsetzung der Suggestivfrage ist es, daß eine bestimmte Antwort gegenüber anderen Antwortalternativen bereits präferiert ist und das Antwortverhalten gesteuert werden soll. Persönliche Bewertung, gesunder Menschenverstand, Wertepriorität oder andere Dinge werden in der Frage bereits vorweggenannt.

Im journalistischen Umfeld sind Suggestivfragen ganz besonders gefragt, weil sie einerseits Spannung aufbauen, anderseits auch die Interviewrichtung in bezug auf das Ziel beschleunigen können.

In deutschen Unternehmen trifft man gerade in Gesprächssituationen häufiger, als man denkt, auf scheinbar offene, wertfreie Fragen, die sich bei näherem Hinsehen jedoch als eindeutige Suggestivfragen entpuppen.

Insgesamt wird bei Suggestivfragen vor allem mit Unterstellungen, Pauschalierungen, Übertreibungen oder Verallgemeinerungen gearbeitet, was natürlich die Gefahr einschließt, daß die Frage aggressiv wirken kann oder sich das Gegenüber nicht *manipulieren* lassen möchte.

Im Gegensatz zur *Rhetorischen* Frage legt der Fragende jedoch noch Wert auf eine Antwort.

Beispiele:
«Sicherlich stimmen Sie unserem reiflich überlegten Vorstandbeschluß zu, die Produktionsstätte zu verlagern?»
«Vernünftige Leute greifen heute nicht mehr zum Glimmstengel, Sie etwa?»

Bitte bilden Sie eigene Beispiele:
   1.
   2.
   3.

Die Fangfrage (Indizienfrage)

Zielsetzung der Fangfrage ist es, wie bereits oben ausgeführt, daß nach anderen Dingen gefragt wird, als das Frageziel vorgibt.

Sind genug Indizien gesammelt, ergibt sich für den Befrager ein klares Bild, welches sich allerdings auch als Puzzle aus verschiedenen Teilchen zusammensetzen kann.

Wichtig ist hier, daß der Frager scheinbar harmlose Fragen stellt, offenkundig darf er kein «wölfisches Grinsen» zur Schau tragen, welches etwa signalisiert: «Gleich habe ich dich!»

Sehr häufig fehlen dem Frager weniger Informationen beim Sachverhalt, als er zugibt, trotzdem kann er sehr unverfänglich nach diesen fragen.

Die Fangfrage des Sokrates ist durch die Klassiker des Platon bekannt geworden, Sokrates gab vor, nichts zu wissen, fragte dabei aber so geschickt, daß sich der Befragte nach und nach in Widersprüche verstrickte und diese zu einer Fußangel wurden, aus der es kein Entkommen gab.

Beispiele:
1. An einer Wegkreuzung sitzt ein Mann, der als Lügner bekannt ist. Fragt man ihn, welches der Weg nach Neunkirchen ist, wird er garantiert die *falsche* Richtung benennen.
Also bleibt nur eine Frage:
«Welcher Weg führt *nicht* nach Neunkirchen?»
2. «Haben Sie vor dem Hotel einen Parkplatz gefunden?»

– Aus der Beantwortung dieser Frage mit «Ja» läßt sich ableiten, daß wir es hier mit einem Autofahrer zu tun haben. Der scheinbare Fragegegenstand war der *Parkplatz*, die Intention dieser Frage richtete sich allerdings nach dem *Auto*.

Bitte bilden Sie eigene Beispiele:
1.
2.
3.

Die rhetorische Frage

Die *Zielsetzung* der rhetorischen Frage besteht darin, daß der Fragende entweder eine verschwommene, unklare oder mehrdeutige Antwort in seinem Verständnis klären möchte oder – und so setzt man die rhetorische Frage im Gespräch normalerweise ein – daß der Fragende Gesagtes nochmals deutlich machen möchte.

Im bereits skizzierten Gegenüber zur *Suggestivfrage*, welche die Antwortrichtung festlegt, verlangt die rhetorische Frage *keine* Antwort.

Wird die rhetorische Frage im ersten Sinn verwendet, hat sie klärenden oder erläuternden Charakter, wobei es enervierend sein kann, permanent im Gespräch mit rhetorischen Fragen konfrontiert zu werden.

Wird sie hingegen im zweiten Sinn verwendet, bekommt das Gespräch eine viel stärkere subtile, humoristische oder auch provokative Ebene, wobei bei Anhäufungen von rhetorischen Fragen der Gesprächsfaden zerrissen wird.

Beispiele:

1. Wir beobachten, daß beim turbulenten Flug von Hamburg nach München unser Nebenmann zur Übelkeitstüte greifen muß.
«Scheinbar bekommt Ihnen das Fliegen nicht?»
2. «Also sind Sie nur deshalb mit mir hier, weil Sie ohnehin einen Happen essen mußten?»
3. «An welches Transportmittel denken Sie, wenn Sie vom 'vollklimatisierten Viehtransportwagen' reden – etwa die neuen IC-Großraumwagen der Deutschen Bundesbahn?»

Bitte bilden Sie eigene Beispiele:
    1.
    2.
    3.

Die Gegenfrage

Sie wird als Königin der Dialektik bezeichnet, besteht ihre *Zielsetzung* doch darin, daß anstatt einer Antwort der Befragte seinerseits mit einer Frage kontert.

Zu viele Gegenfragen in einem Gespräch zerreißen dieses, lassen auch schnell den Eindruck entstehen, als wolle der Gegenfrager nichts über sich, seine Absichten, Intentionen oder seine Person erzählen.

Natürlich ist die Gegenfrage, richtig eingesetzt, auch ein Schutz gegen das Ausfragen oder bei journalistischen Sequenzen (Interviews . . .) eine Möglichkeit, die Fragerichtung in einen größeren Kontext einordnen zu können.

Beispiele:

1. Frage: «Sie sprachen von ‹bedürfnisorientierter Nachbesteuerung›, was ist das genau?»
Gegenfrage: « Wie haben Sie es denn verstanden?»
2. Frage: «Sie sprachen von Mißmanagement, wo erleben Sie dieses denn?»
Gegenfrage: «Sollte die Frage nicht besser lauten, wie erlebe ich es?»
3. Frage: «Uns interessiert natürlich, bis wann Sie den Turnaround schaffen wollen?»
Gegenfrage: «Vielleicht sollten wir vor Beantwortung dieser Frage von den einzelnen Maßnahmen sprechen?»

Bitte bilden Sie eigene Beispiele:
    1. Frage:

Gegenfrage:
2. Frage:
Gegenfrage:
3. Frage:
Gegenfrage:

Die Motivationsfrage

Zielsetzung der Motivationsfrage ist es, den Gesprächspartner stärker in das Gespräch einzubeziehen, ihm in der Frage bereits eine positive Rollenbeschreibung oder ein Lob entgegenzubringen oder ihn aus der Reserve zu locken.

Wichtig ist natürlich die Begrenzung in der Aussage, es darf nicht zu dick aufgetragen werden.

Beispiele:
1. «Was sagen Sie als *Fachmann* zu unserem Problem?»
2. «Herr Müller, *Sie haben* bereits *intensiv* auf diesem Sektor *geforscht*, wenn uns einer diese Frage beantworten kann, dann doch nur Sie, was also passiert, wenn . . .?»
3. «Das ist doch eigentlich genau *Ihr Thema*, Herr Schulze, warum sagen Sie denn nichts?»

Bitte bilden Sie eigene Beispiele:
1.
2.
3.

Die Schock- oder Provokations-Frage

Ihre *Zielsetzung* besteht darin, entweder den Gesprächspartner mit einer provokativen, bissigen, humorvollen oder subtilen Frage aus der Reserve zu locken oder ihn durch Provokation in der Fragestellung zur Stellungnahme zu veranlassen oder ihn zu schocken.

Doch Vorsicht, der andere entscheidet, wann Sie die Grenze zur Unflätigkeit oder Unhöflichkeit überschreiten. Sehr schnell kann durch diese Frageform ein Gesprächsabbruch herbeigeführt werden. Deshalb: *geistiges Fingerspitzengefühl zeigen!*

Beispiele:

1. «Was sagen Sie als Unbeteiligter zum Thema Intelligenz?»

2. «Aha, Sie haben also gerade zu Ende studiert, schön, und wann wollen Sie dann endlich einmal anfangen zu arbeiten?»

3. «Sie verstehen unter 'Führung' also in etwa das, was eine Führungskraft darunter versteht, die ins Taxi steigt und dem Fahrer sagt: 'Fahren Sie mich irgendwo hin, ich werde überall gebraucht!?'»

Bitte bilden Sie eigene Beispiele:
   1.
   2.
   3.

Die Kontroll- oder Bestätigungsfrage

Zielsetzung der Kontroll- bzw. Bestätigungsfrage ist es, einen vermeintlichen Sachverhalt, eine Ausgangssituation oder einen Zwischenstand abzuchecken. Es sind Fragen, die wir beispielweise aus dem juristischen Bereich heraus kennen.

Beispiele:

1. «Wir sind doch jetzt bei der Kontrollfrage?»

2. «Sie bestätigen also, daß Herr Müller am 19. Juli 1995 um 17 Uhr in seinem Zimmer war?»

3. «Das heißt also, daß Sie bereits wußten, daß . . .?»

Bitte bilden Sie eigene Beispiele:
   1.
   2.
   3.

Die Sokratische Frage (Ja-Fragen-Straße)

Zielsetzung der Sokratischen Frage, der Ja-Fragen-Straße, wie man sie auch noch nennt, ist es, über mehrere Fragen, die sich der Frager bestätigen läßt, nach und nach zu einer letzten Frage zu kommen, die dann schließlich *nicht mehr verneint* werden kann.

Der Aufbau der Ja-Fragen-Straße entspricht dem mehrerer kontextuell verknüpfter, hinführender Fragen, die schließlich in der Kernfrage münden.

Beispiel:

1. «Sie sind also bei Ihrer Arbeit voll motiviert?»   – *«Ja!»*
«Sie sind aber genauso an dem Wohlergehen Ihrer Firma interessiert?» – *«Ja!»*
«Sie sehen aber zugleich, daß wir eine schwere Rezession
durchmachen?»   – *«Ja!»*
«Nichtsdestotrotz wollen Sie Ihren Job behalten?»   – *«Ja!»*
«Dann sind Sie sicherlich auch mit einer solidarischen
Gehaltskürzung einverstanden?»   – *«. . .!»*

Bitte bilden Sie ein eigenes Beispiel:

    1. . . .   – *«Ja!»*
    . . .   – *«Ja!»*
    . . .   – *«Ja!»*
    . . .   – *«. . .!!!»*

Karikierende, überspitzende Frage

Zielsetzung der karikierenden Frage ist es, eine gemachte Aussage in Frage zu stellen oder durch eine Überspitzung zu übertreiben. Dabei kann die Intention sehr unterschiedlich aussehen, beispielsweise möchte man den Gesprächspartner zu einer deutlicheren Aussage verleiten oder ihn auch mal gegebenenfalls zu einer Rücknahme der Äußerung bewegen, indem man sie bewußt *falsch versteht.*

Beispiele:

1. Jemand hat gesagt, er hätte während einer Geschäftsreise einen Abstecher gemacht und ein verlängertes Wochenende Badeurlaub eingeschoben.
Frage: «Haben Sie kein schlechtes Gewissen, wenn Sie eine Geschäftsreise beantragen, nur um einen Badeurlaub zu machen?»
2. Im Reisezug beschwert sich ein Gast über den Komfort.
Frage: «Wahrscheinlich merken Sie auch eine Erbse unter Ihrer Matratze, richtig?»
3. Nach Wegfall der Mauer hat sich für die Ostdeutschen einiges geändert, so die Aussage.
Frage: «Es hat sich für die Ostdeutschen also einiges geändert, sagen Sie, haben sich die Ostdeutschen also Ihrer Meinung nach nicht verändert?»

Bitte bilden Sie eigene Beispiele:

    1.

    2.

    3.

Die Konkretisierungsfrage

Ihr *Ziel* ist es, eine Äußerung zuzuspitzen und greifbarer zu machen, sie konkret auf den Punkt zu bringen oder eine Konsequenz aufzuzeigen. Kennzeichen dieser Frageform sind Worte wie «genau», «im einzelnen», «konkret», «beispielsweise» usw., oder die Aufforderung, ein Beispiel zur Konkretisierung anzuführen.

Beispiel:
1. «Sie sprachen von sozialer Gerechtigkeit, was verstehen Sie darunter im einzelnen?»
2. «Können Sie Ihre Aussage mit einem Beispiel auf den Punkt bringen?»
3. «Was heißt für Sie 'soziale Ausgrenzung' genau?»

Bitte bilden Sie eigene Beispiele:
1.
2.
3.

Die Introspektions- oder Einschätzungsfrage

Zielsetzung dieser Frageform ist es, eine persönliche Einschätzung zu einem bekannten Sachverhalt, eine spezifische Meinung oder eine hypothetische Abschätzung zu erhalten.
Offen oder halboffen formuliert besticht sie durch neutrale Formulierungen, vermeidet jegliche Unterstellungen oder suggestiven Elemente. Ebenso kann sie das Denken, Reflektieren oder Handeln einer Person zum Gegenstand haben und eine beschreibende Aussage verlangen.

Beispiele:
1. «Wie beurteilen Sie persönlich den deutschen Unternehmer?»
2. «Wenn Sie nochmals an die gestrige Führungsteamsitzung denken, was geht Ihnen durch den Kopf?»
3. «Wo glauben Sie, ist die Zumutbarkeitsgrenze der Bevölkerung, bei der der Boykott des Mineralölkonzerns mehr als zwei Wochen dauert?»

Bitte bilden Sie eigene Beispiele:
1.
2.
3.

Faktizierende oder W-Fragen

Zielsetzung dieser Frageform ist es, Informationen abzurufen, die Tatbestände oder Sachverhalte greifbar und fixierbar machen.

Es sind typische W-Fragen, «wie», «was» usw.

Journalistisch versteht man sie als Recherchefragen, die möglichst *im Gegensatz zur Introspektions- oder Einschätzungsfrage* das Denken, Fühlen, Meinen der befragten Person ausklammern sollen und eine Informations- oder Wissensbasis schaffen sollen.

Beispiele:
1. «Wie viele Mitarbeiter haben Sie durch Lean Management abgebaut?»
2. «Haben Sie heute morgen auch einen Stau auf der A555 erlebt?»
3. «Seit wann leiten Sie die Dienststelle ?»

Bitte bilden Sie eigene Beispiele:
1.
2.
3.

Erzählungs- oder Erlebnisfragen

Ihre *Zielsetzung* dient der Reflektion, Reproduktion oder auch Rekonstruktion von Erlebnissen und Beobachtungen von befragten Personen.

Diese Frageform begegnet uns häufig im Gerichtssaal, wo der Richter beispielsweise den Zeugen auffordert, seine Beobachtungen vom Tathergang zu schildern.

Ihre Kennzeichen sind: offene, neutrale Formulierungen, non-suggestiv, auffordernder Charakter.

Beispiele:
1. *«Mit vier Jahren, Herr Bredemeier, wollten Sie bereits Pfarrer werden, warum haben Sie dieses Ziel nach der Promotion dann aufgegeben?»*
2. *«Erzählen Sie uns mal, wie sich der Konflikt mit dem Betriebsrat aus Ihrer Sicht zuspitzte, was passierte am 13. Mai 1995?»*
3. *«Worin unterscheidet sich Ihre jetzige Projektaufgabe von der vorherigen?»*

Bitte bilden Sie eigene Beispiele:
1.
2.
3.

Szenariofragen

Im Gegensatz zu den faktizierenden Fragen fordern die Szenariofragen den Antwortenden auf, und damit sind wir bei der *Zielsetzung*, sich einmal von den Fakten und dem Sachverhalt zu lösen.

Gerne werden sie verwendet, damit der Betreffende sich beispielsweise einmal in eine ungewohnte Situation (gedanklich) versetzt, so in der Psychotherapie, oder damit unabschätzbare Dinge bzw. Gefahren oder Risiken in Gedankengängen ausgemalt werden, so z. B. im Journalismus.

Häufig sind sie durch temporale bzw. modale Konjunktionen ausgewiesen, wie durch «sofern», «wenn» usw., oder werden durch zur Spekulation auffordernde Einleitungen wie «Stellen Sie sich einmal vor...», «Nehmen wir einmal an...» skizziert.

In heißen Interviewsituationen haben diese Fragen den Charakter einer Tretmine, da sie zur praxisirrelevanten Spekulation verleiten und man aus dem Aussagezirkelschluß, den man dann tätigt, nur mit Mühe wieder herauskommt.

Beispiele:

1. «Nehmen wir einmal an, die Bohrinsel würde versenkt werden, welche Umweltbeeinflussungen könnten zu welcher Zeit oder in welchen Zeiträumen die verschiedenen Lebensräume beeinflussen?»

2. «Stellen Sie sich einmal vor, es gäbe in Deutschland faktisch zwei Hauptstädte, was würde das für Vor- bzw. Nachteile mit sich bringen?»

3. «Angenommen, Sie wären Geschäftsleiter, welche Sofortmaßnahmen zur Refinanzierung des Projektes würden Sie einleiten?»

Bitte bilden Sie eigene Beispiele:
1.
2.
3.

Festschreibungs- oder Definitionsfragen

Ihre *Zielsetzung* besteht darin, unsaubere oder schwammige Formulierungen, mehrdeutige oder zweideutige Aussagen zu präzisieren und auf eine allgemeingültige oder -verständliche, Konsens herbeiführende Ebene zu bringen.

Beispiele:

1. «Was verstehen Sie unter Gewissen?»

2. «*Wie definieren Sie 'unzureichendes Mißmanagement'?*»
3. «*Welche Kriterien definieren Sie, damit der Erfolg meßbar wird?*»

Bitte bilden Sie eigene Beispiele:
   1.
   2.
   3.

Verständnisfragen

Ihre *Zielsetzung* subsumiert alle Frageformen, die darauf abzielen, daß der Fragende für sich einen besseren Verständnishorizont zu den Aussagen des Gesprächspartners bekommt.

Manchmal werden sie jedoch noch enger als reine geschlossene Ja-Nein-Fragen verstanden – so beispielsweise von M. Haller –, die modale oder kausale Konjunktionen (wie beispielsweise «offenbar», «insoweit als» usw. mit sich ziehen (s. Beispiel 3).

Beispiele:
   1. «*Wie soll ich das jetzt verstehen?*»
   2. «*Also, das begreife ich noch nicht, wo sehen Sie den Kontext?*»
   3. «*Offenbar können Sie den näheren Zusammenhang nicht erläutern?*»

Bitte bilden Sie eigene Beispiele:
   1.
   2.
   3.

Interpretierende Fragen

Ihr *Ziel* besteht darin, eine Aussage zu verstärken, Konsequenzen oder Schlußfolgerungen abzuleiten.

Häufige Kennzeichen dieser Frageform sind Formulierungen wie «also», «somit», «so daß» usw.

Der Frager deutet damit die Aussage seines Gegenübers.

Beispiele:
   1. «*Also fühlen Sie sich in Ihrem Job nicht wohl?*»
   2. «*Somit ergibt sich für mich die Konsequenz, daß . . . ?*»
   3. «*So daß Sie folglich ein anderes Tätigkeitsfeld suchen?*»

Bitte bilden Sie eigene Beispiele:
1.
2.
3.

Die Plattform-Frage

Die *Zielsetzung* der Plattform-Frage besteht darin, daß der Fragende *zuerst* eine Aussage oder Feststellung trifft und erst *dann* eine Frage anschließt.

Dabei gibt es zwei Variationen.

1. Unfair: der Fragende trifft eine Aussage, ohne sie mit der darauffolgenden Frage zu verknüpfen, so daß beispielsweise eine Unterstellung im Raum stehenbleibt.

2. Fair: der Fragende verknüpft beides miteinander.

Zwar kann in beiden Fällen die Zuhörerschaft ins Bild über den Hintergrund gesetzt werden, wo aber jemand als beispielsweise Interviewter auf dieses Frage-Antwort-Muster einsteigt, bekommt er eine Unterstellung oder einen verkürzenden Sachverhalt untergeschoben, aber eine anders ausgerichtete Frage gestellt.

Beispiele:

1. Fair: «Sie haben damals die Möglichkeit gehabt, Minister zu werden oder Unternehmer zu bleiben. Warum wurden Sie Minister?»

2. Unfair: «Sie hatten ja damals keine andere Wahl, als Minister zu werden, da Sie als Unternehmer versagt hatten. Aber mich interessiert eines: Was verdient ein Minister?»

Bitte bilden Sie eigene Beispiele:
1. Fair:
2.
1. Unfair:
2.

Eingrenzende Filterfragen

Zielsetzung der Filterfrage ist es, daß bei der Problemstellung oder der Zuständigkeit einer Person der Fragekreis eingeengt oder das Thema begrenzt wird. Der Fragende bemüht sich in seiner Filterfrage, den Befragten eng durch das Wort zu führen, besonders dort, wo er schwafelt oder sich viel zu langatmig ausdrückt.

Beispiele:
> *1. «Wir könnten hier über Ihre Schulzeit, Ihr Studium oder über das Jetzt reden. Was tun Sie jobmäßig gerade zur Zeit?»*
> *2. «Viele Manager haben keinerlei Umweltbewußtsein, behaupten Lobbyisten der Umweltschützer. Wie steht es bei Ihnen damit?»*
> *3. «Streß ist ein weitverbreitetes Phänomen. Mich interessiert hier vor allem der tägliche Streß am Arbeitsplatz, was können Sie mir dazu erzählen?»*

Bitte bilden Sie eigene Beispiele:
> 1.
> 2.
> 3.

Affirmationsfragen mit Aufforderungsimpetus

Zielsetzung dieser Affirmationsfrage-Form ist es, einen erzählenden Befragten zu animieren, sein Thema zu verdichten und zu vertiefen oder auch eine verkürzte Aussage zu elaborieren.

Dabei ist es keine weitergehende Frage im eigentlichen Sinne, sondern kann auch aus para- oder nonverbalen Signalen bestehen (z. B. leises Pfeifen durch die Zähne, Nicken, etc.).

Beispiele:
> *1. «Interessant, und dann?»*
> *2. «Aha, und?»*
> *3. «Nein, wirklich?»*

Bitte bilden Sie eigene Beispiele:
> 1.
> 2.
> 3.

Psychologisierende Verhaltensfragen

Zielsetzung dieser Frageform ist es, dem Gegenüber in der Frage bereits ein Feedback, eine Rückmeldung zu seinem Verhalten zu geben oder ihn gar psychologisch unter Druck zu setzen.

Beispiele:

1. «Finden Sie Ihr Verhalten der Situation gegenüber nicht (auch) unangemessen?»

2. «Sie haben noch keine Frage offen und ehrlich beantwortet, wahrscheinlich gewollt; ist Ihnen das Thema denn peinlich?»

3. «Sie reagieren vollkommen aggressiv auf die Äußerungen von Frau Müller, was ärgert Sie so daran?»

Bitte bilden Sie eigene Beispiele:

1.

2.

3.

Differenzierungs- oder Unterscheidungsfrage

Ihr *Ziel* besteht darin, unsaubere Aussagen zu unterscheiden, zu klassifizieren, Unterscheidungskriterien einzuführen oder gar Differenzierungsmerkmale herauszuarbeiten.

Genauso kann es ihre Absicht sein, von Generalisierungen, Verallgemeinerungen und Regeln Spezifizierungen abzuleiten oder diese als zu global zu hinterfragen.

Beispiele:

1. «Sie sprachen von «der deutsche Unternehmer» – gibt es den, oder müssen wir hier nicht unterscheiden?»

2. «Wenn Sie sagen, daß alle Wölfe ihre Jungen fressen, so ist das doch situationsabhängig nur eine Ausnahme, oder nicht?»

3. «Welche Formen von Subkultur gibt es denn, Herr Professor?»

Bitte bilden Sie eigene Beispiele:

1.

2.

3.

Anschluß- oder Kognitionsfragen

Ihre *Zielsetzung* ist es, die gerade gegebene Antwort nochmals aufzunehmen und den Befragten zu veranlassen, sie nochmals genau zu reflektieren. Gleichzeitig kann sie diese Teilantwort damit auch bewerten.

Dialogische Dramaturgie bzw. offene Konfrontation vertiefen dabei das Thema.

Beispiele:

1. «Ihre Äußerung weist ja bereits rechtsextremistische Züge auf, oder nicht?»

2. «Warum geben Sie nicht zu, für diese Aufgaben auch Geld bekommen zu haben?»

3. «Aber Ihr Gesetzestext weist doch erhebliche Lücken auf . . .!?»

Bitte bilden Sie eigene Beispiele:
    1.
    2.
    3.

Überleitungs- oder Verknüpfungsfragen

Ihr *Ziel* besteht darin, das bisherige Thema abzuschließen und/oder mit einer Thematik weiterzumachen oder zu verbinden.

Damit stellen sie häufig gemachte Aussagen in einen neuen Aussagekontext oder schaffen eine andere Aussageebene, in der sie die letzte Äußerung aufnehmen.

Beispiele:

1. «Offenbar kennen Sie sich mit Autostaus aus – erleben Sie manchmal ähnliche Symptome in Beziehungsstaus?»

2. «Sie sprachen gerade von Ihrem Ehemann, apropos, kommen Sie mit Männern am Arbeitsplatz besser aus?»

3. «Gibt es Parallelen zwischen dem, was Sie gerade geschildert haben, und Ihrem neuen Film?»

Bitte bilden Sie eigene Beispiele:
    1.
    2.
    3.

Fragen stellen ist eine Kunst, die der Übung bedarf.
    Viel Spaß dabei.

VIERTES KAPITEL

Tips für die andere Öffentlichkeit

Tips für Auftritte in den Medien

Eine der herausragenden Aufgaben der Zukunft ist es, daß sich Führungs-kräfte verstärkt der Öffentlichkeit stellen müssen.

In Statements, Interviews, aber vielleicht auch einmal in Talkshows gilt es, gegenüber Presse, Funk und Fernsehen mediensicher und publikumsge-recht *Kernbotschaften zu formulieren* und das eigene Unternehmen zu präsen-tieren.

Einige Fakten, die diese Aussage unterstreichen:
◆ In Deutschland gibt es etwa *1400 Zeitungen* mit einer Gesamtauflage von etwa 27 Millionen Exemplaren,
◆ *7800 Zeitschriften* mit einer Gesamtauflage von etwa 300 Millionen Exemplaren,
◆ etwa *6900 Radio-/Fernseh(füll)sender,*
◆ wöchentlich allein im Fernsehen etwa *40 Talkshows,*
◆ 1994 haben sich etwa *15 000 Radio- und Fernsehsendungen* mit diversen Verbraucherthemen beschäftigt,
◆ über *90% der Werbung* läuft bei den privaten Sendeanstalten,
◆ der Medienwerbeetat weltweit wird bis zum Jahr 2000 etwa *350 Mil-liarden DM* betragen.

Dabei sitzen im Normalfall journalistische Profis Gesprächspartnern aus der Wirtschaft gegenüber, die als Spezialisten in ihrem Fachgebiet häufig kaum die *Regeln für öffentliche Auftritte in den Medien* kennen. Das muß nicht sein, denn wer würde mit einem Profiboxer in den Ring steigen, ohne die Regeln des Boxkampfes zu kennen?

Dieses Kapitel gibt Ihnen als Führungskraft einen Überblick über die wichtigsten Grundregeln effizienten öffentlichen Auftretens, zugleich ist es in der vorliegenden *Checklisten-Aufmachung* geeignet, Ihnen für Ihren jewei-ligen Auftritt oder auch einmal beispielsweise bei einem telefonischen Inter-view oder Statement wichtige *Rahmenbedingungen auf einen Blick* zu vermit-teln.

Viel Spaß und vor allem Erfolg beim nächsten Auftritt!

Grundregeln für Radio- und Fernsehdiskussionen

Sie sind zu einer öffentlichen Diskussion oder Debatte eingeladen, die über den Radio- bzw. Fernsehsender läuft. Bitte checken Sie vorab:

◆ *Wozu* soll ich eine Aussage machen, bin ich kompetenter Fachmann in der Thematik?

◆ *Warum* bin gerade ich für dieses Thema eingeladen worden?

◆ *Welche* Intention verfolgt der Sender mit der Einladung?

◆ *Welches* Vorwissen kann ich in der Thematik beim Publikum voraussetzen?

◆ Gab es einen konkreten *Anlaß* für die Ansetzung dieser Sendung?

◆ Handelt es sich um eine *Live*-Sendung oder um eine *Konserve*?

◆ *Welche* anderen Gäste werden erwartet?

◆ Werden noch andere Themen in der Sendung angesprochen, die einen *Bezug* zu meinem Kernthema haben?

◆ *Welche* Ablaufstruktur hat die Redaktion vorgesehen?

◆ *Welcher* Moderator wird durch die Sendung führen?

◆ Kann es Aspekte in dieser meiner Kernthematik geben, die bislang noch *nicht* in der Öffentlichkeit bekannt sind, durchaus aber zur Sprache kommen können?

Und noch einmal:

Bin ich wirklich der richtige Gesprächspartner – nicht nur weil ich die Kompetenz habe, sondern auch meine Kernbotschaften adressieren kann?

Denken Sie daran, daß der wirkliche Grund, warum Sie zu einer Sendung eingeladen werden, auch in sog. *Telekosmetik* liegen kann, d. h. man braucht vielleicht jemanden, den man – böse gesagt – an den öffentlichen Pranger stellen will.

Medienauftritte sind eine feine Sache, aber nur, wenn man nicht Opferlamm ist und seine Botschaften auch wirklich adressieren kann, indem man Kernbotschaften formuliert und sie auch in einer hitzigen Diskussion «rüberbringen» kann.

Als Fachmann sind Ihnen vielleicht die Details Ihres Themas wichtig, den Zuschauer interessiert jedoch häufig nicht die «intellektuelle Überprüfung bestimmter Sätze und Argumentationen, sondern die intuitive, emotionale Reaktion auf die Totalität (des sich ihm dargestellten) Bildes», wie es einmal Björn Engholm formulierte.

Oder wie drückte es ein amerikanischer Fernsehmacher aus?

«Fernsehen ist Theater, unser Medium lebt von Emotionen, wir brauchen Helden und Schurken. Grautöne und ausgewogene Analysen langweilen den Zuschauer.» (D. Schorr)

Sie können mehr als nur schlecht aussehen. Es geht um Ihr Image und schließlich auch um Ihr Unternehmen. Denn bei einem Auftritt sind *Sie* das Unternehmen.

Und übrigens: *95%* dessen, was gesagt wird, ist bereits *nach einer Stunde vergessen*, hängen bleibt nur ein Kern der Thematik – ausgewählt durch ein *assoziatives Gedächtnis*. Man hört, was man verstehen möchte.

Die Glaubwürdigkeit Ihrer Aussagen hängt von Ihrem Auftreten ab!

So erzielen Sie Publikumswirkung bei Radio- und Fernsehdiskussionen

Denken Sie daran: Die beste Öffentlichkeitsarbeit beginnt mit *gründlicher Vorbereitung.*

◆ Sammeln Sie aktuelle Artikel zum Thema, Hintergrundmaterial über die Mitdiskutanten, tasten Sie Ihre Argumentation im Gespräch mit Freunden ab.

◆ Diskutieren Sie *publikumsbezogen.* Wählen Sie also Beispiele aus, die den Hörer oder Zuschauer ansprechen, an seine Denkweise «andocken». Ihm gilt es Beispiele aufzuzeigen, nicht etwa den Mitdiskutanten oder dem Moderator.

◆ Optimal, weil zuschauerbezogen, sind *bildhafte Vergleiche.* Damit bleibt jede Aussage beim Auditorium lange haften.

◆ Nehmen Sie, wenn nötig, nur *wenige Unterlagen* mit in die Gesprächsrunde. Es wirkt lächerlich, wenn jemand krampfhaft in seinen Zetteln wühlt und seinen Gesprächspartnern nur geteilte Aufmerksamkeit entgegenbringt.

◆ Überlegen Sie bereits im Vorfeld die möglichen *Argumente Ihrer Mitstreiter* und legen Sie sich interessante, publikumsbezogene Entgegnungen zurecht. Gut wirkt dabei immer ein: «. . . der Zuschauer weiß doch ganz genau, daß . . .»!

. . . während Ihres Auftritts gilt:

◆ Markieren Sie durch Ihr *einleitendes Statement* bereits Ihre Position. Empfehlenswert ist eine halbminütige Kernbotschaft, die richtungsweisend für Ihre Gesamtaussage ist. Es geht *nicht* darum, bereits jetzt Ihre Meinung «wasserdicht» darzustellen.

◆ Weniger ist *mehr* – lautet eine Grundregel. Halten Sie sich in der Aussagehäufigkeit lieber etwas zurück, glänzen Sie statt dessen mit präzisen Stellungnahmen.

◆ *Kommentieren* Sie Beiträge der Gesprächspartner auch einmal durch dosiertes Nicken oder Kopfschütteln. Mimik und Gestik wirken suggerierend und unterbewußt.

◆ Achten Sie auf den Moderator und Ihre Gesprächspartner – Kameras suchen sich ihr Bild selber, und für die Tontechnik sind Sie auch nicht verantwortlich.

- Überzeugen Sie das *Publikum*, weder den Moderator noch Ihre Mitdiskutanten.
- Leiten Sie gezielt, aber dosiert einige Aussagen ähnlich ein: «... *im Interesse der Zuschauer* ...» – denn dann fühlt sich dieser bewußt angesprochen.
- Versuchen Sie, seitens der Diskutanten das *Schlußwort* zu formulieren. Hierbei gilt es, die Zeit niemals aus den Augen zu verlieren.

Professionelle Interviews

Grundsätzlich unterscheiden wir folgende Interview*typen*:
- das *Abfrageinterview* gibt es dort, wo es um Ergebnissicherung geht, beispielsweise, wenn der Europaabgeordnete zum Thema Einheitswährung in fünf knappen Sätzen einen Informationskern transportiert,
- das *Persönlichkeitsinterview* entsteht dort, wo z. B. der neue Vorstandssprecher einer Volksbank in einem Frage- und Antwortspiel im lokalen Fernsehen sich ein Persönlichkeitsprofil entlocken läßt: Antworten + Bilder + skizzierende Fragen = persönlicher Eindruck des Zuschauers,
- das *Meinungsinterview* intendiert, eine subjektive Einstellung zu einer aktuellen Situation zu erfragen. Beispielsweise wird der Geschäftsführer eines Unternehmens befragt, um Informationen aus seiner Sicht zum laufenden Tarifstreik zu erfahren,
- das *Gruppeninterview* besteht darin, daß auf eine gemeinsame Frage verschiedene Personen kurz, aber häufig kontrovers antworten. Im eigentlichen Sinne ist es eher eine Verknüpfung von Statements denn ein richtiges Interview,
- das *paradoxe Interview/Off-the-record-Interview* ist jenes, wo der Vorstand beispielsweise ein *vertrauliches* Interview mit einem vertrauten Journalisten führt, aber dieses nicht ausgestrahlt wird (vertrauensbildende Maßnahme),
- modifiziert davon ist das *Interview unter zwei*, wo der Interviewgebende z. B. stimmlich und bildlich verzerrt ist, so daß er anonym bleibt. Im Printbereich ist es das typische Interview mit einem Informanten,
- das *Überfallinterview* oder auch *Wegelagerer-Interview* (H. Schmidt) ist das, wo Journalisten vor dem Sitzungssaal warten, um dann anschließend die fusionierenden Parteien kurz in Person der Vorstände zu befragen,
- das *kalte Interview* ist jenes, wo Sie beispielsweise gerade beim Golfen sind und plötzlich ein Kamerateam auf Sie zuläuft und ein Interview vor Ort führen will, weil Ihr Buchhalter festgenommen wurde,
- das *ideale, vorbereitete Interview*: Sie werden zu einem entfernten Sende-

termin offiziell eingeladen, und die Fragen werden sogar telefonisch vorab besprochen,

◆ das *Kreuzfeuerinterview* ist jenes, wo Ihnen zwei Gesprächspartner gegenübersitzen und ein journalistisches «Verhör» beginnt. Dabei sollen zwei journalistische Gesprächspartner mehr Pep und Drive, mehr Stakkato in den Gesprächsablauf bringen (was jedoch nicht immer gelingt).

Übrigens: Die durchschnittliche Redezeit während eines Interviews im Fernsehen liegt bei gerade einmal *20 bis 22 Sekunden*, bevor man im Normalfall unterbrochen wird. In den USA sind es sogar deutlich unter 20, etwa *10 bis 15 Sekunden*.
Also: Kernbotschaften adressieren!

So bereiten Sie ein Interview professionell vor

◆ Wer ist mein *Interviewpartner*, was kann ich über ihn erfahren? Häufig gibt es sogar Infomaterial aus der Redaktion des Senders.
◆ Machen Sie sich mit dem Thema *publikumsbezogen* vertraut. Pauken Sie Beispiele, die den Zuschauer/Hörer in seinem Lebensbereich erreichen. Stellen Sie sich Presse-Infos, Aussagen, Statistiken unter der entscheidenden Frage Ihres Publikums zusammen: «Was geht das mich an?!»
◆ Gliedern Sie Ihr *Material* nach Wichtigkeit, fassen Sie thematische Schwerpunkte in Stichworten zusammen.
◆ Überlegen Sie sich schon eine mögliche
  – erläuternde *Einstiegs-Kernbotschaft*, die prägnant klärt, was dieses Thema den Zuschauer zu Hause angeht,
  – zusammenfassende *Schlußaussage*, die noch einmal Ihre entscheidende Kernbotschaft resümiert.
◆ Fragen Sie in der *Redaktion* an, ob man Ihnen vielleicht schon den Fragenkatalog im Vorfeld der Sendung zustellen kann, oder klären Sie zumindest die Frage-Intention ab. Doch Vorsicht, nicht immer wird man Ihnen hier die tatsächlichen Fragen vorlegen.
◆ Üben Sie das prägnante *Formulieren* Ihrer Kernbotschaften in wenigen Sätzen, am besten vor dem Spiegel. Ja, Sie haben richtig gelesen: vor dem Spiegel. Dabei sehen Sie nämlich, wie Sie Ihre Aussagen hinüberbringen.
◆ Üben Sie, *kritische Fragen* zu beantworten im Kreise von neutralen Beobachtern, häufig sind Kollegen zu nett und zu nachsichtig, vor allem aber zu höflich, um wirklich genau Ihre Antworten einzuschätzen. In kritischen Situationen ist ehrliches Feedback unabdingbar.

Übrigens: Ich habe Leute für eine dreiviertelstündige Sendung schon bis zu *drei Tage* vorbereitet. Und es hätte immer noch Verbesserungsmöglichkeiten bei den Antworten gegeben – obwohl viele von ihnen schon richtige Kameraprofis waren ...

◆ Denken Sie an *Beispiele* und an *Publikumswirksamkeit*. Notieren Sie sich beides als Hinweis vielleicht sogar auf einem Stichwortzettel.

◆ Vermeiden Sie *Fachbegriffe* und Fremdwörter. Falls Sie nicht umhinkommen, erklären Sie diese kurz und prägnant (was gelernt sein will !). Übrigens: Nicht jeder hat das Format im Interview wie ein *Herbert Wehner*, der zu seinem Interviewpartner *Lueg* sagte: «Herr *Lüg*, Sie wissen gar nichts!». Oder eines *Franz-Josef Strauß*: «Der Unterschied zwischen Ihnen und mir liegt darin, daß ich ungenau richtig, Sie aber exakt falsch in Ihrer Aussage sind.» Also – vorbereiten!

Professionelle Statements

Statements sind Darstellungen, Feststellungen oder Erklärungen eines Unternehmens oder Repräsentanten, eine Direktansprache des Publikums. Journalistische Intention ist es, authentische Aussagen einer Person zu einem ganz bestimmten Ereignis, einem Sachverhalt oder vielleicht auch einer kritischen Situation einzuholen, wobei die Person als situativ Betroffener durch die Abgabe des Statements jeweils selbst zur «*personalen Quelle*» wird.

Ihr *Ziel* ist es, eine möglichst knappe, präzise und prägnant formulierte Aussage zu Ihrem Thema abzugeben.

Schwierigkeiten gibt es überall dort, wo beispielsweise auf einer Pressekonferenz Statements mitgeschnitten werden, die sich sehr unterschiedlich auf Stil, Form oder Inhalt Ihrer Erklärung auswirken.

Gerne nehmen Redaktionen dann Kürzungen vor oder akzeptieren auch einmal störende Nebengeräusche, vielleicht Zwischenfragen oder Zwischenrufe.

Was Sie vorher abklären müssen

◆ Ist eine Kernaussage gewünscht?
◆ Wozu soll ich eine Kernaussage treffen?
◆ Warum gerade ich als Fachmann?
◆ Welcher Zeitrahmen steht mir zur Verfügung?
◆ Welches Vorwissen kann ich bei meinem Publikum voraussetzen?
◆ Ist das Statement als Life-Beitrag geplant oder wo wird es eingebaut?
◆ Wie genau ist die zeitliche Rahmenvorstellung meines Statements?

- Welche Frage wird mir als Grundaussage für mein Statement vorgegeben?

Bitte achten Sie darauf, daß Sie nicht mehr sprechen, als wirklich notwendig! Nachträgliche Kürzungen verzerren Ihre Aussage!

So geben Sie professionelle Statements ab

- Verzichten Sie auf eine direkte Anrede des Journalisten oder des Publikums, steigen Sie direkt ein und vor allem: Kein Dankeschön an den Schluß gesetzt!
- Wiederholen Sie niemals die Ausgangsfragestellung – kommen Sie direkt zu Ihrem Kern.
- Sprechen Sie niemals in «Sie-Form» ein imaginäres Publikum an.
- Feilen Sie solange an Ihren Aussagen, bis Sie es wortwörtlich auf die Sekunde genau formulieren können.
- Achten Sie auf die gewählte Kameraperspektive, d. h., ob eventuell im Hintergrund Motive angegeben sind, die Sie als Unternehmensvertreter schlecht aussehen lassen.
- Lassen Sie sich vom Journalisten eine präzise Ausgangsfrage für Ihr Statement vorgeben, so daß kein «zufälliger Mitschnitt» entsteht.
- Verzichten Sie ganz und gar darauf, sich als Person mit Namen oder Titel vorzustellen.
- Klären Sie ab, ob man Ihr Statement «unterschneidet», d. h., während eines längeren Statements Ihr Bild durch andere Bilder ersetzen möchte. Sollte dieses der Fall sein, lassen Sie sich die jeweilig unterschneidenden Bilder vorher zeigen.
- Schauen Sie direkt in die Kamera, bieten Sie ein freundliches Lächeln, keinen starren Blick.
- Sie versprechen sich? Dann wiederholen Sie Ihr Statement solange, bis es möglichst genau passgerecht und sauber formuliert kommt.
- Lassen Sie sich Ihr Statement jederzeit noch einmal kurz vorspielen, achten Sie auf den Hintergrund und eventuell störende Nebengeräusche.

**Wer selten zum Nach-Denken kommt,
hält seine Gedanken sehr oft für wunderwerte Raritäten.**

Todsünden beim Statement – so mißlingt es garantiert

◆ Holen Sie möglichst schnell Luft, wenn der Kamerastart erfolgt, so daß Sie keine Zeit haben, als Person zu wirken.

◆ Lassen Sie Ihren Blick während des Statements durch die Gegend schweifen, so daß die Wirkung entsteht, als ob eine zufällige Kameraaufnahme entstanden ist.

◆ Beziehen Sie sich auf Zeitungsartikel oder Ihre Unternehmensbroschüre und halten Sie diese wie in einem Werbespot in der Hand.

◆ Demonstrieren Sie dem Publikum Intellektualität und fachliche Überlegenheit durch möglichst viele Fremdwörter. Schließlich sagt ein Fachbegriff mehr als tausend einfache Worte.

◆ Geben Sie ruhig Statements ab, ohne daß Sie der Fachmann sind. Ein Unternehmenssprecher sollte über alles sprechen können.

◆ Wiederholen Sie niemals Ihr Statement, schließlich sollen doch die Kameraleute ruhig etwas Mühe haben, an der richtigen Stelle ein Statement, Ihr Statement, zu kürzen.

◆ Lassen Sie in das Statement ruhig Zitate einfließen, gerade hier bietet sich die beste Gelegenheit, Ihre humanistische Bildung zu unterstreichen.

Denken Sie daran: Statements entstehen im Kopf – nicht im Kehlkopf.

Übrigens:

◆ Mit etwa 5000–15 000 DM können Sie sich und Ihr Unternehmen in einer Wirtschaftssendung etwa 5–10 Minuten vorstellen.
Häufig ist dies – gut plaziert – eine optimale Marketingmaßnahme.

◆ Ein gutes Unternehmensvideo, sendebereit produziert, kostet ab 50 000 DM.

Die Statement-Formulierung durch eine logische oder zeitliche Kette (Beispiel!)

Die Statement-Formulierung mittels logischer oder zeitlicher Kettenargumentation entwickelt im deutlichen Gegenüber zum Aufsatzplan ihre Zielargumentation aus der strengen logischen oder zeitlichen Entwicklung Ihres Gedankenablaufes.

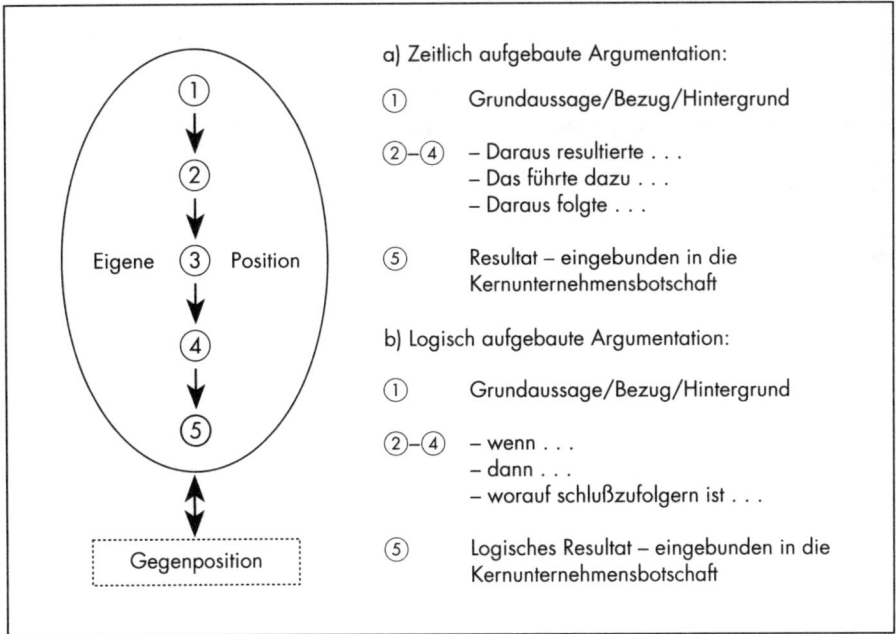

a) Zeitlich aufgebaute Argumentation:

①   Grundaussage/Bezug/Hintergrund

②–④   – Daraus resultierte . . .
           – Das führte dazu . . .
           – Daraus folgte . . .

⑤   Resultat – eingebunden in die
           Kernunternehmensbotschaft

b) Logisch aufgebaute Argumentation:

①   Grundaussage/Bezug/Hintergrund

②–④   – wenn . . .
           – dann . . .
           – worauf schlußzufolgern ist . . .

⑤   Logisches Resultat – eingebunden in die
           Kernunternehmensbotschaft

Quelle: Dr. Karsten Bredemeier, Fernsehtraining, Orell Füssli Verlag 1993

Mein Tip:

Versuchen Sie einmal, Ihre Kernaussage in dieses Muster einzubauen –
Sie werden merken, daß Ihnen diese Struktur hilft.

Übrigens, es gibt noch weitere Muster mit thematisch anderen Orientierungen.

Bitte informieren Sie sich im Kapitel «Der strukturierte Aufbau einer Rede oder Präsentation»!

Nachbereitungs-Checkliste für öffentliche Auftritte

Bitte überprüfen Sie nach öffentlichen Auftritten ganz genau, wie Sie diese
in Zukunft vielleicht optimieren können.

Folgende Punkte sind in der Publikumswirksamkeit und Mediensicherheit entscheidend:

◆   Hatten Sie ausreichend Vorbereitungszeit?
◆   War die Gesprächszielsetzung klar?
◆   Hatten Sie genug Informationen über den Journalisten und die Sendung eingeholt?
◆   War Ihr Auftreten sicher und souverän?

- Hatten Sie eine vorteilhafte Kleidung an?
- War Ihre Rhetorik sauber und auf Kernaussagen ausgerichtet?
- War Ihre Argumentation zielgerichtet?
- Haben Sie Ihre Kernaussagen mit Beispielen untermauert?
- Waren Ihre Antworten kurz und prägnant?
- Ist die Frage geklärt worden: Was geht das mich an?
- Haben Sie plastische Beispiele gewählt und eine einfache Sprache?
- Haben Sie ein positives Schlußwort gefunden?
- Und: Welche Rückmeldungen haben Sie auf Ihren Auftritt bekommen?

Übrigens, nach-denkenswert:
- Öffentliche Auftritte sind häufig Spielhöllen persönlicher Eitelkeiten.
- Halbe Erfolge sind die gefährlichsten; welches «Restrisiko» sind Sie bereit einzugehen?
- In den Medien wird viel Gutes und Neues erzählt, leider ist das «Neue» oft nicht neu und das «Gute» nicht gut.

Der richtige Small talk: Lockeres Auftreten bei gesellschaftlichen Anlässen

Es ist ein Irrglaube, daß man das, was man nicht im Kopf hat, beim Small talk ausgerechnet im Kehlkopf hat, wie es ein bekannter Politiker einmal sehr *un*nett formulierte.

Aber, es gibt ein paar einfache Tricks und Methoden, auf dem gesellschaftlichen Parkett mit beschränkter Haftung nicht hilflos herumstehen zu müssen, nicht mehr als nur ein paar Worte stammeln zu können oder sogar ein Fettnäpfchen wider Willen zu betreten.

So gibt es auch mittlerweile einige Bücher zum Thema Small talk. Eines der unterhaltsamsten hat Wolf W. Lasko geschrieben, der «Small talk und Karriere» als Rezeptbuch «aus persönlicher Verzweiflung über die Hilflosigkeit mancher Menschen beim kunstvollen Austausch von Belanglosigkeiten» verstanden wissen möchte (Gabler 1993).

Freundlicher, vorerst unverbindlicher Austausch von «sozialen Geräuschen» und primär darauf ausgelegt, nur kein tiefsinniges Gespräch zwischen noch unbekannten Gesprächspartnern entstehen zu lassen, das ist der professionelle Small talk. Jemand, der bei der Gesprächseröffnung sinnige Gedanken produziert und anderen seine Gesprächsthemen aufzwingt, direkt auf ein Anliegen zu sprechen kommt oder keine öffnenden Fragen stellt (indem er nur sich und seine Welt thematisiert), der verfehlt (zunächst) sein

Gesprächsziel und wird entweder zum Alleinunterhalter oder zum Stören-fried jeder Geselligkeit.

Außerdem: Nichts ist so furchtbar wie ein sogenannter *Sprechzwang*, der in der Regel bei einer geselligen Runde nach etwa 3 Sekunden entsteht. Ihm fallen auch ausgebildete Redeprofis zum Opfer, die in diesem Moment das Gefühl verspüren, etwas Unterhaltsames zum allgemeinen Schweigen beisteuern zu *müssen*. Hier entwickeln sich dann die Fußangeln des Small talk, die da heißen

◆ ausgesprochene Plattheiten in dem, was gesagt wird,
◆ Tabuthemen oder Fettnäpfchen, die zu Peinlichkeiten führen,
◆ Protzereien oder Selbstdarstellungen, die dazu führen, daß die anderen Gesprächspartner auf Distanz gehen.

Trösten Sie sich ruhig damit, daß Sie ja nur versuchen wollten, das Gespräch in Gang zu bringen, doch Ihre Gegenüber werden froh sein, daß sie jemanden gefunden haben, auf den sie ihre Unzulänglichkeiten projizieren können. Nichts ist schlimmer als das Fazit «Er hat ja zumindest versucht, das Gespräch anzukurbeln . . . (und es nicht geschafft!) . . .»

Doch nicht nur für die Gesprächseröffnung, sondern auch für die Gesprächsweiterführung und schließlich für das Beendigen desselben helfen Ihnen die wichtigsten nachfolgend aufgeführten Small-talk-Tips.

Denn schließlich ist der erste Eindruck auf andere der entscheidende, der letzte bleibt haften – und zwischendurch gilt es ja auch, lebendige und gesprächsbereichernde Kommunikation zu betreiben.

Mit Small talk hole ich den anderen in seinem «Hier und Jetzt» unserer gemeinsamen Gesprächssituation ab, erwärme ich ihn für mich und mein Anliegen, vor allem aber für meine Person.

Die Gefahr, Konversion zu pflegen, trotzdem aber nicht in berufliche Gespräche «abzurutschen», lauert bei jedem gesellschaftlichen Auftritt. Gehen Sie davon aus, daß viele Ihrer potentiellen Gesprächspartner gar nichts mit sich und/oder anderen anzufangen wissen, wenn es nicht gerade geschäftliche Belange betrifft, die man ins Gespräch bringen könnte. So mancher kann auch nur über sich, seine Hobbies, seine Welt und seinen «Lebenserfahrungshorizont» reden – ohne jedoch anderen zuhören zu können. Ein anderer wiederum hält sich an seinem Sektglas fest und schiebt sich ein Häppchen nach dem anderen in den Mund – wohlwissend, daß man mit vollem Mund nicht redet. Und dann gibt es noch diejenigen, die zwar wollen, aber nicht können. Sie brauchen die Korsettstange eines Gesprächs, die ihnen allerdings ihr Gegenüber gestalten soll und muß.

Small-talk-Tip 1

Sie sind zu einer kleinen Gesprächsrunde gestoßen, die noch nicht so richtig in Gang gekommen ist. Sprechen Sie nun beim Dazukommen nie den Vordermann oder denjenigen an, der neben Ihnen steht, sondern jemanden, der ein Stück weiter weg, praktisch gegenüber steht. Das schafft Ihnen und anderen – ein durchaus positiver und angenehmer Nebeneffekt – die notwendige Gesprächsdistanz, weil die Gruppe sich automatisch Ihnen gegenüber öffnen wird und muß. Wir Menschen sind höflich, gerade bei geselligen, öffentlichen Auftritten. Nun wird der Gesprächskreis aufmerksam auf Sie. Gut ist es, wenn Sie bereits einige Wortfetzen aufgeschnappt haben und diese nun einwerfen: «Ich hörte gerade . . . .!?» – Sobald Sie nun eine Pause machen, setzt – ja, richtig – *Sprechzwang* ein. Und jetzt Vorsicht. Wollen Sie das Gespräch am Laufen halten, gibt es nur ein Mittel: *offene Fragen* stellen!

Small-talk-Tip 2

Natürlich können Sie jetzt aus Ihrer «neuen Gruppe» heraus jemand anderen fokussieren: «Da drüben, der Herr im blauen Anzug, das ist doch unser Chefredakteur, oder etwa nicht?!» Das signalisiert Interesse an Information und Informiertsein über Personen, richtet jedoch den Gesprächsstoff aus der Gruppe heraus auf eine andere Zielperson. Und wer talkt nicht gern über andere? Wichtig ist nur, daß Sie irgendwann den Bogen zurückschlagen und das Thema langsam, aber zielorientiert auf die eigene Gruppe lenken: «Übrigens, woher kennen Sie ihn denn?»

Small-talk-Tip 3

Wenn Sie registrieren, daß Sie in ein vertiefendes oder gar zu tiefes, den Rahmen sprengendes Gespräch hineingeraten, dann können Sie beispielsweise reagieren, indem Sie:
◆ Worte Ihrer Gesprächspartner aufnehmen:«Ja, jeder glaubt an irgend etwas. Ich z. B. glaube, wir brauchen alle noch ein Getränk.»
◆ Ein Ablenkungsmanöver starten: «Kommt da nicht gerade . . .?»
◆ Selber aus dem Kreis aussteigen: «So, ich muß mich jetzt aber einmal um meinen Mann kümmern . . .»
◆ Sich den nächsten Bekannten greifen: «Übrigens, darf ich Ihnen vorstellen . . .»
◆ Das Thema wechseln: «Entschuldigung, aber mir fällt gerade ein . . .»
◆ Oder lachend das Thema beenden: «Ach, aber ich glaube, wir vertiefen

uns zu sehr in das Thema. Und ich möchte die anderen Anwesenden auf keinen Fall langweilen.»

◆ ... (Ihnen fällt bestimmt noch etwas ein!!!) ...

Small-talk-Tip 4

Meiden Sie – wenn möglich – von sich aus alle allzu gesprächigen, lautstarken und auffällig-auffallenden Zeitgenossen bei öffentlichen Veranstaltungen. Denn sonst wird dieser Mensch Sie langweilen, Sie werden nicht zu Wort kommen oder werden sehr schnell mit ihm in einen inoffiziellen Wettstreit darüber geraten, wer denn jetzt der bessere Unterhalter für die Gruppe ist.

So oder so, Sie können nur an Sympathie bei anderen *verlieren*. Es sei denn, Sie sind darauf aus, ihn zu provozieren. Doch Vorsicht, denn sehr schnell droht hier für ihn (und für Sie) Gesichtsverlust. Und das ist doch der amüsanteste Small talk nicht wert, oder?

Und wenn ein solcher Zeitgenosse Sie aussucht, um mit Ihnen Schmalspurkonversation zu führen, so wenden Sie den Tip 3 an.

Small-talk-Tip 5

«Machen Sie sich rar. Seien Sie unauffällig und ansprechbar. So machen Sie sich ohne großen persönlichen Einsatz interessant», so formulierte es einmal ein Zeitgenosse. Doch wie geht das? Schließlich ist es doch paradox, «sich in den Hintergrund zu stellen» und gleichsam «Gesprächsbereitschaft» so zu signalisieren, daß man auch wirklich angesprochen wird.

Nein, so funktioniert es wohl kaum. Seien Sie selber aktiv, sprechen Sie andere an.

Eine gute Sache ist es, wenn Sie nach einer Gesellschaft, zu der Sie eingeladen worden waren, einmal reflektieren, welche Chancen Sie *ergriffen* und welche Sie *verpaßt* haben. Legen Sie sich Gesprächseröffnungen, weiterführenden Gesprächsstoff zurecht, den Sie hätten verbal ins Spiel bringen können.

Hier ist eine gute Nachbereitung Gold wert. Übrigens, auch das Gespräch mit dem eigenen Spiegelbild ist wiederum zu empfehlen: Stellen Sie sich vor Ihren Spiegel und *üben* Sie Gesprächseröffnungen. Dieses hat den Vorteil, daß sich Formulierungen sehr schnell im Kopf festsetzen.

Small-talk-Tip 6

Sobald Sie mit Ihren Gesprächspartnern im Small talk warm geworden sind, versuchen Sie, durch öffnende Fragen das Gespräch zu beleben, da Sie damit den anderen die Möglichkeit geben, sich zu präsentieren und zu positionieren. Ihre Gesprächspartner werden es Ihnen danken, daß Sie die Gelegenheit dazu bekommen. Anschließend werden sie sogar behaupten, daß gerade die Unterhaltung mit Ihnen besonders gutgetan hätte, nicht weil Sie intensiv zugehört haben, sondern weil es ein so *intensives Gespräch* gewesen sei. Darum gilt: Nutzen Sie Ihr Kapital, hören Sie anderen aktiv zu.

Und Sie erinnern sich, was *aktives Zuhören* bedeutet, oder?

Deshalb noch einmal:

◆ Körpersprachlich dem anderen signalisieren, daß man ihm sein Ohr schenkt. Dieses tut man, indem Sie beispielsweise nicken oder auch einmal paraverbale Geräusche produzieren, wie z. B. «Aha . . .!»

◆ Genau zuhören, wie etwas gesagt wird und wie es gemeint sein könnte (Interpretation) – und dann vertiefende Fragen stellen, die Ihr Interesse widerspiegeln.

Small-talk-Tip 7

Die abgedroschene *Floskel* «Haben wir uns nicht schon einmal gesehen?» ist für Sie immer ein letzter Rettungsanker, weil sie zwar nicht auf die angenehmste und subtile Art den anderen in das Gespräch einbindet, aber sie tut es zumindest.

Auch ein rascher Blick auf das, was Ihnen an der Kleidung, der Frisur oder sonstwie angenehm auffällt, bringt Sie ebenfalls weiter. Schließlich sind wir alle eitle Menschen, die es gerne hören, wenn ihnen geschmeichelt wird. Nur bitte, nicht allzu plump . . .

Gehen Sie mit einem freundlichen Lächeln und ein paar netten Worten auf den anderen zu, und Sie werden im Gespräch und beim Gegenüber an Sympathie gewinnen.

◆ Eine ganz *freche Art* besteht übrigens darin, auf jemanden zuzugehen und ihn folgendermaßen anzusprechen: «Entschuldigen Sie, können Sie mir helfen? Ich würde Sie gerne ansprechen, aber mir fehlen die passenden Worte – wissen Sie zufällig eine passende Gesprächseröffnung . . .?»

Hier noch einige grundlegende Regeln

◆ Ihrem Gesprächspartner geht der Gesprächsstoff aus? Kein Grund, peinlich zu schweigen. Sprechen Sie beispielsweise jemand anderen aus dem Kreis an und befragen Sie ihn zu seiner Meinung. Sie können ebenso natürlich galant auf ein anderes Thema überleiten.

◆ Bitte lassen Sie keine negativen Bemerkungen bei Gesprächen über anwesende Dritte fallen. Fragen Sie Ihren Gesprächspartner ruhig nach Anwesenden, bewerten Sie diese Personen jedoch nicht. Denn der furchtbar laute, «merkwürdig gekleidete» Mann da hinten kann «mein Bruder!» sein.

◆ Äußern Sie sich niemals gegenüber Unbekannten über diese «langweilige Fete mit lauter Spießern»! Denn auf die Frage, ob Sie nicht die Lokalität wechseln wollen, kann Ihre neue Bekanntschaft mit den Worten reagieren: «Tut mir leid, geht nicht. Denn ich bin hier der Gastgeber.»

◆ Halten Sie sich mit streitbaren Themen wie z. B. der Politik und auch Pauschalierungen von Gesellschaftsschichten oder bestimmten Berufsgruppen zurück. Smalltalk heißt Konversation zu pflegen und nicht Streitgespräche vom Zaun zu brechen. Trösten Sie sich damit, daß Sie innerhalb von wenigen Minuten keinen Menschen grundlegend bekehren können (und sollen!).

◆ Hände weg vom Alkohol, denn der ist ein Gesprächskiller, kein Aufputschmittel hingegen für Leute, die sowieso nichts zu sagen haben oder für jene, die nicht wissen, was sie sagen sollen.

◆ Prahlen Sie weder mit dem, was Sie sind, noch mit dem, was Sie tun. Diese Typen finden Sie auf jeder öffentlichen Veranstaltung. Und die Leute hassen sie ebenso wie diejenigen, die ständig von ihren eigenen, ganz persönlichen Pechsträhnen oder Krankheiten sprechen.

◆ Profilieren Sie sich ruhig als Witzeerzähler und Schotenreißer. Denn dann sind Sie auf jeden Fall der Kaspar Ihrer kleinen Gesellschaft. Das ist doch wenigstens etwas . . . Und nehmen Sie es als Kompliment, wenn Sie anschließend hören: «Noch nie einen schlechten Witz so gut erzählt bekommen. . .»

◆ Vermeiden Sie komplexe und Spezialwissen erfordernde Fachthemen, die den Rahmen jeder Nullachtfünfzehn-Konversation zerstören, da dieses häufig jede auch noch so nette Gesellschaft sprengt.

◆ Vorsicht ist natürlich auch dort geboten, wenn Sie Fremdworte oder eine Fremdsprache nur begrenzt beherrschen. Unser Tip: Bleiben Sie sich treu in Ihrer Sprechweise und Ihrem benutzten Vokabular. Sollten Sie jedoch einem Ausländer mit sehr begrenztem Sprachschatz gegenüberstehen, so pfeifen Sie auf möglichst korrekte Ausdrucksweise, quatschen Sie darauf los – und spötteln Sie ruhig über sich selbst. Manchmal wird es aber auch zum geselligen Spaß, sich in einer kleinen intellektuellen Runde mit möglichst vielen *falsch verwendeten* Fremdwörtern zu vergnügen. So kenne ich beispielsweise einen Professor, der in einer ihm unbekannten Gesellschaft gerne dieses Spielchen treibt, sich sogar verbessern läßt und sich dann erst am Schluß als Literaturwissenschaftler mit fünf fließend beherrschten Fremdsprachen zu erkennen gibt.

◆ Wenn Ihnen Ihr neuer Gesprächspartner bereits allzu alkoholisiert erscheint, begnügen Sie sich mit einem kurzen Gespräch – und «seilen» Sie sich möglichst bald ab, da Sie ansonsten sehr schnell ein Streitgespräch haben, Sie sich «zuquatschen lassen» müssen oder er Ihnen vielleicht gegenüber eine Offenheit zutage legt, die er am nächsten Tage bereuen mag.

Ein bekannter Kommunikationsspezialist gab einmal den folgenden Tip ab:
«Der typische Small talk: Man sagt sich alles, was man sich ansonsten sowieso nicht zu sagen hat. Wenn Sie die Gepflogenheiten dieser Gesprächsform beherzigen, werden Sie feststellen, wie die Wertschätzung Ihres Gesprächspartners für Sie zunimmt und wie schnell und leichter es Ihnen gelingt, auf Ihr eigentliches Anliegen zu sprechen zu kommen.»
Dazu fällt mir nur ein: bloß nicht!!!
Denn sich alles zu sagen, was man sich sowieso nicht zu sagen hat, kann für die beste und zwangsloseste Geselligkeit das verbale «Aus» sein. Small talk ist Kommunikation unter besonderer Berücksichtigung einer herausfordernden Sozialisationsphase.
Viel Spaß dabei – Sie schaffen es schon!

Übrigens, während ein Vortrag zu halten ist, wie ein Architekt Häuser baut, nämlich einen Plan zu entwerfen und dann wirklich die Einzelaussagen stilvoll anzuordnen, ist Small talk vergleichbar der Art, wie wir Domino spielen:
Stein folgt auf Stein – und das Muster entsteht von selbst!

Übungen

Übung 1:
Stärkung der kritischen Informationsaufnahme und reflektierten Verarbeitung (Eigensteuerung)

Schauen Sie sich regelmäßig Fernsehbeiträge an, deren Aussagen Sie zumindest für fragwürdig halten. Nehmen Sie das Gesehene und Gehörte ernst.

◆ Notieren Sie sich auf einem DIN A4-Zettel, den Sie in drei Spalten (+/−/?) unterteilt haben, wo Sie Zustimmung erwarten, wo Sie anderer Meinung sind oder wo Aussagen Ihnen fraglich erscheinen.
Sie erhalten somit im ersten Schritt ein differenziertes Meinungsbild, welches über ein «Schwarz oder Weiß» hinausgeht.

◆ Formulieren Sie anschließend an die Sendung zu den von Ihnen nicht geteilten Aussagen Ihre dezidierte Kritik, die jedoch nur maximal drei bis fünf kurze Sätze lang sein soll. Versuchen Sie außerdem noch, ein Beispiel zu finden, das die Richtigkeit Ihrer Kritik untermauert.

◆ Versuchen Sie nun einmal, die von Ihnen geteilten Aussagen ebenfalls in ähnlicher Art, Weise und Form zu hinterfragen.

◆ Ordnen Sie nun die wichtigsten sechs Kernaussagen (drei positive, drei negative) gedanklich. Nehmen Sie außerdem drei (wenn möglich!) noch offene Aussagen hinzu.

Formulieren Sie in aller Kürze ein maximal zweiminütiges Statement, welches Sie sich selbst vortragen.

Beachten Sie dabei die vorgegebene Dreigeteiltheit.

Übrigens läßt sich ein solches Statement auch mittels eines Diktiergerätes «mitschneiden» und gegebenenfalls solange wiederholen, bis Sie es klar, prägnant, verständlich und flüssig formuliert haben (Pausen beachten!).

Anfangs wird es vielleicht viel Mühe erfordern und Sie verzweifeln lassen. Doch Dranbleiben lohnt sich!

Übung 2:
Stärkung der Formulierungs- und Artikulationsklarheit

Ein ganz einfacher Trick, seine Kommunikationsfähigkeit zu stärken, besteht darin, sich vor einen Spiegel zu setzen und «seinem Gegenüber» einen Vortrag zu halten.

Diese Übung hilft Ihnen mehrfach, da Sie Ihre eigenen Gedanken, die Ihnen bislang nur im Kopf herumspukten, nun auch einmal ausformulieren müssen.

Andererseits lernen Sie, differenzierte Aussagen zu machen und diese auch verständlich zu formulieren.

Spannend ist außerdem, daß Ihr Spiegelbild Sie auch zwingt, sich auf Ihre Aussagen zu konzentrieren, obwohl Sie die gemachten Beobachtungen Ihrer selbst dabei ablenken.

Letztlich kontrollieren Sie dabei auch Ihre Gestik und Mimik; lernen, pointierte Aussagen auch wirkungsvoll nonverbal zu begleiten und zu unterstreichen.

Eine herrliche Übung, die allerdings viel Selbstdisziplin erfordert und zugleich eine natürliche Selbstkritik anerzieht.

Übung 3:
Klare, akzentuierte und pausenbetonte Aussprache

Vielfach überraschen wir uns dabei, daß wir häufig Silben verschlucken, überlange Sätze verschachtelt und kaum noch nochvollziehbar strukturieren, Pausen mitten in den Sätzen machen, nämlich dort, wo sie nicht hingehören, und stockend reden.

◆ Nehmen Sie nun einen etwas längeren Text, vielleicht aus dem Kulturteil Ihrer Tageszeitung vom Wochenende, und lesen Sie diesen laut vor. Damit jedoch wirkliche «Sprecherziehung» erfolgt, benötigen Sie noch einen Weinflaschenkorken, auf dem Sie mit Ihren Vorderzähnen beißen. Beim Vorlesen – natürlich vor dem Leeren der Flasche, obwohl es anders herum auch seine Reize hätte – achten Sie bitte darauf, daß Sie den Text nun klar mit den Lippen artikulieren und gleichzeitig fest den Korken mit den Zähnen halten. Lesen Sie den Text langsam und möglichst deutlich, was natürlich schwerfällt. Halten Sie dabei Punkt-, Komma-, Semikolon- und Absatzpausen ein.

Lesen Sie den Text nun zweimal.

◆ Im Anschluß an das zweimalige Lesen mit dem Korken lesen Sie bitte den Text nun noch einmal, allerdings ohne Korken.
Behalten Sie die Pausentechnik und die saubere, akzentuierte Lippenbewegung bei . . . und Sie stellen fest, daß sich Ihnen neue Sprechwelten eröffnen.
Ein tägliches fünf- bis zehnminütiges Training über vier bis sechs Wochen wirkt wahre Wunder. Doch nur regelmäßiges Üben macht den Meister, suchen Sie sich deshalb auch regelmäßig Zeiten dafür aus, in denen Sie nicht (!) gestört werden.

Übung 4:
Wahrnehmung der eigenen Bedürfnisse und Vertretung persönlicher Interessen

Oftmals erlauben wir uns, indem wir Güte sagen und Gutmütigkeit meinen, unsere eigenen Interessen zugunsten der Interessen, Bedürfnisse, Wünsche oder Erwartungen anderer aufzugeben.

Dieses ist solange okay, bis wir im Bauch langsam Ärger aufsteigen fühlen und unsere eigene «Blödheit»; «hätte ich doch» sagen wir uns heimlich, weil wir vielleicht befürchtet haben, daß man uns Freundschaft entzieht oder der die Firma verkörpernde Chef uns aus dem Dunstkreis seines Wohlwollens entläßt.

→ Suchen Sie sich eine solche «vergangene» Situation heraus und üben Sie (wieder mit dem Spiegel), Ihrem Gegenüber «nein» zu sagen.
Begründen Sie dies einfach

◆ mit Ihrem Recht, Ihren Vorstellungen, Ihren Bedürfnissen, Ihrem Wunsch . . .

◆ als für Sie persönlich (!) wichtiger

◆ dadurch, daß Sie Ihre Meinung geändert haben (ohne Begründung).

Führen Sie nun einen Dialog über diese geänderte Einstellung. Falls Ihr Spiegelbild eine Begründung hören möchte, so weisen Sie dieses entschieden zurück. Räumen Sie ein, daß dies vielleicht ein Fehler sei, daß letztlich jedoch Sie die Entscheidung tragen müßten – wie ja schließlich auch die Verantwortung. Weisen Sie darauf hin, daß Ihr Gegenüber nicht die Entscheidung zu teilen, wohl aber zu respektieren hätte.

→ Suchen Sie sich nun eine Situation aus, die noch vor Ihnen liegt und wo Sie genau wissen, daß es Ihnen schwerfallen wird, Ihre Entscheidung durchzuboxen.

Variation:
Stellen Sie zwei Stühle gegenüber auf, setzen Sie sich auf den einen, vertreten Sie Ihre Position, setzen sich auf den anderen, hinterfragen Sie die Position, wechseln Sie wieder den Stuhl, und so weiter . . .!

Übung 5:
Optimiertes Abspeichern von Informationen

Vielfach speichern wir nur Bruchteile des Gesehenen oder Gehörten ab, doch es gibt eine Methode, mehr Informationen langfristiger und intensiver aufzunehmen. Wir nennen es «Gehirnkarten anlegen», sog. «mind-maps».

◆ Schauen Sie sich konzentriert eine Fernsehsendung an und schreiben Sie stichwortartig die wichtigsten Dinge auf. Im Anschluß an die Sendung legen Sie sich bitte zur Abspeicherung der gehörten Information mittels der Notizen ein ähnliches Modell an, wie es nachfolgend skizziert ist:

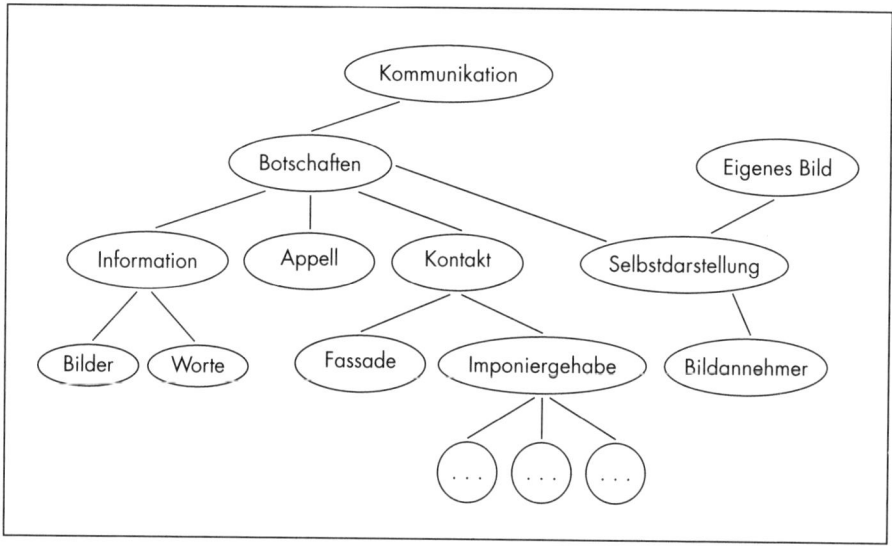

Haben Sie Ihr Modell für die angeschaute Sendung angelegt? So, fein.

→ Prägen Sie sich nun Ihr Modell ein.

Weitergehend:

Versuchen Sie im Anschluß an eine andere Informationssendung sich nun ein solches «mind-map»-Modell nur gedanklich anzufertigen. Mit etwas Übung und der nötigen Konzentration entsteht bald ein solches Modell vor Ihrem «inneren Auge». Toi, toi, toi.

Gruppenübung 1: Der heiße Stuhl

Es setzen sich zwei Gesprächspartner gegenüber und beginnen ein Gespräch, wobei die anderen Gruppenmitglieder sich im Halbkreis um das Paar setzen.

Sobald nun einer der Zuhörer das Gefühl hat, in der Kommunikation sei ein Fehler gemacht worden, hebt er die Hand. Daraufhin wird das Gespräch unterbrochen.

◆ Derjenige, der den Arm gehoben hat, schildert kurz, welchen Fehler er glaubt beobachtet zu haben.

◆ Anschließend heben alle, die es genauso empfinden, ebenfalls ihren Arm, ohne weitere Erklärungen abzugeben oder sich Erklärungen des Gesprächsführenden anzuhören.

◆ Ist dies die Mehrheit, so nimmt derjenige, der es gemerkt hat, den Platz des von ihm «beim Fehler Ertappten» ein – und das Gespräch geht weiter.

◆ Sollte nur die Minderheit den Arm heben, geht das Gespräch ohne Platzwechsel weiter.

Diese Übung sensibilisiert für Kommunikation, und sie verdeutlicht die subjektive Wahrnehmung in jeder Gesprächssituation, denn: Der andere entscheidet, wie etwas bei ihm ankommt.

Gruppenübung 2: Der Fragekreis

Die Gruppe sitzt im Kreis und führt zu einem bestimmten Thema ein Gespräch.

Doch anstatt einen Frage-Antwort-Zyklus zu haben, besteht die Übung darin, möglichst nur kurz zu antworten und die Antwort wiederum mit einer Frage auslaufen zu lassen.

Ziel der Übung ist es, nicht nur verschiedene Fragetechniken (siehe den dazugehörigen Abschnitt!) zu trainieren, sondern auch zu lernen, eine Frage in der Gruppe weiterzugeben.

Eine *verschärfte Form* der Übung stellt sich dar, wenn *keine* Antwort gegeben werden darf, sondern nur jeweils mit einer Gegenfrage «geantwortet» werden soll.

Die Übung erfordert eine extrem hohe Konzentration, wobei die Teilnehmer zugleich etwas über das «Verpacken» von Fragen lernen und die «Reaktion auf Ausfrager» am eigenen Leib erfahren.

Literaturverzeichnis

Die nachfolgend aufgeführte Literatur stellt nur eine kleine Auswahl der vorhandenen oder benutzten Literatur dar, die der Leserin wie dem Leser einige grundlegende Werke zur ersten Orientierung nennen soll.

Aebli, Hans: Zwölf Grundformen des Lernens. Stuttgart 1983.

Argyle, Michael: Körpersprache und Kommunikation. Paderborn 1978.

Baddeley, Alan: So denkt der Mensch. München 1986.

Bambeck, J./Wolters, A.: Brainpower. München 1991.

Birkenbihl, Vera F.: Erfolgstraining. 4. Aufl., München/Landsberg 1992.

Birkenbihl, Vera F.: Stroh im Kopf? 21. Aufl. München/Landsberg 1995

Birkenbihl, Vera F.: Psycho-logisch richtig verhandeln. 6. Aufl., München/Landsberg 1990

Bredemeier, Karsten: Medienpower. Erfolgreiche Kontakte zu Presse, Funk und Fernsehen. Zürich-Wiesbaden 1991.

  – als Taschenbuch redigiert, Düsseldorf 1993.

Bredemeier, K./Schlegel, H.: Die Kunst der Visualisierung. Zürich-Wiesbaden 1991.

  – als Taschenbuch redigiert, Düsseldorf 1994.

Bredemeier, Karsten: Fernseh-Training. Zürich-Wiesbaden 1993.

Bredemeier, Karsten u. a.: Führungswissen punktuell. Wiesbaden 1992.

Bredemeier, Karsten u. a.: Führungspower. Wiesbaden 1993.

Bredemeier, Karsten: Gewissensverständnis. Baden-Baden 1992.

Briggs, J./ Peat, F.D.: Die Entdeckung des Chaos. München 1993.

Brüsse W. u. a.: Fernsehen. Ein Medium sieht sich selbst.

Buzan, Tony: Nichts vergessen! Kopftraining für ein Supergedächtnis. München 1986.

Casdorff, Hans Hinrich: MedienPraxis für Manager. Düsseldorf 1991.

Capra, Fritjof: Wendezeit. Bausteine für ein neues Weltbild. Bern 1983.

Comenius, Johann Amos: Orbis sensualium pictus. Dortmund 1979.

Delp, Ludwig: Das gesamte Recht der Publizistik. Neuwied o. J.

Döring, Klaus W.: Lehren in der Weiterbildung. Weinheim 1988.

Ebeling, Peter: Rhetorik. Stuttgart 1986.

Eppler, Eberhard: Kavalleriepferde beim Hornsignal. Die Krise der Politik im Spiegel der Sprache. Frankfurt/Main 1992.

Farrelly, Frank: Provokative Therapie. Berlin 1986.

Ferguson, Marjorie: Public Communication – The New Imperatives. London 1993.

Field, S./Märthesheimer, P./Längsfeld, W.: Drehbuchschreiben für Fernsehen und Film, München 1990, 2. Aufl.

Fowles, Jib: Why viewers watch. London 1992.

Fricke: Recht für Journalisten. München 1995.

Graichen, Winfried U.: Das ABC der Arbeitsfreude. Speyer 1988.

Geretschläger: Medientechnik I. München 1983.

Gerken, Gerd: Geist. Düsseldorf 1992.

Goffman, E.: Wir alle spielen Theater. Die Selbstdarstellung im Alltag. München 1988.

Gordon, Thomas: Familienkonferenz. Hamburg 1972.

Gordon, Thomas: Managerkonferenz. Reinbek 1982.

Harris, Thomas: Ich bin o.k. – Du bist o.k.. Hamburg 1973.

Halbfas, Hubert: Das Dritte Auge. 4. Aufl., München 1989.

Haller: Das Interview. München 1991.

Haller: Recherchieren. 4. Aufl. München 1991.

Harpprecht, K.: Medien-Faschismus? In: manager magazin 7/94.

Heller, Eva: Wie Farben wirken. Reinbek 1989.

Jonas, Hans: Das Prinzip Verantwortung. Frankfurt 1979.

Krämer, W.: So lügt man mit Statistik. 4. Aufl., Frankfurt 1992.

Kreuzer, H./ Prümm, K.: Fernsehsendungen und ihre Formen. Stuttgart 1979.

Lay, Rupert: Führen durch das Wort. Frankfurt 1987.

Lay, Rupert: Wie man sich Feinde schafft. Düsseldorf 1994.

Lay, Rupert: Dialektik für Manager. Frankfurt 1979.

Merten/Teipen: Empirische Kommunikationsforschung. München 1991.

Mischke, R.: Die Drei von der Tankstelle. In: Bonner Generalanzeiger, 5./6. März 1994.

Modellversuch Journalisten-Weiterbildung (Hg): Fernstudium Kommunikationswissenschaft.
Teil 1, 2. Aufl. München 1989.
Teil 2, 2. Aufl. München 1989.

Moores, Shaun: Interpreting Audiences. London 1993.

Morfill, G./Scheingaber, H.: Chaos ist überall . . . und es funktioniert. Frankfurt 1991.

Patterson, T.E.: Out of Order. New York 1994.

Postman, Neil: Wir amüsieren uns zu Tode, Frankfurt 1988.

Projektteam Lokaljournalisten: ABC des Journalismus. 6. Aufl., München 1990.

Projektteam Lokaljournalisten: Journalismus und kommunale Öffentlichkeitsarbeit. München 1979.

Pürer (Hrsg.): Praktischer Journalismus in Zeitung, Radio und Fernsehen. München 1991.

Saaman, Wolfgang: Effizient Führen. Mitarbeiter erfolgreich machen. Wiesbaden 1990.

Saaman, W./ Pollack, W./Bredemeier, K.: Führungswissen punktuell. Wiesbaden 1991.

Saaman, W./ Bredemeier, K.: Führungs-Power. Wiesbaden 1993.

Scannell, Paddy: Broadcast Talk. London 1991.

Schopenhauer, Arthur: Eristische Dialektik. Zürich 1983.

Schneider, Wolf: Lingua Blablativa. In: Spiegel Spezial 1/95.

Schult, G./Buchholz, A.: Fernsehjournalismus. Ein Handbuch für Ausbildung und Praxis. München 1990, 3. Aufl.

Spiegel Spezial: Die Journalisten – Ärgernis Presse. Hamburg 1/95.

Steinbrecher/Weiske: Die Talkshow. München 1992.

Vester, Frederic: Denken, Lernen, Vergessen. München 1978.

Watzlawick, Paul: Menschliche Kommunikation. München 1969.

Watzlawick, Paul: Vom Schlechten des Guten oder Hekates Lösungen. München 1991.

Watzlawick, Paul: Wie wirklich ist die Wirklichkeit? 19. Aufl. München 1991.

Watzlawick, Paul: Die Möglichkeit des Andersseins. 2. Aufl. ,München 1982.

Watzlawick, Paul: Die erfundene Wirklichkeit. München 1981.

Wiedemann, Peter M.: Krisenkommunikation. IZE Frankfurt o. A.

Wrede-Grischkat, Rosemarie: Manieren und Karriere. Verhaltensnormen für Führungskräfte. Wiesbaden 1990.

Wunderlich, Dieter: Arbeitsbuch Semantik. 2. Aufl., Frankfurt 1991.

Zelesnay, G.: Wie aus Zahlen Bilder werden. Wiesbaden 1985.

Ferner habe ich Artikel in etwa 15 Zeitschriften und 10 Zeitungen ausgewertet, die nur in besonderen Fällen als Anmerkung genannt wurden.

Der Autor:

Dr. Karsten Bredemeier

Theologe, freier Journalist und Kommunikationstrainer, ist Geschäftsführender Gesellschafter einer Unternehmensberatungs-Gruppe.

Unter anderem trainiert er Top-Manager und Vorstände der deutschen Wirtschaft, aber auch in der Schweiz, für Medienauftritte und Fernsehsendungen.

Zu seinem Fernsehtraining resümierte «Die Wirtschaftswoche»: Telegen in drei Tagen!

Von Karsten Bredemeier erschienen bisher folgende Bücher:

- *«Gewissensverständnis». Baden-Baden 1992*
- *«Medien-Power. Erfolgreicher Kontakt zu Presse, Funk und Fernsehen». Zürich-Wiesbaden 1991*
  Taschenbuchausgabe: Düsseldorf 1993
- *«Die Kunst der Visualisierung – Erfolgreiche Visualisierung und Präsentation». Zürich-Wiesbaden 1991*
  Taschenbuchausgabe: Düsseldorf 1994
- *«Führungswissen punktuell», Wiesbaden 1991*
- *«Fernsehtraining: So wirken Sie professionell vor Kamera und Mikrofon». Zürich-Köln 1993*
- *«Führungspower», Wiesbaden 1994*

Außerdem trainiert Karsten Bredemeier für verschiedene Journalistenschulen und Verlagshäuser Journalisten in Interviewtechnik, Gesprächsführung und Moderation.

Referenzen aus Ihrer Branche oder zu speziellen Themen erfahren Sie bei

Dr. Karsten Bredemeier, Im Wolfsgarten 4, 53819 Neunkirchen.